《神秘西夏》编委会

神秘西夏

杜建录　主编

黄河出版传媒集团
宁夏人民出版社

图书在版编目(CIP)数据

神秘西夏 / 杜建录主编. —银川：宁夏人民出版社，2016.4

ISBN 978-7-227-06302-5

Ⅰ.①神… Ⅱ.①杜… Ⅲ.①中国历史—西夏 Ⅳ.①K246.3

中国版本图书馆 CIP 数据核字(2016)第 060694 号

神秘西夏 杜建录 主编

责任编辑 陈 浪 李彦斌
封面设计 沈家菡
责任印制 肖 艳

黄河出版传媒集团
宁夏人民出版社 出版发行

出 版 人 王杨宝
地 址 宁夏银川市北京东路 139 号出版大厦（750001）
网 址 http://www.nxpph.com http://www.yrpubm.com
网上书店 http://shop126547358.taobao.com http://www.hh-book.com
电子信箱 nxrmcbs@126.com renminshe@yrpubm.com
邮购电话 0951-5019391 5052104
经 销 全国新华书店
印刷装订 宁夏银报印务有限公司
印刷委托书号 (宁)0000510

开 本 787 mm × 1092 mm 1/16
印 张 18.75 字 数 280 千字
版 次 2016 年 4 月第 1 版
印 次 2016 年 4 月第 1 次印刷
书 号 ISBN 978-7-227-06302-5/K·874
定 价 78.00 元

序

大型史诗纪录片《神秘的西夏》在中央电视台科教频道和中文国际频道播出后，引起了国内外广泛关注，也在西夏学界引起巨大轰动。应广大观众和读者的要求，我们将纪录片史学稿本《神秘西夏》付梓，以飨读者。

1038—1227年，在广袤的西北大地上，党项人建立的西夏王朝，鼎盛时期疆域囊括现在的宁夏全部、甘肃大部、陕西北部、青海东部和内蒙古西部地区，完成了西北地区的局部统一，先与北宋、辽对峙，后与南宋、金鼎立，共历十主，历时近200年，史称“三分天下居其一，雄踞西北两百年”。中华文明历来有隔代修史的传统，但在二十四史中唯缺西夏一席，给后人留下了历史的遗憾和无数的遐想。作为中华民族历史上不可或缺的一页，在近200年的历史长河中，党项人创造了璀璨的西夏文明，为多元一体的中华文明做出了不可磨灭的贡献。

一个曾经雄踞塞北、叱咤风云而又神秘消失的民族，一段昔日绚丽辉煌、尘封近千年而又失落的记忆，令西夏史厚重苍凉、神秘悠长。历史是最好的教科书，也是最好的清醒剂。“让收藏在博物馆里的文物、陈列在广阔大地的遗产、书写在古籍里的文字都活起来”，让后人从中“看成败，鉴得失，知兴替”，这是历史和现实赋予我们的一份责任；集西夏史料整理、考古发现、研究成果之大成，运用历史唯物主义的观点和方法给西夏历史一个客观的定位，正是本书的主旨所在。

由宁夏回族自治区党委宣传部创意策划并与中央电视台科教频道联合出品，宁夏文化产业投融资有限公司和北京上造影视文化有限公司联合承制，历时两年多打造完成的大型史诗纪录片《神秘的西夏》，追忆一个消失的民族，再现一段“失落的文明”，为西夏文化艺术绘制了浓墨重彩的一卷。同时也体现了服务“一带一路”战略大局，自觉肩负还原历史、传承文明的责任，以严肃认真的态度回望历史，以昂扬向上的姿态面向未来的创作要求。纪录片《神秘的西夏》作为展现西夏王朝兴衰史的影像载体，是对西夏历史的一次深入挖掘整理和全方位展示。而《神秘西夏》作为文字载体，则是对纪录片从立项到拍摄整个过程的理性升华，两者互为表里、相得益彰，堪称姊妹篇。本书的出版无疑是宁夏文艺创作领域的又一件幸事。

大型史诗纪录片《神秘的西夏》以全新的拍摄理念，通过“故事化”的方式，追溯和思考西夏的历史，全景式地重构和展现了西夏王朝在政治、经济、文化、军事等领域的杰出成就。以开放的文化理念，深刻诠释了西夏文明对中华文明不同层面的传承与发展，彰显了中华文明兼容并蓄，“你中有我，我中有你，谁也离不开谁”的包容特质和多元一体、民族大一统的历史大趋势。

《神秘西夏》一书则以崭新的文化视角，生动展示了西夏在古丝绸之路历史变迁中的重要作用，揭示了建设“一带一路”战略的重大现实意义和深远历史意义，昭示了政治上平等互信、经济上合作共赢、文化上交流互鉴仍是当今世界和平发展的潮流和趋势。

《神秘西夏》一书以独特的文化视野，把思考的触角延伸到了制度与文化层面，让一段失落的文明重新再现，给西夏一个较为客观的定位，弥补了史学界的缺憾，疏浚了西夏文化的源头，廓清了宁夏文化脉源，为小省区办大文化理清了思路。

大型史诗纪录片《神秘的西夏》的成功，离不开对史学稿本的反复论证和锤炼打磨。宁夏回族自治区党委宣传部对史学稿本的创作高度重视，力求创作尊重历史但不拘泥于具体历史事件，在国家乃至国际大背景下看西夏，在“一带一路”建设的国际大视野下看西夏，充分展现西夏在中华文化一体多元形成和演进过程中所做出的积极贡献，给西夏历史以还原，给今天以启示。史学稿本创作由宁夏大学西夏学研究院承担，院长杜建录任起草组组长，邀请史金波、李范文、陈育宁等多位西夏学、民族史专家担任顾问。在创作过程中，依据最新公布的俄、中、英、日、法等国收藏的西夏文献资料，同时吸收了国内外西夏学研究成果。

本书以大量的历史文献、文物、遗址、遗存考古取证为依据，用理性的心理学剖析手法和历史的辩证视角分析西夏的政治、经济、文化和军事现象，通过追述西夏王朝的整个过程，构筑了一个坚实的、以历史事实为积淀的平台，形成多元素、多线索、多角度并行的纪录方式，丰富了中国纪录片文字记述的新形态。

本书无论从思想高度，还是内容的完整性来讲，都达到了西夏学研究的新高度，受到专家的一致好评。相信本书的出版是对纪录片《神秘的西夏》的再解读、再演绎和再升华，一定会满足不同层面的观众、读者探究西夏历史文化的兴趣和爱好；也相信《神秘西夏》的出版，会让独具特色的西夏故事讲述得更生动、传播得更广泛、影响得更久远。

习近平总书记在文艺工作座谈会上强调："文艺创作不仅要有当代生活的底蕴，而且要有文化传统的血脉。""求木之长者，必固其根本；欲流之远者，必浚其泉源。"昨日西夏，旧梦已去；今日宁夏，追梦前行。观照历史就是观照现实，反映历史是为现实更好地服务。站在新的历史起点上，实现中华民族伟大复兴的中国梦，时不我待！

是为序。

蔡国英

2015 年 9 月 17 日

目录
CONTENTS

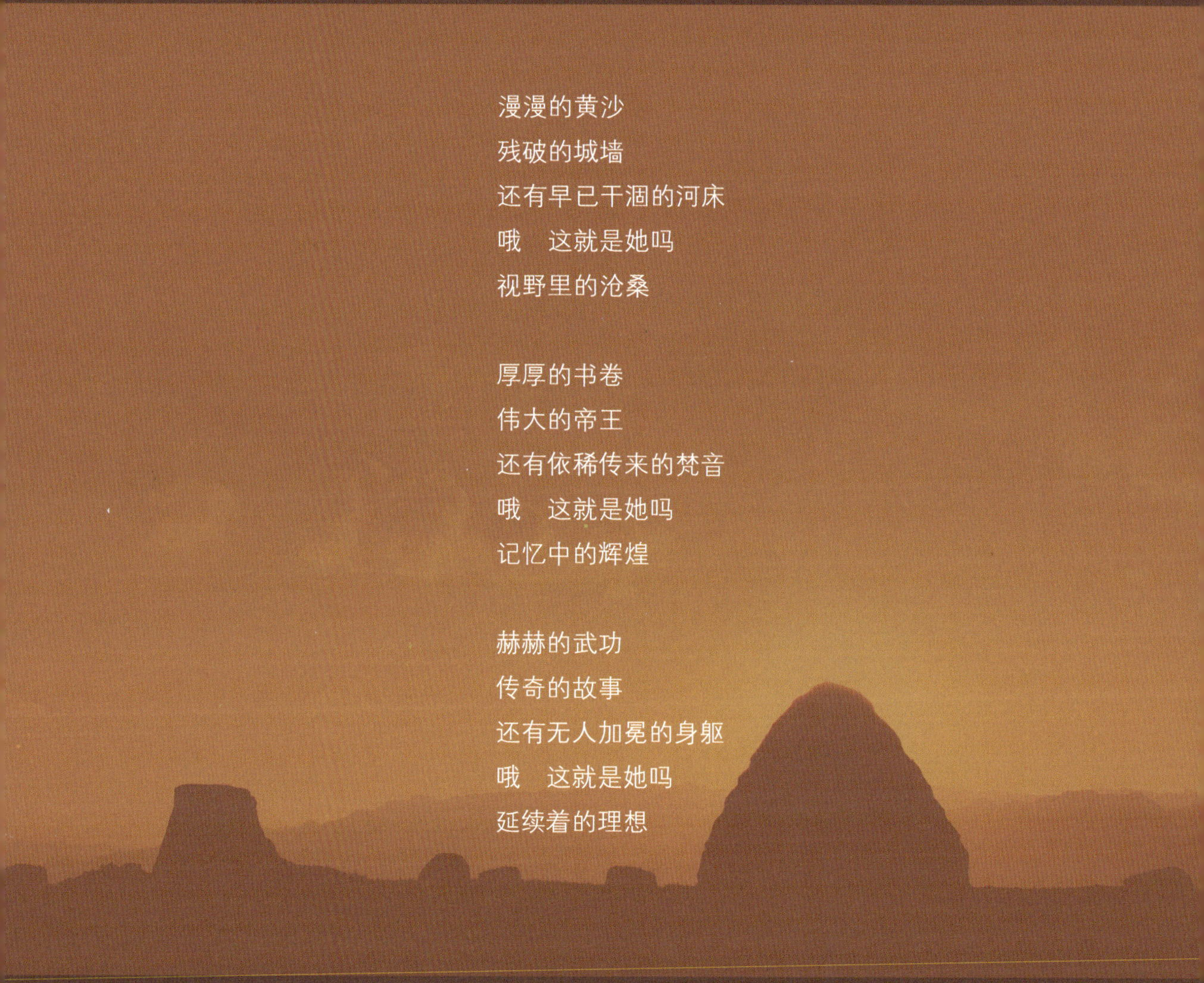

漫漫的黄沙
残破的城墙
还有早已干涸的河床
哦　这就是她吗
视野里的沧桑

厚厚的书卷
伟大的帝王
还有依稀传来的梵音
哦　这就是她吗
记忆中的辉煌

赫赫的武功
传奇的故事
还有无人加冕的身躯
哦　这就是她吗
延续着的理想

神秘西夏

第一集

王朝背影

——尘封不住的历史

王朝背影

尘封不住的历史

这是一个曾经无比强大的朝代。它崛起在西北的高原，曾与宋、辽、金、蒙古等政权鼎足而立，开创了中国历史上第二个三国时期；其鼎盛时期的疆域包括今天的宁夏全部、甘肃大部、陕西北部、内蒙古西部和青海东部，推进了西北地区的政治整合、民族融合和经济发展，为元代中国的大统一奠定了基础。

这是一段曾经无比灿烂的文化。它所创造的瑰丽文字、恢宏法度、高大建筑和多姿多彩的艺术，既是中华民族传统文化宝库中的伟大星宿，更是古代东西方丝绸之路上的壮美地标。

然而，由于战火的摧残、民族的消

西夏陵双陵

亡、文献的阙失和正史记录的简略，这里发生的一切几乎都湮没在了岁月扬起的风尘之中。

一、历史的影子

这个国度的历史，就像昏暗的灯塔，若明若暗，若隐若现。关于它的起源，有两个都很遥远的传说，一个没有流传下来，一个至今仍在延续。没有流传的来自一首上个世纪才破土而出的歌谣《祖先颂歌》①，大致的意思是：

（我们）弥药国在哪里呢？就在那头发黑黑人的石城所在的漠水边，就在那脸蛋红红人的祖坟所在的白河上。

（我们）祖先的名字叫啰都，虽然身材不高但是聪明过人。他从小就怀着高远的志向。后来他娶了美丽的吐蕃姑娘为妻，并且生了七个善良的儿子。其中西主攻打吐蕃，打得吐蕃落花流水；东主亲征中原，击溃中原满载而归。嵬迎涉水，水底就变缓；黄河跋山，山峰会躲藏。他们强健像公牛，与大象搏击，则象牙坠落；机敏似猎犬，和老虎战斗，则虎爪截断。

中原的天子没啥能耐，天天下棋天天输，夜夜赛马赛不赢，不仅没有威信，而且让人质疑。啰都对此感到十分失望，于是走上自立自强的道路。

啰都部族中的阿婆娘娘（女人们）很能生育，她们个个都有银白的肚子和金色的乳房，生生不息，培养的后代都姓嵬名。耶则找牛来到边境，邂逅神龙结了婚，之后子孙日益兴旺。

番细皇（这个人）生来便超凡脱俗，在母亲胎中就长着两个牙齿。他长大后更是成了集“十种吉祥”于一身的圣人，并且在七个骑马伙伴的拥戴下做了皇帝。“风角圣王”和他的天神军队，骑在马上奋力开拓疆域。于是，四方夷狄前来朝贺，中原要求达成和平。战争绝迹之后，他积极发展农业，不准毁坏麦穗，天长日久，百姓安居乐业乐陶陶。②

贺兰山西夏文石刻

延续下来的则来自雪域高原一代又一代圣贤编写的书籍，最早的是13世纪弥药禅师喜饶益希的《红史》。这类传说这样写道：

最初，弥药地方全部在汉人皇帝的统治之下，在北面都城(byang ngos) 和尕(gha) 地方之间，有一座叫曼西 (smon shri) 的山，此山的山神叫格胡 (gai hu)。山中有一条毒龙，极为凶暴。如果对它好好祭祀的话，可以获得暂时安宁，若是稍微不听从它的驱使，就会立刻传播癞疯疾病，荼毒生灵。后来那毒龙变化为七个骑士，来到北面都城中。这些骑士中，有一个首领，他与城里的食肉魔妇结合，十个月后，魔妇生下了一个婴儿。[③]这时天空中出现了以前未曾见过的异星，汉人中管测算天象的人说："北面都城中有一将来夺取皇帝社稷的人出生。"皇帝命令详细测算，以便寻获这个男孩。这时妇人将男孩藏在一土坑中，上面盖上木板，木板上再放一碗水。测算的人说："在一个大海的下面有木头的大地，男孩就在那下面。"因此没有寻获，于是皇帝下令将此城中两岁以下的男孩全部杀死。因城中两岁以下的男孩都被杀死，妇人只得设法假说自己的儿子已死，于是将男孩装在棺材中哭着带出城外，丢弃在河边草木厚密处。每天都有一只大雕飞来覆盖男孩。使其不冻死，又有另外一妇人养有一头挤奶的黄牛，每天前来男孩处给他喂奶。

贺兰山滚钟口西夏文石刻

有一天，妇人跟在黄牛后面前去查看，见黄牛正在给男孩慢慢喂奶，知道这男孩必是异人，于是将男孩带回养为义子。取姓氏为鄂鲁氏 (dus pa ngo nu)，译成藏语为喝黄牛奶的人。男孩长至七岁时，联络与己年龄相仿的男孩六人，逃往北面都城的雪山深处造反，将在山中打柴的人都收编为军队。男孩又去向北面都城中有学问的人询问造反的方法，有一个汉人老妇人教给他的办法："这个月的十五日你可领兵来，多带一些马鞭、马粪，抛入黄河中，我有办法让汉人国王把大印交到你手中。"到十四日那天，老妇人登上城墙捶胸大哭，国王前去询问是何缘故，老妇人回答说："帝释天神已下令让一个西夏国王出世，我们若不归顺，恐汉人将被杀绝，明天将有不计其数的大军前来。"国王又问何以见得，老妇人说："你们明天早晨到黄河边上去看，他们遗落的马粪、马鞭使黄河河水都要变色。"次日清晨，众人前去观看，果如老妇人所言。于是问道："怎样办才好？"老妇人说："只有投降，才能免祸。"于是国王君臣三人送印前去，正与弥药国王一行七个骑士相遇，弥药国王取了大印，将汉人国王杀死，以后又渐次将大臣们杀死。此即汉地流传的谚语"因一老妇人胡言乱语的罪过，三角六门的汉城被毁坏"的由来。

弥药国王取其父亲格胡神名字中的格字，起名为格祖王（gai rtsu）。由他下传六代为弥药杰廓王（rgyal rgyod），他在位时，有流言说将有一个在迥明山（bsi noi sha）（译成藏语为黑心山之意）出生的人在任国王的大臣时杀死国王，杰廓王听说后，向格胡山神请问将此山的人全部杀掉是否可以免祸，格胡神因崇信佛教，没有同意。因此无法在都城居住，迁移到尕地方。后来，果然有一个当时没有找到的在那座山出生的人当了大臣，他杀死杰廓王，此后王统断绝。后来，当另一个叫作托季（rdo rje dpa）的国王出世时，成吉思汗夺取弥药，弥药国王是火命，成吉思汗是水命，故弥药无论怎样也敌不过成吉思汗。弥药杰廓王的转世是蒙古王子阔端，阔端到北面都城时，在以前弥药杰廓王被杀的地方修建寺庙，并将杀害杰廓王的人家全部族灭。据说谋害格坚皇帝的察汗帖木儿也是在迥乐山出生的。④

神话传说虽然不能等同于真实历史，但它却是真实历史的折射与反映。那么，这些久远的故事是在讲述谁的历史呢？这些故事中会有真的历史吗？

二、封闭的碑亭

张澍（1776—1847年），甘肃武威人，是清代著名的经学家、史学家、金石学家。1804年，他回到了阔别已久的家乡武威养病。

有一天，风和日丽，他和一位朋友相约到城北的清应寺游玩。两人一路谈古论今，不觉已经走到寺院深处。

这时，眼前突然出现一个四面被人用

张澍像

砖泥砌封得严严实实的亭子，周围杂草丛生，看来已经很久没有人光顾了。张澍看了觉得十分好奇，就问朋友，好端端的亭子为什么要砌封起来呢？难道里面有什么秘密吗？朋友答不出来，就叫来寺里的住持询问。住持告诉他们说："这是一个被诅咒的亭子，封在这里已经有好几百年了。一直以来，社会上流传着这样一种说法，就是封砖不能打开，一旦打开就会给打开封砖的人和地方老百姓带来可怕的天灾。所以几百年来，没人敢靠近这亭子一步，而里面究竟藏着什么，现在已经没人知道了。"

张澍天生胆大，对民间所谓的报应一说向来不以为然，他向住持提出要找人来打开砌封看个究竟。住持坚决不肯，于是张澍就对天发誓："皇天在上，开启封砖都是我张澍的主意，和乡里百姓们无关。如果这样冒犯了您的神威，就请把灾祸和处罚降临在我一个人身上！"住持深为感动，万般无奈之际，只得找人拆开碑亭封砖。

叮叮当当，在清脆的斧凿声中，传说中的天灾报应并没有应验，而是出现了一

凉州重修护国寺感通塔碑

块高大的黑色石碑。扫去尘土之后，这块石碑的本来面目逐渐显露了出来。碑身呈半圆形，四周刻忍冬花纹，碑额为一对线刻的伎乐菩萨，作翩翩起舞状。碑文的正面，密密麻麻地刻满了工整的楷体字。远远望去，好像全都认识，仔细一看，却没有一个字认得。张澍不由得大吃一惊：这究竟是文字还是符号呢？如果是文字的话，又是一种什么样的文字呢？

在大家议论纷纷之际，张澍说："碑后必有解释的文字！"于是大家继续拆除石碑后面的围墙，轻轻擦拭之后，上面刻着的果然是释文，而且是汉字书写的……

后来当张澍在回味这段经历的时候，他用无比自豪的口吻写道："此碑自余发之，乃始见天琅，金石家又增一奇书矣！"（张澍《养素堂文集》卷·九）

那么张澍发现的是一块什么样的碑石呢？碑石上镌刻的奇书究竟是什么文字呢？碑后的释文到底说了些什么呢？

三、王雨堂之谶

《朔方道志》记载了这样一则故事：

王雨堂，非常善于堪舆之术，宁夏郡城的布局很像凤鸟的形状，以东部高台寺为凤鸟的头部，层台峻宇，地势雄胜。寺前建有高楼，翼然于上。咸丰丁巳年（1857年），郡城里有一个富裕人家某某，嫌高台寺空间狭隘，举办宴会十分局促，因而拆除了前面的高楼，把它扩展为三列。王雨堂听说之后，叹了口气对人们说："高台寺是鸟首，前楼是凤嘴也，这个富人以一己之私，妄自更动古刹，使得凤嘴受到损坏，这将导致五年以后发生大的劫难啊！"可是没有一个人相信他的话，大家都嘲笑他老糊涂了，胡乱说话。咸丰庚申年（1860年），王雨堂离开郡城去了浙江地带。癸亥年（1863年），郡城果然突遭兵祸，几无

银川海宝塔

子遗，高台寺也毁于战火。

虽然风水先生的预言肯定是后世人的附会之词，但是有关宁夏郡城的布局为鸟形却不是空穴来风。无独有偶，流行在宁夏的民间故事中，有关凤城的描绘和传说更是比比皆是。老人们常常津津乐道：

相传，很早很早以前，宁夏的银川叫凤凰城。东门外高台寺是凤凰的头，头挨在黄河边；高台寺两边有两眼井，那是凤凰的眼睛；城中心的鼓楼是凤凰的心脏；西塔和北塔是凤凰的两只爪子；西马营里的花花草草，树木成荫，那是凤凰的尾巴。那时，凤凰的尾巴长得一直拉到贺兰山。

为啥叫凤凰城呢？从前，有只凤凰从遥远的南方飞到了宁夏。凤凰不落无宝之地。它老远就看到这里青山沃野，黄河吐翠，地势平旷，灵气诱人。于是它在空中飞了几圈就落了下来，变成一座城池。它面临黄河背靠青山，安然地蹲在那里，它的头变成一个高台，它的尾巴变成一座桥，它的翅膀变成两个城关，它的两条腿变成两个塔。后来人们都知道这座城是凤凰变的，就叫它凤凰城了。

显然，凤城之说来自于对城市形状的描述。那么，历史上这座城市到底像不像展翅飞翔的凤鸟呢？凤鸟的形象到底从何而来呢？

在明朝宁夏庆王朱栴所纂修的宁夏首部志书《宣德宁夏志》卷上的《城垣》一节中，对古城是这样记载的：“旧城未知筑自何代，周回十八余里，东西长倍于南北，相传以为人形……”原来所谓“凤鸟”形，不过是从“人”字形进一步发展、演化而成的美丽传说而已。那么那个“相传以为人形”的城市到底是哪个时代的辉煌呢？

四、黑将军的财宝

“哈喇浩特”来自蒙古语，意思是黑水流过的城市，它位于内蒙古额济纳旗达来呼布镇东南25公里的荒漠中。1908年3月19日，一支带着水、食品和考古器械的驼队出现在这里。领头的是一名俄罗斯海军中校，名叫科兹洛夫。他们不远万里来到这一片荒凉沧桑的异国土地到底是了为什么呢？就让我们从这个冒险家的游记中一探究竟吧。

（一）一访哈喇浩特

科兹洛夫是从已故的旅行家波塔宁的书中得知了关于哈喇浩特废墟的信息后，从此一刻也没有停止过对这个废墟的向往。

1908年3月19日，他终于带领探险队，轻装简从，随身只带了一些水、食物和工具，在土尔扈特贝勒爷指派的向导巴达引导下，向死城哈喇浩特进发。

巴达曾多次到过死城，并从他父亲及当地其他老人口里聆听了许多关于废墟的故事：

科兹洛夫

“哈喇浩特”的最后一位统治者——巴图鲁哈喇将军打算依靠自己战无不胜的军队夺取中国皇帝的宝座，结果中国政府派出大量军队讨伐他。皇帝的军队与巴图鲁哈喇将军的军队在哈喇浩特的东部（今阿拉善北界）进行了多次战役，这对后者极为不利。占据优势的帝国部队迫使对方退守到最后的藏身地——哈喇拜胜，并包围了该城。我们无法得知攻城用了多长时间，至少，它没有被立即攻下。由于无法用猛攻拿下哈喇浩特，帝国的军队决定让被包围的城市断水，为此他们用装满沙子的口袋筑坝拦截原有的河床，使上面所说的绕城而过的额济纳戈尔河水左转向西流去，那里至今还保存着土堤式的拦河坝，不久前，土尔扈特人在坝里发现了残余的口袋。

由于没有了河水，被困者开始在要塞的西北角挖井。虽然他们掘出的深度近80丈，但还没有找到水。这时，巴图鲁哈喇

额济纳旗绿城遗址

将军决定与对方进行最后的决战。他将自己的所有财富埋在了挖好的井里。传说这些财富不少于 80 阿尔普或双轮马车，每车不计其他珍宝，仅银子就有 20~30 普特（每普特 16 千克），随后，他杀死自己的两个妻子、一个儿子和一个女儿，以免遭受敌人的凌辱。……做完这一切之后，巴图鲁哈喇将军命令在北墙靠近埋藏自己财富的地方打开一个豁口，率领军队从缺口处杀向敌人。哈喇将军在这场决定性的交锋中身亡，在此之前“战无不胜”的军队也随之覆没了。帝国的军队按惯例将攻占的城池破坏殆尽，但他们没有发现埋藏的财富。据说，虽然邻近城池的汉人和当地的蒙古人曾多次试图得到这些珍宝，但它们至今仍埋在那里。人们将自己在这件事上的不顺归于哈喇将军的咒文，土著们的确相信极有威力的咒语。特别是最近一次，当挖掘者在寻找宝藏时发现了两条闪闪发亮的红体绿鳞巨蛇之后，他们对咒语的威力更加深信不疑了……⑤

经过长途跋涉，科兹洛夫一行终于到达了哈喇浩特，这里迷人的外貌尽现眼前。他们把营地设在要塞中央一幢大的两层土屋的废墟附近，很快死城就活跃起来。这些所谓的探险队员一边挖掘，一边测量和绘图，还有人在废墟表面往来穿梭……

在哈喇浩特的几天里，探险队总计发现了书、手稿、文书、金属货币、妇女的装饰品、一些家什和生活用品、佛事用具等大量物品。装满了 10 个大箱子，随后寄往俄国皇家地理学会。

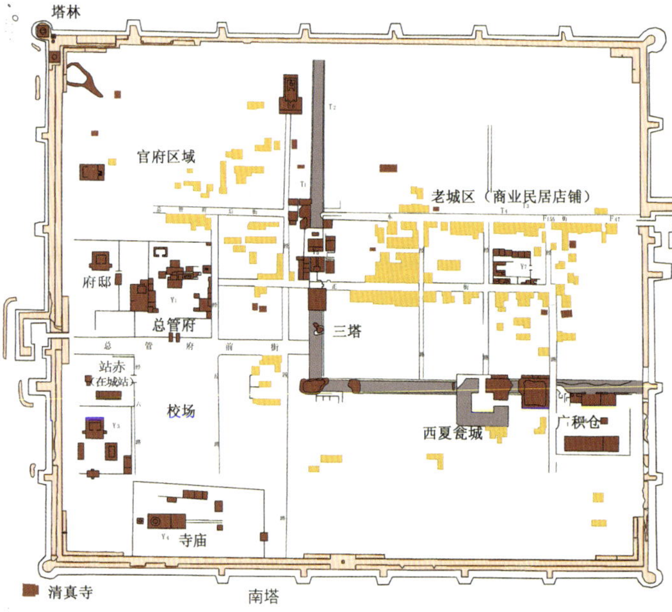

黑水城遗址平面示意图

（二）再访哈喇浩特

哈喇浩特出土的文物寄回圣彼得堡后，引起俄国沙皇的高度重视，皇家地理学会立即组织汉学专家进行了鉴定，认为这批东西价值连城，并判定黑水城遗址宝藏十分丰富且

科兹洛夫挖掘出的造像

独特，值得进一步发掘。于是，副会长格利戈利耶夫马上拍发急电，通知在四川“探险”的科兹洛夫迅速返回黑水城遗址，不惜一切代价，集中人力、物力、财力，继续发掘。

我们的营地没有像往常一样搭在有历史意义的围墙中央，而是设在靠近西北角，一间大房子的废墟附近，在我们离开的这段时间中没有人来过我们辛勤劳动的产儿这里：废墟还保持着我离开着的模样。我们从废墟和垃圾底下挖出的一些多余之物还丢弃在那里，没有人碰过。[⑥]

这次科兹洛夫携带了充足的食品和饮水，增加了两三倍的助手，雇用当地土尔扈特人及骆驼、毛驴等运输工具，在城内外掀起了踏勘发掘的热潮。

起初还是没有发现有价值的东西，科兹洛夫本人则不仅“未正规参加发掘”，“甚至连很有意义的发现物也不曾登记在城市平面图上”。如果体会他 5 月 27 日日记

黑水城外西南角清真寺

科兹洛夫（右二）及其探险队员

科兹洛夫拍摄的黑水城古塔

中的话——“时间是五点钟，已感到天地炎热。不禁想到在凄凉、死寂的黑水城我们将如何工作”——可以感到他对这次重返发掘并非一开始就充满信心。然而，奇迹出现了。6 月 12 日，他们打开了西城外一座高约 10 米、底层面积约 12 平方米的佛塔，也就是后来被他称之为赫赫有名的塔，呈现在眼前的竟是层层叠叠的多达 2000 种以上的古代藏书、簿册、经卷和大批佛画等，无怪乎后来这个俄国人声称简直找到了一个中世纪的图书馆、博物馆！

除了写本和刊本文献和画卷外，还发现了非常有趣、水平参差不齐的木质佛像、刻板、塔范及其他许多物品，一块代表着高超编织技艺的双面挂毯特别富丽堂皇。在这个著名的塔内，他们的疯狂发掘整整持续了9天（1909年6月12—20日）。

我永远不会忘记这种幸福的时刻，同样也永远不会忘记两件写在网状织物上的汉语文书对我和我的旅伴所产生的那种强烈印象。当我们打开这些神像画时，展现在我们面前的是妙不可言的淋浴在淡蓝色和浅粉色光辉中的坐像。我们可以从这些佛教珍宝中领略到一种栩栩如生的完美表现力，因为它们是如此的美妙绝伦，无与伦比。……与上面提到的财富一起保存在苏布尔干中的还有一位可能是宗教人士，他的骨骸呈坐姿放置在墓志铭北墙旁略高于台座的位置，这个骨骼的颅骨被我们收藏……⑦

黑水城出土玻璃、珊瑚、宝石手链

俄国人黑水城之行的最后一天，又是残阳如血的黄昏。在微风扬起的沙尘中，40峰骆驼和科兹洛夫一起踏上了西去的归途，它们的驼峰间承

黑水城遗址航拍图（1998年拍摄）

黑水城内佛塔遗址

在时间上延续了敦煌文献，展示了10—14世纪中国各个朝代，特别是一个西北帝国的文化资源。其内容包括语言文字、历史、法律、社会文学、古籍译文以及佛教经典等，具有极高的文献价值和版本价值。然而，从它们再现于世的第一天，便沦为外国探险家的囊中之物。

载了数千卷举世罕见的文献与500多件精美绝伦的艺术品。除此之外，俄国人还把一些不便运走的大件文物都就近埋在了黑水城的沙窝里，但是究竟埋在什么位置，埋了多少，至今还是个谜。

1929年，科兹洛夫第三次到达黑水城。那次停留了两个月，又得到了若干刻本、抄本的残页，但好像没有得到像第二次发掘那样大的收获。

今天我们已经知道，这2000多种中国古代的文物和艺术珍藏，是继殷墟甲骨、敦煌文书之后，又一次中国历史资料的重大发现。如果说15万片甲骨卜辞的发现，把中国有文字记载的信史提前到了3000多年前的殷商时代，敦煌数万卷遗书重现了从西晋到宋初传抄时代卷轴装书籍多姿多彩的风貌的话，那么，黑水城出土文献则

如今这些世所罕有的珍贵文物和艺术瑰宝，就静静地躺在俄罗斯科学院东方研究所圣彼得堡分所和埃尔米塔什博物馆（冬宫）的展柜和箱子里。它们到底是谁的财富呢？黑水城到底是谁的城市呢？

（三）盘旋的猎鹰

科兹洛夫走了。赫赫有名的“敦煌猎鹰”斯坦因来了，时间是1914年5月。登上城墙举目四眺，斯坦因很快就决定将他们的目标圈定在黑水城西面可辨认的寺庙遗址之间，因为“那儿的废址好像隐藏着什么让我感兴趣的东西”。这是多年以来中亚考古与探险培育给斯坦因的特有嗅觉。在《亚洲腹地考古记》中，这位经验丰富的探险者写道：

尽管科兹洛夫将发掘而得席卷而归，

遗留未取的却也有不少。……可能由于空间窄小的缘故，发掘所得到的造像大都残毁不堪，指、手之类比石灰胎体厚重的头、身保存得更好。木雕像中有一站立佛像，面容富有哥特式雕刻风味，非常奇特，同样的还有雕刻得很好的骑兽湿婆神像。地上有很多涂画过的灰泥片，说明墙壁原是有彩画装饰的。125，138，148，166，183（PL.LV.）这些壁画碎片可以看出藻井是精心装饰的，猜测它们原来应该是在拱形天花板上。我们发现一块割下来的壁画嵌在城北墙深处，估计是当时科兹洛夫上校从这座寺庙壁上割下来又偶然留在那儿的。遗留下来的绢画几乎都有风日曝蚀的痕迹，然而它们的布局，整体风格毫无疑问与我在千佛洞发现的绢质画幡相近。011 残片画有精美的阿楪萨拉（高棉语，意为美丽的舞女）像，在构思与技法上都毫不逊于千佛洞。

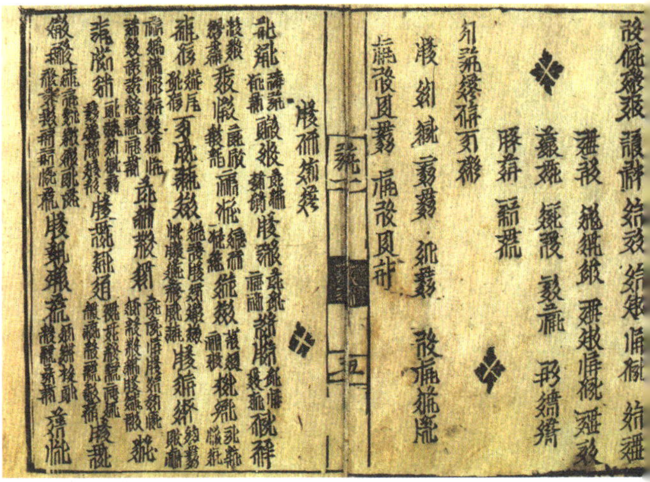

西夏文《圣立义海》

西夏买卖税账印署押

斯坦因的队伍在黑水城搜索了足足一个半月。到六月中旬，夏季的酷热急速地增加起来，他们才迫不得已停止了工作，离开了这里。那个时候，他们寻获了什么，带走了多少，当地的人们也不得而知。直到 1932 年，通过向达先生的译作《斯坦因黑水考古纪略》，中国人才知道在远在万里大洋之外的英国国家图书馆里有一批来自中国黑水城的文献和文物。

1923 年冬天，美国哈佛大学福格艺术博物馆的华尔纳，也沿着之前科兹洛夫走过的路线来到了黑水城。然而，华尔纳的运气远不如科兹洛夫等人，古城内外几乎处处都能看到科兹洛夫和斯坦因盗掘过的痕迹。华尔纳气得破口大骂说：“两头野猪，已经把这里啃得一干二净了！”

忙乎了一阵子，他最终只挖掘到几件壁画残片、三只破损的陶罐、几十枚钱币等小件物品，心情极度失望的他在日记中写道：“面对这些少得可怜的东西，我没有丝毫喜悦，有的只是懊恼和沮丧。看来，这座毁灭于战祸、风沙和干旱的古城，不会再赐给我什么了，我说不出对她的访问

黑水城出土大势至菩萨绢画

是成功还是失败。”⑧

继华尔纳之后，日本人的足迹也出现在这片荒凉的古城废墟之上，但是他们对前去探宝的具体情况守口如瓶，秘而不宣，其内幕至今不为外人所知。

五、小村庄的大秘密

河南濮阳县柳屯镇原名柳下屯，相传是那个“坐怀不乱”的柳下惠的故里。柳屯南边不到一公里的金堤下，有个叫杨什八郎的村子，村民几乎都姓杨。与周围的村庄相比，杨什八郎的村民不管是体形、相貌、口音、饮食，还是习俗，与周围的村民都没差别。他们自己登记的民族成分，全部是汉族。但是杨什八郎村民的内心，始终隐约感觉到自己与周围的人有所不同。因为他们村有三样祖宗留下来的文物：一个是形制特别的大方碑，一个是完整的家谱和一部叫《述善集》的家传古书。这三样东西全村人视若命根，世代相传，生死相守。

大方碑立于金堤之南，它的旁边是几座高大的坟茔。它们共同坐落在一大片平整的麦地之上。这座碑高约 3 米，七八十公分见方，下有仰莲座，上有屋顶一样的装饰，雕刻精致。它古朴浑厚而不失灵巧生动，尤其碑顶远看如蒙古人的毡帽，很别致。

家谱和《述善集》来自杨存藻家。他曾祖父在世时，这个“老总谱”差点失去。那时候土匪多，社会乱。有一次土匪闯进他家，翻出了“老总谱”，看着像床夹被，就抢走了。他曾祖父情急之下，忘记了害怕，一路跟着那个土匪。那是“秋边儿”的天气，还不是很冷，土匪晚上就盖着“老总谱”睡觉。他曾祖父赔着小心，在旁边蹲了一夜。土匪当中也有好人，有的土匪就劝那个抢“老总谱”的：“咱要了也没多大用，这老先生都守了一夜，还给他吧！”

失而复得后，杨存藻的曾祖父将“老总谱”和《述善集》用油布包裹了，埋在地下。但后来证明，这样保存也有很大风险。

河南濮阳西夏遗民唐兀公碑

大约 150 年前，杨什八郎的老村子遭遇了一场大水灾，村南边一条大堰决了口，水来得急，杨存藻的曾祖父啥也不顾，把“老总谱”和《述善集》扒出来就逃命。

抗日战争期间，家谱传到杨存藻父亲的手里。当时金堤上面是条公路，是从濮城镇到濮州（现河南濮阳县城）的要道，时常有日本军队路过这里。每到这个时候，他父亲啥也不要，背上装着“老总谱”和《述善集》的杏黄包袱就跑。有一次跑晚了，日本兵已进了村，他父亲背着杏黄包袱往北跑。日本人在后面喊，他父亲怕失了家谱，不敢停下，日本人在后面开了枪，幸亏前面有一条沟，他父亲跳进沟里继续跑，这才得以逃脱。

最近几十年，家谱归杨存藻和他儿子杨学景收藏，虽然他们并不了解“老总谱”和《述善集》的学术价值，但保管好这两样东西，几乎已经成为他们从祖先那里传承下来的本能。

20 世纪 80 年代，古代文化逐渐受到尊重，濮阳文化界有人发现了杨什八郎村民珍藏的三件文物，消息传播出去，引起学术界的极大兴趣。

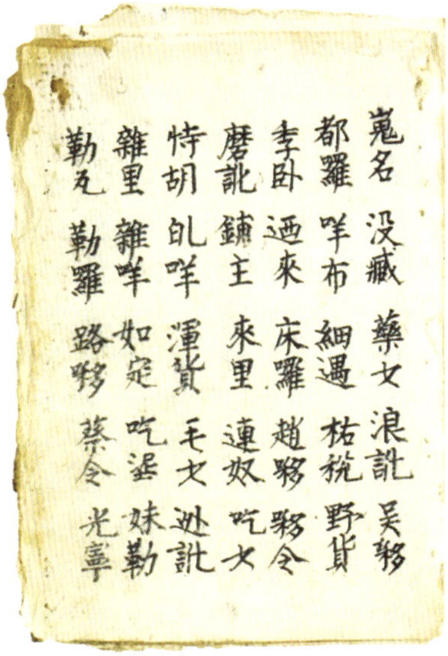
嵬名 没藏 藥女 浪訛 吴移
都羅 咩布 細遇 枯梲 野貨
李卧 洒來 床羅 趙移 移令
磨訛 鋪主 來里 連奴 吃女
恃胡 飢咩 渾貨 毛女 逃訛
雜里 雜咩 如定 吃延 妹勒
勒元 勒羅 路移 蔡令 光寧

西夏汉文《杂字》番姓部

1985年前后，河南省社科院学者任崇岳、穆朝庆等人到杨什八郎村调查。他们在石碑上和书籍里发现了“唐兀”这样一个貌似家族姓氏的奇怪词汇。很快，在纷繁芜杂的传统典籍中，学者们找到了这个词汇的流行年代，弄明白了它的意义。随后在媒体上很快就报道这是一个十分重大的发现。

那么，唐兀到底是谁呢？杨什八郎村千百年保守着一个什么样的秘密呢？

六、废墟中的收获

这片废墟被人们叫作方塔。显然这不是它真正的名字。岁月其实早已忘记了它的身份。到今天为止，几乎没有人知道它准确的生年，但是，却几乎没有人不知道它的死期。请用悲伤和羞愧的心情来定格这个凝固的瞬间吧！

1990年11月末，一声巨响，位于贺兰山拜寺沟东麓一座鲜为人知的古塔，竟然被疯狂的盗贼以爆炸的方式摧毁了！闻讯而来的历史和文物专家们望着满地的残砖破瓦，心情格外的沉重。

这个隐居荒野的伟岸身躯，曾经逃脱过无数次狂风暴雨的侵袭，也曾经无数次逃脱过大地摇动的震撼，这一次却没有逃脱过文明社会的猎捕！古塔里究竟埋藏着什么奇珍异宝，能够让盗墓贼如此的丧心病狂，以至于非要把它摧残到粉身碎骨的地步才肯罢手？

方塔所在的沟壑名叫拜寺沟，传说这

贺兰山拜寺口双塔航拍图

里曾经寺塔林立，梵音渺渺。过去有人到现场考察，说什么方塔的砖是明代的砖，拜寺沟内又有明代刻石，就误以为这是一座明代的建筑。想来，在古代它当另有适合其身份的专名，只是湮没在历史的尘埃中，而不为人所知。

在初步的调查中，被炸现场除了发现一根塔中心木柱之外，剩下的就只是残垣断壁和堆积的尘土了。其实，这种结果也属正常，因为“覆巢之下，安有完卵”。塔倒了，塔内的文物自然被一掠而尽；更何况，距离案发已经隔了一些时日，其间，不能排除还有其他人到过现场。在这种情况下，没有人敢奢望能够在一堆废墟中刨出有价值的东西来。然而令人意想不到的是，就是这堆废墟，在以后两年多的时间里，竟然不断地带给人们持续的安慰和莫大的惊喜。那么，废墟到底是什么时代的建筑呢？废墟中到底有什么惊人的发现呢？

七、伤痕累累的白骨

这里有一个很好听的名字，叫作好水川口。据说是来自一口清洌甘美的水泉。好水川口位于宁夏隆德县北境与西吉县葫芦河的交界地带。曾经有一段时间，这里的人们很害怕晚上出门，因为大家都在传说山脚下那片地里有鬼，有很多厉害的冤鬼！

贺兰山拜寺沟方塔

事实上，所谓的冤鬼不过是些埋在地层里的尸骨。大约在 20 世纪 60—80 年代，人们在搞农田建设，取土平田时，曾经挖出过成堆成堆的白骨和锈迹斑斑的矛、剑、刀、盔甲等器物。据说有一年西吉县兴隆镇粮库在维修围墙时，挖开了一个 100 多米长的巨坑。坑里的人骨和马骨相互叠压着，有 1 米多厚，有些骨头上还嵌着箭头。

当地的老人说，这条沟阴气很重，他们一般都不愿进来。沟里阴冷黑暗，不见光线，地面散落着白骨，土崖壁上嵌露着白骨。沟外梯田的土层中也不时裸露出白骨。晚上远远就能听见凄惨的哭声时断时续，看见一堆一堆的鬼火时隐时现。原来这里住过的人，不知怎的，好端端地在山脚下的窑洞里，嘴里鼻孔里被塞满了泥块，

宋夏好水川战场遗迹中的骨骸

发现时早已死亡了，死因不明，所以这里就更少有人来了。

那么在这块狭长的山谷里究竟发生了什么？为什么会有这么多的尸骨堆积在这里？根据专家的研究，这是一处古代战场遗址。大约在1000年前，这里曾经发生了一场极为惊心动魄的战争。战争的高潮是谷底的鸽子们从盒子中腾旋而起，山头的战士们骑着马俯冲砍杀。据史书记载，当时的死亡人数高达10300人。听到这个故事，古代诗人笔下的那一幕激烈而悲壮的战争景象仿佛就在人们的眼前：

空气凝结，天地闭塞，寒气凛冽的翰海边上，积雪陷没小腿，坚冰冻住胡须。凶猛的鸷鸟躲在巢里休息，惯战的军马也徘徊不前。棉衣毫无暖气，人冻得手指掉落，肌肤开裂。在这苦寒之际，强大的胡兵凭仗寒冬肃杀之气，来斩伐屠戮我们的士兵，半途中截取军用物资，拦腰冲断士兵队伍。都尉刚刚投降，将军复又战死。尸体僵仆在大港沿岸，鲜血淌满了长城下的窟穴。无论高贵或是卑贱，同样成为枯骨。说不完的凄惨哟！鼓声微弱啊，战士已经精疲力竭；箭已射尽啊，弓弦也断绝。白刃相交肉搏啊，宝刀已折断；两军迫近啊，以生死相决。投降吧？终身将沦于异族；战斗吧？尸骨将暴露于沙砾！鸟儿无声啊群山沉寂，

西夏木俑（宁夏永宁县闽宁村出土）

漫漫长夜啊悲风淅淅，阴魂凝结啊天色昏暗，鬼神聚集啊阴云厚积。日光惨淡啊映照着短草，月色凄苦啊笼罩着白霜。人间还有像这样令人伤心惨目的景况吗？（译自［唐］李华《吊古战场文》）

那么这是谁导演的一场大战呢？这累累的白骨曾经为什么而战呢？万籁俱寂的时候，空谷的最深处依稀传来了战士们的苦笑声：

葡萄美酒夜光杯，欲饮琵琶马上催。
醉卧沙场君莫笑，古来征战几人回。
（［唐］王翰《凉州词》）

八、无缘正史的王朝

“国亡史作”，这是汉唐以来修史的传统。蒙古人建立元朝之后，为了表明自己的合法地位，他们也打算仿效这一做法。可是面对之前的同时存在的那些王朝，统治者在究竟该为谁修国史的问题上犯难。有人说应该给宋朝正统，因为它是华夏；有人说应该给辽朝，因为宋朝也尊辽朝为兄长；有人说应该给金朝，因为它入主了中原。大家争论得耳红面赤。

经过了大约 78 年，至正三年（1343 年），元朝脱脱大宰相宣布“三国各与正统，各系其年号”。这就是《宋史》《辽史》和《金史》的由来。可是稍具历史视野的人们会发现，摆在元代官方史学家面前的对象应该不是三个，而是四个！这第四个王朝的存在，在中国历史上也非同寻常。论其国祚幅员、文治武功，绝对不输于宋、辽、金三朝。甚至成就了中国历史上第二个三国时期，而不是第二个南北朝。那么古代封建史学家把哪一个王朝挤出了正统历史的序列呢？他们的有色眼镜里为什么要厚此薄彼呢？

朔风劲吹，大雪茫茫，找不到行旅踪迹。围着逝去的国度，围着事实的真相，围着浩瀚的岁月，让我们走入历史的烟尘之中。

（杨 浣）

注：

①为了通俗易懂，本书部分引文转写成白话，特此说明。

②聂鸿音.西夏文《夏圣根赞歌》考释[J].民族古籍，1990(1).

③索南坚赞.西藏王统记[M].刘立千，译.北京：民族出版社，2000.

④蔡巴·贡噶多吉.红史[M].东嘎·洛桑赤列，校注.陈庆英，周润年，译.拉萨：西藏人民出版社，2002.

⑤⑥⑦[俄]彼·库·柯兹洛夫.蒙古安多和死城哈喇浩特[M].王希隆，丁淑琴，译.兰州：兰州大学出版社，2002.

⑧[美]兰登·华尔纳.在中国漫长的古道上[M].姜洪源，魏宏举，译.乌鲁木齐：新疆人民出版社，2001.

建立西夏国的党项羌是从哪里来的？它为何要从青藏高原迁到黄土高原，又从黄土高原迁到鄂尔多斯高原呢？唐僖宗为何要封党项大首领拓跋思恭为定难节度使，让其驻节夏州呢？中原文明对党项产生了哪些影响？这是本集要回答的问题。

神秘西夏

第二集

党项归唐

——中原文明滋润党项成长

党项归唐

——中原文明滋润党项成长

一、青藏高原上的党项人

西夏铜壶（武威博物馆藏）

党项羌人最初生活在青藏高原东部一个叫“析支”的地方。“析支”也叫赐支，从地理位置上看，古“析支”是青藏高原向黄土高原过渡的地区，黄河蜿蜒曲折，在这里形成了一个倒“几”字形，因此，古人又将这一地带称为“河曲”。

黑水城出土的西夏文《夏圣根赞歌》，对党项族生活在青藏高原东部黄河河曲一带的历史有生动的描述：

黑头石城漠水边，赤面父冢白河上，高弥药国在彼方。儒者身高十尺，良马五

青藏高原“河曲”之地

副鞍镫，结姻亲而生子。啰都父亲身材不大殊多圣，起初时未肯为小怀大心。美丽蕃女为妻，善良七儿为友。西主图谋攻吐蕃，谋攻吐蕃引兵归，东主亲往与汉敌，亲与汉敌满载还。嵬迎马貌涉渡河水底不险，黄河青父东邑城内峰已藏。强健黑牛坡头角，与香象敌象齿堕，嗯嗯纯犬岔口齿，与虎一战虎爪截。汉天子，日日博弈博则负，夜夜驰逐驰不赢。威德未立疑转深，行为未益，啰都生怨自强脱。我辈之阿婆娘娘本源处，银腹金乳，善种不绝号嵬名。耶则祖，彼岂知，寻牛而出边境上。其时之后，灵通子与龙匹偶何因由？后代子孙渐渐兴盛。番细皇，初出生时有二齿，长大后，十种吉祥皆主集。七乘伴导来为帝，呼唤坡地弥药来后是为何？风角圣王神祇军，骑在马上奋力以此开国土。我辈从此人仪马，色从本西善种来，无争斗，无奔投，僻壤之中怀勇心。四方夷部遣贺使，一中圣处求盟约。治田畴，不毁穗，未见民间互盗，天长月久，战争绝迹乐悠悠。①

这首带有浓重民谣色彩的颂歌，是一首党项人祖先初起于西域，进而繁衍种族，东征西战，最终脱离中原汉人的控制，凭

青藏高原羌族石板顶木屋

自己的武力建立西夏国的史诗。这首诗歌中，有些词句至今已很难理解，所述的内容、党项地名、姓氏也大都无从考证，估计其内容多源自党项族的神话传说，而并非一部科学的历史。

河曲地势高旷，西高东低，平均海拔4000余米。属于典型的高寒大陆性气候，“气候多寒冷，五月草始生，八月霜雪降”。冬季漫长，严寒干燥多风雪；夏季短促，温凉易变多雨雪，素有“北方气候南方雨”的说法。

河曲地区畜牧资源丰富，盛产牦牛、马、驴、羊，尤其是以盛产著名的河曲良马而闻名于世。因此，这里自来是我国少数民族繁衍生息的家园。舜时的三苗，殷商的西羌，周秦的爰剑，两汉的烧当、发羌、月支，魏晋的鲜卑、乌桓，隋唐的吐谷浑、吐蕃、党项以及一定数量的汉族，都在这里栖息生活过。

至少在魏晋南北朝时期，党项人就进入了河曲地区。当时，党项的北部是吐谷浑

西夏墨绘五男侍木板画（武威西郊西夏墓出土）

王国，南部是春桑、迷桑、白兰（又称白狼，今青海果洛地区的达日）、宕昌（今甘肃宕昌）、邓至（今四川九寨沟）、吐蕃诸族，东部是隋唐王朝。

我们先看党项羌与北部吐谷浑的关系。吐谷浑本是东北鲜卑族部落首领，因家族内部不和，率部西迁到今青海地区，兼并当地的羌、氐，建立了“东西四千里，南北二千里”的吐谷浑王国，定都今青海湖西十五里的伏俟城。

早期党项羌和鲜卑吐谷浑居地相接，并长期依附于吐谷浑，和吐谷浑保持密切的关系。正如著名史学家范文澜在《中国通史》中指出的，“鲜卑人羌化了，因之，吐谷浑实际上是羌族国家”。在吐谷浑大量吸收和融汇了羌族的文化与血缘的同时，羌族也大量吸收和融汇了鲜卑吐谷浑的文化与血缘。例如，党项人的秃发与鲜卑的秃发如出一辙，党项人的“杀鬼招魂”与吐谷浑的“射鬼箭”习俗完全一致，等等。

拓跋守寂墓志铭

門下故特進兼右監門衛大將軍
員外置同正員持節淳恤等十八
州諸軍事兼静邊州都督防禦部
落使贈使持節都督靈州諸軍事
靈州刺史上柱國西平郡開國公
拓拔守寂業繼英豪志懷忠烈綏
其種落扞我邊垂慮存滋深勳庸
益著生而懋賞既洽於榮章没有追
崇更優於寵數宜增上卿之位以
飾重泉之禮可贈鴻臚卿仍令夏州
刺史鄭宏之充使監護主者施行
開元廿五年八月一日
[illegible]加贈鴻臚[illegible]之[illegible]

拓跋守寂墓志盖内文

两个民族之间长期交错杂居与融合，在文化和血缘上，你中有我，我中有你。以至唐、宋人分不清党项拓跋氏究竟是羌族，还是鲜卑族。有的认为是羌族，有的认为是鲜卑族，成为千百年来一桩学术公案。

党项族最强大的部落是拓跋部，鲜卑族也有一个拓跋部，历史上鲜卑吐谷浑又曾统治过党项人，由此引起党项拓跋部是来源于鲜卑族，还是来源于羌族的争议，并自唐代以来形成了截然不同的两种观点。《辽史》《金史》认为出自鲜卑族，《隋书》《旧唐书》《宋史》认为出自羌族。

近年来，在内蒙古乌审旗和陕西榆林地区发现和出土了一批党项拓跋氏的墓志和文物，为解决党项尤其是党项拓跋部族属提供了重要依据。其中，出土于陕西榆林地区的《拓跋守寂墓志》（唐开元二十五年立石），内明记拓跋守寂远祖“出自三苗，盖姜姓之别”②，即党项拓跋源于羌。到唐末党项拓跋思恭因乱而起，被赐封皇姓，五代时，其后人已耻言其先祖为西北戎狄——羌，因而攀附上“当东晋之末运，创后魏之初基”的鲜卑拓跋氏。到元昊建国之时，称“盖循拓跋之远裔，为帝图皇，又何不可”，来证明其称帝建国之合法性。

党项在与北面鲜卑吐谷浑融合的同时，又融合了南面邓至、宕昌诸族。邓至、宕昌也是羌族分支，风俗习惯与党项大体相同。552 年，西魏灭掉邓至，在邓至设邓州。564 年，北周灭掉宕昌，在宕昌设宕州。邓至、宕昌两个羌族小政权灭亡后，一部分族帐依附于党项，逐渐融合到党项里面，成为党项的重要组成部分。所以，史书干脆说宕昌、白兰是党项的不同种类。

西夏壁画女供养人（榆林窟第 29 窟）

这一次次地融合，一次次地吸收，都给党项增添了新鲜血液，党项羌正是在这种民族大融合中发展壮大起来的，并逐渐摆脱了吐谷浑的控制。唐初，党项“北连吐谷浑”和吐谷浑有了明确的界限。

党项兼并融合了南面的宕昌、邓至诸族后，和青藏高原的吐蕃联结起来了，至少在唐太宗贞观年间（626—649年），党项与吐蕃就建立了关系，藏文史书记载，吐蕃赞普松赞干布曾娶弭药王之女为妃子，并为其修建卡札色神殿。文成公主入藏后，以弭药人为工头，在康地建造隆塘准玛寺。弭药则是吐蕃对党项的称呼。

唐朝初年，党项发展更快，形成了细封氏、费听氏、往利氏、颇超氏、野利氏、房当氏、米擒氏、拓跋氏八大部落，其中拓跋氏最强，种姓部落最多，最大的部落有一万多骑。除此之外，新、旧唐书的《党项传》还记载了两个大的党项部落：黑党项和雪山党项。

黑党项，在赤水之西。唐贞观九年（635年），李靖率军攻打吐谷浑之际，“浑主伏允奔黑党项，居以空闲之地”（《旧唐书》卷一九八《党项传》）。黑党项的居地正是隋炀帝灭吐谷浑之后所设的河源郡（治赤水，今青海兴海）一带。李靖北路军大将李大亮等在追击伏允的时候曾到达过这里。自此，黑党项在史籍中曾一度失载，直到辽朝圣宗时，将“鹤刺唐古”（黑党项之意）划归辽西南路招讨司，其又重新出现在历史舞台之上。

雪山党项，“姓破丑氏，居于雪山之下”（《旧唐书》卷一九八《党项传》），“雪山”，即河西的大积石山。因雪山在河曲以西，唐代史籍又称为“河西党项”（《新唐书》卷八八《刘师立传》）。雪山党项以及白狗、春桑、白兰诸羌，在吐蕃强盛以后，相继为吐蕃攻破，臣服于吐蕃。

青藏高原上的党项以游牧为生，除了少量的贸易外，游牧、狩猎、掠夺是唯一的经济生产方式。这种生产方式、生产关系和生存环境，决定了他们在衣、食、住、行等方面的独特习俗。他们的衣服用牛羊和野兽皮做成，外披牛羊毛擀成的披毡。这种披毡不但能防风、挡雨、遮晒，还能铺能盖，是游牧民族的好伴当。饮食上，

黑水城出土鹿图

他们主要吃自己蓄养的牛、马、驴、羊、猪肉，喝青稞酒，酿酒的青稞是用牛羊换来的。他们住的帐篷坚固实用，先用木杆搭起框架，然后把牦牛尾和山羊毛织成的粗毛布蒙在上面。

恶劣的生存条件，以及游牧与掠夺的生产生活方式，使党项人从小就养成了骑马射箭，舞枪弄棒，悍勇尚武。他们没有法令，也没有赋税徭役，平时各自为业，不相往来，有战阵则风聚云屯。

他们有语言但无文字，通过观察草木的荣枯以记岁时。他们信仰原始宗教，相信万物有灵，每三年大聚一次，杀牛羊以祭天。尚歌舞，“有琵琶、横吹，击缶为节”（《隋书》卷八三《党项传》）。

西夏飞天

原始社会后期游徙不定的社会生活，使党项人养成了“互相凌劫”的习俗。他们动辄杀人，经常结仇，形成了类似近代“打冤家”的复仇习俗。在没有复仇前，蓬头垢面，赤足素食，只有斩杀仇人后才恢复正常。

青藏高原上的党项没有严格意义上的政治组织，他们以宗族部落为生活群体，大小部落各不相统，散落在山谷之间。在中原王朝经略周边的过程中，他们或依附于吐谷浑，或成为唐蕃争夺的对象，此后一系列的故事，都是围绕这个关系展开的。

二、“夷夏一家”与党项内附

“夷夏一家”思想自古有之，《史记》记载夏启之父大禹“兴于西羌”（《史记》卷一五《六国年表》）。但在这场旷日持久的“夷夏之辨”中，中原王朝与边疆少数民族之间的关系始终飘忽不定。汉武帝时为“隔绝羌胡”，设立“河西四郡”（《后汉书》卷八七《西羌传》），置“护羌校尉”，掌西羌事务，并向河西大规模移民实边，以防羌人与匈奴互通。王莽代汉后所采取的民族歧视政策，到东汉时期，河西羌人暴动不断。显然，两汉“以夏变夷”的目的并未实现。

在魏晋南北朝民族大融合基础上建立的隋唐王朝，大量融入了胡族的血缘和文化。隋文帝杨坚出身代北六镇，家族世代与鲜卑族通婚，其皇后独孤氏就是鲜卑人，生隋炀帝杨广，当时的关陇集团大都与鲜

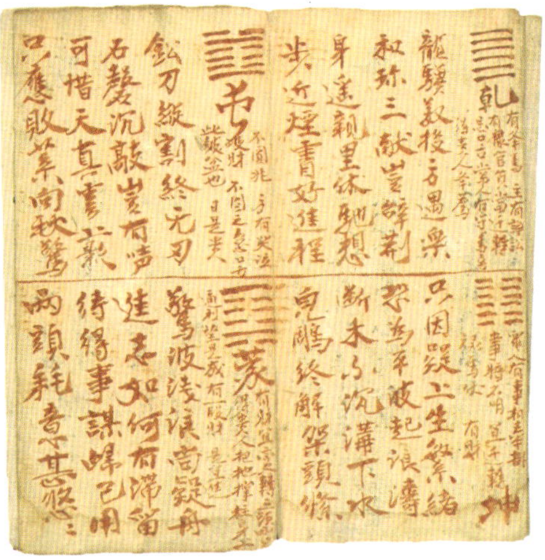

西夏《六十四卦歌诀》写本（黑水城出土）

卑族联姻。这种多民族联姻现象在唐代统治上层表现得更为突出，高祖李渊之母独孤氏、太宗李世民之母窦氏、高宗李治之母长孙氏，“皆是胡种，而非汉族”。“李唐一族之所以崛兴，盖取塞外野蛮精悍之血，注入中原文化颓废之躯，旧染即除，新机重启，扩大恢张，遂能别创空前之世局。”③

这种血缘与文化上的融合，使隋、唐两代统治者实实在在地感受到“夷夏一家”。隋大业七年（611 年）冬，西突厥处罗可汗来朝，隋炀帝十分高兴，设席宴请，处罗稽首拜谢，说：“臣总西面诸蕃，不得早来朝拜，今参见迟晚，罪责极深，臣内心惶恐。”隋炀帝说：“往者与突厥递相侵扰，不得安居。今四海即清，与一家无异，朕皆欲存养，使遂性灵。”（《北史》卷九九《突厥传》）这段话表明了隋炀帝以“天下一统”来构筑“夷夏一家”的关系。

雄才大略的唐太宗更是抱着“夷夏一家”的思想，贞观十八年（644 年）十二月，太宗准备将突厥安置在胜、夏州，朝臣有异议，太宗告谕诸臣：“夷狄亦人耳，其情与中夏不殊。人主患德泽不加，不必猜忌异类。盖德泽洽，则四夷可使如一家；猜忌多，则骨肉不免为仇敌。”（《资治通鉴》卷一九七）贞观二十一年（647 年）五月，太宗在翠微殿召见群臣，说：“自古皆贵中华，贱夷狄，朕独爱之如一，故其种落皆依朕如父母。”（《资治通鉴》卷一九八）

西夏壁画童子飞天（莫高窟第 97 窟）

西夏褐釉剔花瓶
（内蒙古博物院藏）

隋、唐“夷夏一家”的观念，大大冲淡了以往“非我族类，其心必异”的民族观，积极主动招抚接纳党项。开皇四年（584年），党项羌“千余家归化”。次年，党项大首领拓跋宁丛等各率众到旭州归附，隋文帝授予其大将军称号，部下分别封官授职（《隋书》卷八三《党项传》）。

贞观三年（629年），在南会州都督郑元畴招谕下，党项酋长细封步赖率部内附，唐太宗降诏书抚慰，步赖十分感动，亲到长安朝谒唐太宗。唐太宗非常高兴，以丰盛的宴席款待了细封步赖，赐赏丰厚（《旧唐书》卷一九八《党项传》），在其居地设轨州，封步赖为刺史。其他党项闻风而动，采取相同的行动，“请同编户”，在其居地设崌、奉、岩、远四州，“各拜其首领为刺史”。到贞观五年（631年），唐太宗遣使在党项河曲地设六十州，“内附者三十四万口”（《唐会要》卷九八《党项》）。

在这批内附的党项羌人中，最具影响的当属党项拓跋部大首领拓跋赤辞。拓跋赤辞的归唐之路并非一帆风顺，他最初臣属吐谷浑，深受浑主伏允器重，并与吐谷

黄土高原

浑王室结为姻亲。到贞观初年，“诸羌归附，而赤辞不至”，并且“屡抗官军”。起先，廓州刺史久且洛生遣使招抚赤辞，一番客套话后，唐使直接提出要他归附大唐，并且派兵助唐攻打吐谷浑，否则大军压境。面对唐使的傲慢与威胁，赤辞大怒，厉声喝道：“休得狂言，我深受浑主姻亲之恩，腹心相寄，生死不二，怎能背叛浑主，做个忘恩负义的小人。尔等速速离去，休玷污了我的宝刀。”话声未落，赤辞的牛耳尖刀已高高举起。唐使落荒而逃，洛生知道赤辞不会轻易就范，于是率领轻骑趁夜偷袭赤辞在肃远山所置营帐，斩首数百级，掠牛羊杂畜6000余头。

唐太宗闻知后，告诫诸将：“汝等要以大局为重，党项拓跋部在党项诸部中实力最强，若能招抚，我唐军必如虎添翼。”于是命岷州都督李道彦对赤辞进行招抚。不久，拓跋赤辞从子拓跋思头秘密投诚，其党拓跋细豆也率部来降。这时，岷州都督刘师立也遣使劝说，赤辞知道部下多有归附之心，再强行坚持下去，拓跋部必出动乱，于是与思头率众降附。唐太宗授拓跋赤辞为西戎州都督，赐皇姓李，在其地列为懿、嵯、麟等三十二州。从此，今青海积石山以东的党项羌居地，全部归入唐王朝版图。

贞观八年（634年），在党项诸部纷纷附唐，吐谷浑失去了强有力臂膀之际，唐太宗决定对吐谷浑进行大规模讨伐，以此来反击其对西北边地的寇扰，并打通丝绸之路。该年十二月，诏特进李靖为西海道行军大总管；兵部尚书侯君集为积石道行军总管；任城王李道宗为鄯州道行军总管，仍为靖副；凉州都督李大亮为且末道行军总管；岷州都督李道彦为赤水道行军总管；利州刺史高甑生为盐泽道行军总管。（《旧唐书》卷一九八《吐谷浑传》）六路大军会同突厥、契苾军队，全线出击。

贞观九年（635年），唐军行军之前，拓跋赤辞来见唐军诸将，提出请求：“以前隋炀帝征伐吐谷浑时，和我们订立了盟

人像石碑座（西夏陵出土）

西夏壁画伎乐天（榆林窟第10窟）

约，我们给他们供应粮草，其他则互不相犯。但他们不守信用，强行掠夺了我们的牲畜。今天诸军如果没有二心，我给你们供应军粮，但如果你们不讲信用，我当即固险以塞军路。”（《旧唐书》卷六〇《淮安王神通子道彦传》）诸将均承诺行军之中，必与党项秋毫无犯。于是，赤辞与诸将“歃血而盟”。

但是，赤水道总管李道彦却不把赤辞放在眼里，他所率军队由松州出发，目的地是吐谷浑重镇赤水，沿途多为内附的党项诸部居地。一天，当李道彦大军经由阔水（今四川松潘西）时，见拓跋部并无防备，于是纵军进袭，掠得牛羊数千头。赤辞怨怒，屯兵野狐峡（两唐书作“狼道坡”或“狼道峡”），阻唐军前进，李道彦大败，死者万余人，只得退保松州。拓跋赤辞乘势进攻叠州。李道彦破坏了唐太宗所制定的“联合党项孤立吐谷浑”的扶弱抑强战略，损兵万余，太宗因此大怒，下令将其处斩，后经大臣劝谏，“减死徙边”。五月，吐谷浑为李靖平定，成为唐的属国，党项也恢复到贞观九年以前内附于唐的状况之下。

党项大首领拓跋赤辞归附唐朝，标志着吐谷浑企图以姻亲笼络党项上层，并借此对抗唐朝的计划失败。唐朝采取抑强扶弱的策略，通过册封及厚赐招抚党项诸部，削弱吐谷浑势力，最终实现其“怀柔远人”“夷夏一家”的目的。

早期党项羌积极向东发展，内附中原王朝辖下诸州，既表明了他们向往中原的文明生活，又显示出中华民族的凝聚力与向心力，同时，它也为唐代党项羌的大迁徙奠定了坚实的基础。

三、唐蕃之争与党项第一次大迁徙

在唐朝招附党项、降服吐谷浑、打开通往西域道路之际，吐蕃奴隶主政权从青藏高原上崛起，并不断向外扩张，与唐朝展开了争夺青海及西域的斗争。唐朝封授吐谷浑和党项，在唐、蕃之间形成一个军事缓冲地带，即利用吐谷浑及党项的力量来遏制吐蕃的北上。

贞观十年（636年），唐太宗将弘化公主许配给吐谷浑可汗诺曷钵，同时又拒绝了吐蕃赞普松赞干布的请婚。这一许一拒，激怒了吐蕃，也给其找到了用兵的借口。贞观十二年（638年），吐蕃发兵吐谷浑，“吐谷浑不能支，遁于青海之上，以避其锋。其国人畜并为吐蕃所掠，于是进兵破党项及白兰诸羌，率其众二十余万顿于松州边境”。声称来迎娶公主，若不嫁公主，当提兵直下松州。情急之下，唐太宗遣吏

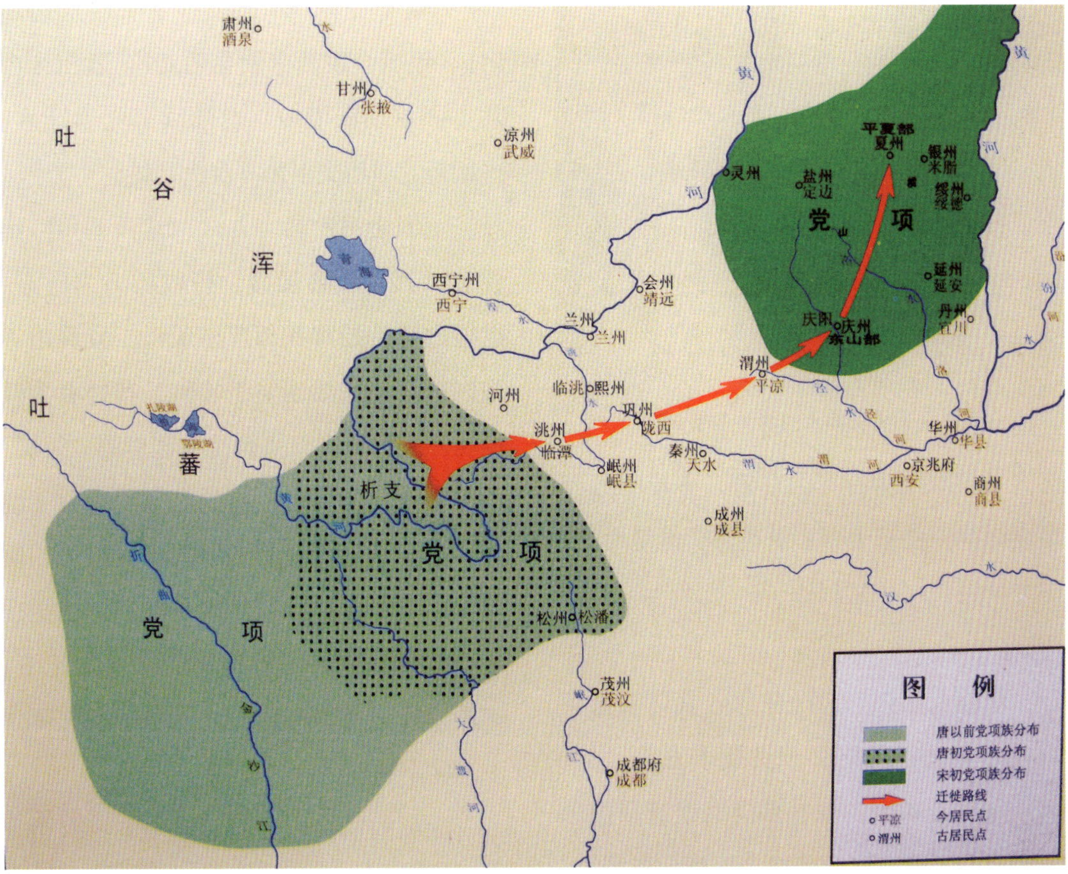

党项族迁徙及其分布示意图

弘化公主墓志盖

西夏壁画男供养人（榆林窟第 29 窟）

部尚书侯君集为行军大总管，率步骑五万星夜增援，松赞干布才退兵，“遣使谢罪，因复请婚”（《旧唐书》卷一九六上《吐蕃传上》）。

唐朝也认识到单纯依靠吐谷浑和党项制约吐蕃已不可能，于贞观十五年（641年）与吐蕃和亲，派礼部尚书李道宗护送文成公主入藏，和吐蕃赞普松赞干布结婚，唐蕃矛盾暂时缓和下来，吐谷浑、党项羌也得以在其原居住地生存下来。

唐贞观二十三年（649 年），一代明君李世民死去，唐蕃矛盾再度激化。663 年，吐蕃灭吐谷浑，党项诸部有的为吐蕃征服，有的为吐蕃所逼，相继内徙。为了避免被吐蕃奴役，在唐朝的帮助下，党项羌人扶老携幼，长途跋涉几千里，从西南的青藏高原迁往西北的黄土高原。其中最强大的拓跋部完整地从松州（今四川松潘）地区迁到陇右庆州（今甘肃庆阳）。另外，灵（今宁夏平原东部）、盐（今陕西定边境内）、银（今陕西米脂县西北）、胜（今内蒙古鄂尔多斯境内）也陆续有党项迁入，这就是党项历史上第一次大迁徙。

《旧唐书》卷一九八《党项羌传》记载：“其后吐蕃强盛，拓跋氏渐为所逼，遂请内徙，始移其部落于庆州，置静边等州以处之。其故地陷于吐蕃，其处者为其役属，吐蕃谓之‘弭药’。”这里的“役属”是一个宽泛的概念，指的是党项听命于吐蕃，而不是近代意义上的民族压迫，归附吐蕃的党项部落首领仍然是首领，他们代表吐蕃统领部族，在强势的吐蕃文化下，逐渐演变成吐蕃部落，成为习俗和吐蕃本土不完全相同的吐蕃人。

党项的这次内迁是其历史上一次重大的转折点。在这次迁徙过程中，党项羌人带着对唐朝文明的向往，以部落为单位自发的从西南青藏高原迁往西北的黄土高原。其中最强大的党项拓跋部从松州地区迁到陇右庆州，于仪凤年间到达圁阴之地。灵、盐、银、胜等州也陆续有党项迁入，此时，唐朝复置或重置党项羁縻州，寄治于庆、灵、夏、银等州。

四、“安史之乱”后党项第二次大迁徙

党项第一次大迁徙后不久，“安史之乱”爆发，安禄山、史思明叛军一路攻城略地，唐廷一片恐慌，急调河西军队入卫京师，一心想夺取西域控制权的吐蕃终于等到了机会，乘虚攻占河西陇右与西域数十州之地。这一事件带来了两大严重后果：一是唐朝东西交通的大动脉被切断了；二是进入内地的吐蕃又与党项居地连在一起，经常联合进攻，给唐帝国造成了严重的威胁。

党项和吐蕃同是从青藏高原走来的民族，当吐蕃威胁到党项生存的时候，党项向着唐朝，和吐蕃坚决斗争。同时，这两个民族生活习惯相同，风俗相类，又很容易联合起来共同侵扰唐朝。

唐上元二年（761 年），党项乘唐朝时局不稳，出兵宝鸡（今陕西宝鸡），焚烧大散关，攻陷凤州（今陕西西凤境内）。唐广德元年（763 年），吐蕃联合吐谷浑、党项、氐、羌二十万众攻下唐都长安，烧杀抢掠，满载而还。

唐广德二年（764 年）九月，归附唐朝的回纥首领仆固怀恩在灵武（今宁夏平原东部）叛变，纠集吐蕃、党项、吐谷浑等数十万众南下，唐天下兵马大元帅郭子仪奉命讨伐。

面对这一系列的联合进扰事件，郭子仪认为党项与吐谷浑散处盐、庆等州，离吐蕃势力范围太近，一来容易受到吐蕃的攻扰，使部族不得安宁；二来又容易和吐蕃联合进攻，酿成更大的边患。因此他上书朝廷，请求将静边州都督等六府党项迁往银州（今陕西米脂县西北）以北、夏州（今陕西靖边县白城子）以东地区，即今鄂尔多斯高原东南部沙地草原。

唐代宗采纳了郭子仪的建议，为了能顺利将仪凤年间（676—679 年）从庆州移居银州的党项拓跋部迁往银州以北，唐代宗还特意召党项拓跋部最有势力的静边州大首领、左羽林大将军拓跋朝光等五刺史入朝，“厚赐赍，使还绥其部”（《新唐书》卷二二一上《党项传》）。同时，将野利、把利、破丑以及拓跋部中的拓跋乞梅、宜定州刺史折磨布落等一并迁往绥（今陕西绥德）、延（今陕西延安）等州。党项拓

西夏桃花镶宝石金冠饰（内蒙古高油房古城出土）

跋部从银州迁往银州以北，野利等部从庆州等地迁往绥、延等州，这就是党项历史上第二次大迁徙。

党项第二次大迁徙后，逐渐按地域形成几大部落集团，居银、夏地区的号“平夏部落”，居庆州的号“东山部落”。折磨布落后来发展成宋朝的府州（今陕西府谷）党项折氏，杨门女将中的佘（折）太君就出此家族。

党项历史上两次大迁徙的背景、目的不同，安置方法也不一样，第一次大迁徙是为了避免被吐蕃征服，将党项部落较完整地迁到沿边空旷地带，使其生息发展；第二次是为了削弱党项和拆散党项与吐蕃的联系，把党项分成几个互不联系的部分，分散安置，中间由唐朝的州府隔离开来。虽然迁徙的目的与安置方法不同，但客观效果却是相同的。

其一，两次迁徙都是把党项从发生战乱的地方迁走，尽管经过千里跋涉，风餐露宿，原有的人口、牲畜、财产受到严重的损失，但能够得到一个相对安定的社会环境，发展生产，繁殖人口，比经常处于战争的威胁下，终日民不聊生，毕竟得多失少。所以，党项大迁徙后，人口繁殖得很快，形成了东山和平夏两大部落集团，后来的西夏国就是平夏集团的拓跋部建立的。

其二，两次大迁徙都是在唐政府帮助下完成的，这就大大加强了唐政府与党项诸部特别是最强大的拓跋部的关系，唐政府对拓跋部首领的封授高官，以及后来拓跋部起兵帮助唐朝镇压黄巢起义，就是这种关系的生动写照。

其三，两次大迁徙都是把党项迁往适合于发展生产的地方，无论陇右地区还是鄂尔多斯高原，均水草丰美，宜牧宜农。更为重要的是这一地区蕃汉杂居，中原汉族先进的生产技术、生产工具，对党项社会生产力的提高和经济的发展，都起着积

陕北无定河流域

极的推动作用。因此，两次大迁徙定居或半定居的党项人，不仅传统的畜牧业兴旺发达，而且逐渐学会了农业生产，社会组织也健全起来。所有这些，即安定的社会环境，相对优越的生产环境，以及与唐朝的密切关系，都为以后夏州拓跋政权建立乃至西夏建国，奠定了坚实的基础。

可以说，没有党项大迁徙就没有西夏国，今天的党项民族很可能仍然是青藏高原上比较原始的民族或部族，也有可能融合到藏族里面去。

五、拓跋思恭起兵勤王

党项羌特别是平夏拓跋部在经过两次大迁移后，与唐政府保持着较为密切的关系。如开元年间（713—742 年），居于无定河一带的拓跋赤辞从子静边州都督拓跋思泰，助唐平定“六胡州”康待宾叛乱，以身殉国。叛乱镇压后，党项部落取代了原宥州一带中亚粟特人的地位。思泰子守寂继位后，又追随郭子仪平定“安史之乱”，被封为容州刺史、天柱军使、西平公。

唐中和元年（881 年），走向衰落的大唐王朝又一次面临着倾城亡国的命运。黄巢起义军攻破长安，唐僖宗奔蜀。包括夏州节度使诸葛爽在内的一批地方军事长官，纷纷投降黄巢，大唐命运危在旦夕。

为了挽救危局，唐僖宗任命凤翔节度使郑畋为京城四面诸军行营都统（总指挥），号召各路军马，急赴长安镇压义军，时任宥州（今内蒙古鄂托克前旗境内）刺史的拓跋思恭也在征调之中。

宥州一带，本是唐六胡州的故地，草原辽阔，牛羊肥壮，是天然的牧场与狩猎区。大量的中亚粟特人入住后，形成了“六州胡儿六蕃语，十岁骑羊逐沙鼠”的独特的民族风情。六胡州叛乱被镇压后，唐朝将剩余部族迁于江南一带，党项人部落由此进入宥州。

唐朝后期，宥州“藩镇统领无绪”，咸通（860—874 年）末，拓跋部大首领拓跋思恭乘机“窃据宥州，自称刺史”。此人勇武豪爽，胆识过人，平日骑马射箭，斗酒酣歌，善交友，有大志，拥兵数万，等待发展的良机。

唐乾符年间（874—879 年），黄巢起义军转战各地，势如破竹。广明元年（880 年）十二月，起义军攻下长安，唐僖宗仓皇出走凤翔、兴元，准备逃往成都。中和元年（881 年）正月，僖宗下诏征集各路兵马，其中就有“夏州将李思恭”（《旧唐书》卷一九下《僖宗纪》）。

拓跋思恭发展壮大的机会终于来了，当他收到鄜延节度使李孝昌发兵讨黄巢的信函后，立即召开军事会议，确定拓跋思

丰州古城遗址（内蒙古准格尔旗境内）

忠联络各部，选拔勇士，拓跋思谏负责后勤供应，拓跋思孝赴鄜州与李孝昌商议相关事宜，决定五日后集结发兵。正是：宥州儿女胆气豪，磨剑狼山飞云高。把酒高原歌大风，谁是英雄败黄巢！

李孝昌所居的鄜州，“接壤延绥，藩屏三辅，为渭北之襟要”，是护卫长安的重要屏障。唐太宗时，曾立为大都督府，以著名大将尉迟敬德为都督。“安史之乱”时，鄜州城是渭北鄜延节度使所在地，大量的文人如杜甫、韦庄等，在此留有下很多脍炙人口的诗歌。其中杜甫的名篇有《鄜州月夜》《北征》《羌村三首》等。韦庄在寒食节描写道：“满街杨柳绿丝烟，画出清明二月天。好是隔帘花树动，女郎撩乱送秋千。”

三月下旬，鄜州城杨柳如烟，红花满山。鄜延节度使李孝昌在城东南的鄜畤祠旁，修筑高坛，张布陈设，单等拓跋思恭的到来。鄜畤祠是秦汉郊祀白帝的地方，附近有轩辕庙、开元坡，是鄜州城的重要历史古迹，自来香火不断。李孝昌选择这里筑台盟誓，一是说明事情重大，非同小可；二是明确目标，统一思想，统一军令；三是对天盟誓，激励将士，舍身杀敌。

拓跋思恭的两万铁骑如期到达鄜州，

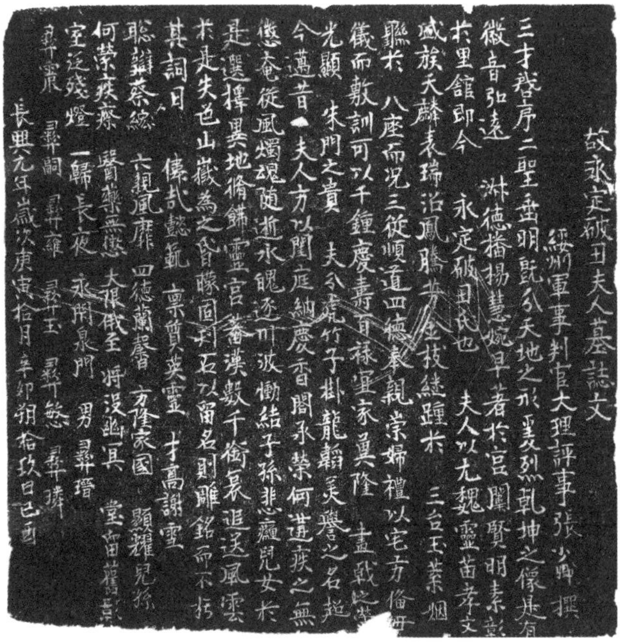

破丑夫人墓志

与李孝昌合兵五万。李孝昌非常高兴，热情款待宥州将士，斩杀三牲，与拓跋思恭登台祭祀，饮血盟誓。随即，五万大军如滚滚洪流，向坊州（今陕西黄陵）、长安方向开去。

唐中和元年（881 年）四月，唐僖宗闻知拓跋思恭起兵讨伐黄巢，十分高兴，认为是急国家之所急，救大唐于水火，忠勇可嘉，于是下诏让他取代诸葛爽，权任夏、绥、银节度使。从此，拓跋思恭成为割据一方的藩镇。

拓跋思恭有了正式的名分后，进兵武功（今陕西武功），与凤翔节度使郑畋、义武节度使王处存、泾原节度使程宗楚、河中节度使王重荣盟誓。郑畋坐镇盩厔（今陕西周至），唐弘夫进军渭北，王重荣驻守沙苑，王处存进驻渭桥，拓跋思恭扎营武功，形成了合围长安之势。

为了引诱唐朝围剿大军，黄巢主动撤出长安。果不其然，京城四面诸军行营副都统程宗楚等见长安防守空虚，乘机入城，市民争相出门迎接唐军。此时星夜撤出、屯聚灞上的黄巢，得知城中唐军散乱无绪，立即杀个回马枪，再次攻入长安，大败唐军。拓跋思恭、李孝昌派出的援军又遭到黄巢的伏击，拓跋思恭大败，伤亡很大。

转眼到了七月，拓跋思恭军队经过修整后，进屯渭桥，与黄巢中书令尚让、东面行营都虞侯朱温的两万精骑，隔水相持。九月的一天，尚让、朱温率众强渡渭河，发起进攻。拓跋思恭命令弟弟拓跋思忠率部迎击。拓跋思忠善骑射，开弓搭箭，射穿桥表的铁鹤。尚让、朱温所部大吃一惊，不战而退。拓跋思忠见敌退却，跃马过桥，冲入敌阵，左右砍杀，如入无人之境。但此时的他已中了尚让、朱温的诱兵之计，刹那间，伏兵四起，万箭齐发，拓跋思忠等上千将士，纷纷中箭，倒地而死，无一生还。战后，僖宗为表彰拓跋思忠的忠勇，追封其为宥州刺史，并在渭阳为其修建了祠堂。（参见《新唐书》卷二二一上《党项传》）

渭桥一战的失利，拓跋思恭损失惨重，于是率军仓皇北撤。十一月，黄巢大将孟楷在富平偷袭思恭军队，思恭力不能支，率领残众奔逃夏州。

881 年十二月，回到夏州的拓跋思恭上表僖宗请求讨伐黄巢。这时的唐僖宗因为诸路兵败，士气不振，不但没追究拓跋思恭临阵脱逃的罪责，还正式任命拓跋思恭为定难军节度使，统辖银、夏、绥、宥四州，并督促他再次出兵。

次年（882 年）正月，定难军节度使拓跋思恭率精兵八千，再返长安。宰相王铎兼任诸道行营都统，拓跋思恭任京城南面都统。四月，拓跋思恭进屯渭桥。他先去渭阳祭奠了弟弟拓跋思忠的祠堂，然后和起义军接战。

为了鼓励拓跋思恭，同年八月，唐僖宗又封其为京城四面收复都统，全权负责收复京兆长安。可见，在大敌当前，唐僖宗对拓跋思恭寄予多么大的期望，当时李琪的一首诗，就充分印证了这一点（参见《太平广记》卷一七五《李琪》）：

飞骑经巴栈，鸿恩及夏台。
将从天上去，人自日边来。
此处金门远，何时玉辇回？
早平关右贼，莫待诏书催。

拓跋思恭自再返长安以来，率领精锐

与黄巢的军队周旋一年多，从京城南面收复都统升为四面都统，但由于兵力悬殊，只能与黄巢军队拉锯相持。

唐中和三年（883年）四月，雁门节度使、沙陀族首领李克用率兵五万开到长安城下，与拓跋思恭等合兵攻打长安。拓跋思恭等连败黄巢大将尚让。之后，拓跋思恭与李克用大将杨守宗、河中将白志迁合兵，一日三捷。诸军从光泰门攻入长安，黄巢焚宫阙而逃。

黄巢起义平定后，唐僖宗为了表彰拓跋思恭的功勋，晋封太子太傅、夏国公，并且再次赐皇姓李。同时，赏金银、玉帛以及“鼓吹”全部，部有三驾：大驾用1530人，法驾用781人，小驾用816人。包括金钲、节鼓、掆鼓、大鼓、小鼓、铙鼓、羽抱鼓、中鸣、大横吹、小横吹，觱篥、桃皮、茄、笛等乐器。从此，大唐的恢宏文明，不断地滋润着党项民族，从游牧文化走向农业文明，从野蛮文化走向封建文明。

西夏金托盏（内蒙古博物院藏）

自此，党项拓跋氏突破其宥州一州统领之限制，控制了整个鄂尔多斯高原的南部，进而走上建国的道路。

（杜建录　张笑峰）

注：

①聂鸿音.西夏文献论稿[M].上海：上海古籍出版社，2012.

②康兰英.榆林碑石[M].西安：三秦出版社，2003.

③陈寅恪.金明馆丛稿二编·李唐氏族之推测后记[M].北京：生活·读书·新知三联书店，2001.

西夏是怎么崛起的？为何要向西发展并比较容易地夺取河套？夺取灵州、建都兴庆府对西夏社会历史的发展有何重大影响？这是我国中世纪后期历史上的一个重要课题。

第三集

崛起之路

——李继迁起兵到李元昊建国

崛起之路

——李继迁起兵到李元昊建国

统万城遗址

统万城遗址（陕西靖边县境内）

一、立马统万城

892年，夏州定难节度使拓跋思恭去世，十几年后大唐王朝也走到了尽头，代之而起的是五代十国。夏州拓跋政权为了生存和发展，先后依附于建都中原的梁、唐、晋、汉、周五朝，这五个朝代为了安定边疆，以高官厚爵极力笼络夏州拓跋氏，只有后唐明宗时试图削藩，用兵夏州，但以失败告终。

以夏州为中心的鄂尔多斯高原具有非常重要的战略地位，早在秦汉，这一地区就是北方匈奴与中原王朝角逐的战场，秦始皇派大将蒙恬驱逐匈奴，在此设置30多个县，移民屯垦实边。汉武帝时，再次将匈奴驱逐到漠北，在这一带设立朔方、西河、上郡、奢延、灵州等县，迁山东内地贫民70余万屯田安边，保卫边疆。

五胡十六国时，匈奴赫连勃勃在鄂尔多斯建立的大夏政权，花七年的时间，在今陕西靖边县北修筑了一座宏伟而坚固的城池，并命名曰“统万城”。

统万城又称白城子，筑有38个马面，每个马面长约4丈，马面之间的距离6~7丈，便于防守军士来回对射攻城的敌人。马面里面设仓库，储藏战备物质。传说赫连勃勃对城墙的质量要求很高，每筑一层，就让监工用锥子刺墙，如果刺不进去，说明质量合格，如果能刺进去，就不合格，将筑城的人杀掉，并筑到城墙里面。

鄂尔多斯南缘有众多古老的湖泊（海子），匠人就地取材，在湖底的白色淤泥中掺上砂石、白石灰，加水融合后版筑，因此“色白而牢固”，“坚硬紧密如石”，“可以砺刀斧”，“砍之皆出火”（《通志》卷一九三），远处眺望，白色耀人，故称白城子。

881年，党项拓跋部大首领拓跋思恭因镇压黄巢起义有功，被唐僖宗封为定难军节度使，从此占据夏州，坐镇统万城。

933年二月，定难军节度使李仁福病逝，儿子李彝超自任留后（代理节度使）。李彝超上表朝廷，请求正式册封。后唐明宗见表后，心中暗喜，认为削弱乃至消灭夏州拓跋政权的机会来了。

他采用调虎离山之计，下诏李彝超和鄜延节度使安从进对调，李彝超调任鄜延节度使，安从进调任夏州节度使。并派邠州节度药彦稠等率马步兵五万，武力护送安从进到夏州上任。李彝超深知这是调虎离山，委婉拒绝。

药彦稠五万人马一举包围夏州统万城，昼夜攻打不息。夏州统万城城墙高大，陡峭雄伟，坚固难攻。马面稠密，敌楼巍峨，无法攻上。药彦稠命令官军凿挖地道，通到城内，但是由于统万城城墙地基很深，且用三合土夯筑而成，“坚如铁石，铲凿不能入”（《新五代史》卷四〇《李仁福传》）。安从进、药彦稠无计可施，内外疲惫，十分沮丧。

这时李彝超兄弟乘势登城向安从进喊话：“夏州这个地方非常贫穷，没有啥奇珍异宝。只是祖上世世代代守在这个地方，所以才不愿丢失。退一步说，这么一个小城镇，拿下来也没啥意思，根本不值得国家兴师动众，劳民伤财！烦请大人上奏皇上，允许李某保留藩镇，为朝廷效犬马之劳。”安从进等听了，更无斗志。

李彝超在城内率众抗击官兵的同时，命令一万多党项游骑，从四面八方抄掠后

银州古城遗址（陕西横山县境内）

灵武磁窑堡西夏磁窑遗址

唐军队的粮道，致使官兵无粮，马无草料，处境十分危险，后唐明宗只好下诏班师。

李彝超击退唐兵，在党项民族发展史上具有极为重要的意义。通过这场生死较量中，拓跋政权与五代政权的军事力量对比发生了变化。拓跋氏看到了自己的力量，看到自己作为一种势力发展壮大乃至建立国家的可能性。

从此以后，拓跋政权首领对五代的态度也发生了根本性的转变，他一反过去俯首称臣的态度，“自是夏州轻朝廷”（《资治通鉴》卷二七八），“傲视中原，阴结叛臣”。梁、唐、晋、汉、周五代政权对拓跋政权的态度，也由过去把它看作是臣属小藩，转变成认为是一个相对独立的民族政权，从此不再下令调任，或轻易用兵，仅维持“羁縻”关系而已。

二、起兵地斤泽

（一）李继捧入朝献五州

宋朝建立以后，扫平江南和北汉，完成对南方的统一。当时的北方，除了契丹族建立的辽朝外，还有党项族建立的夏州政权，夏州政权在名义上臣属于宋朝，具有地方和民族双重性质，宋太祖时为了集中力量用兵南方，采取宽松的羁縻政策。通过“斧杀”宋太祖而登位的宋太宗，为了转移统治者内部矛盾，把视线投向西北边疆，由于夏州政权的民族性，他一时难以下手，只能等待时机。

这个机会终于等到了，太平兴国五年（980年）十月，定难军节度留后李继筠病故，其弟夏州衙内都指挥使李继捧继位。次年八月，夏州发生内讧，李继捧的叔父、绥州刺史李克文上书朝廷，说李继捧不适合承袭节度使，请遣使节到夏州，谕令李继捧到汴京开封朝觐。

对宋太宗来说，李克文的请求正中下怀，他错误地判断消灭拓跋夏州政权的时机成熟了，因此，立即遣使到夏州，诏令李继捧携带家属到汴京开封，由李克文知夏州，另从内地调来尹宪同知夏州。李继捧接诏后，面有难色，不愿离开故土。但在李克文和朝廷使节的督促下，只好交出大印（参见《西夏书事》卷三）。

西夏首领印（内蒙古博物院藏）

982年五月，李继捧一行到达开封，朝见于崇德殿。宋太宗喜出望外，赐白金千两，帛千匹，钱百万，并赐豪宅。身不由己的李继捧表示献出世袭的银、夏、绥、宥四州八县之地，留在汴京享受荣华富贵（《续资治通鉴长编》卷二三）。

西夏福圣宝钱

李克文的如意算盘是利用宋朝挤走李继捧，由他来做“夏州王”，这种与虎谋皮的奢想显然是行不通的。宋朝逼迫李继捧献出四州八县后，又大兵压境，诏令李氏五服以内的族人全部到汴京，以期斩草除根。这其中包括李继捧的叔父李克文和李克宪，李克文看到大势已去，只好带上家属和唐僖宗赐赠先祖拓跋思恭的铁券及朱笔御扎上路。李克宪接到诏书后，“偃蹇不肯行”，宋太祖又派袁继忠持诏谕以祸福。外有尹宪五万大军，内有袁继忠日夜劝谕，李克宪只好随袁继忠入京，“与克文并赐第京师”（《西夏书事》卷三）。至此，夏州拓跋政权一度中断。

（二）李继迁出奔地斤泽

李继捧入朝后，夏州定难军都知蕃落使李继迁因和知夏州的李克文意见不合，便率部离开夏州，回到老家银州。不久，朝廷诏令李氏五服以内的族人赴京，李继迁也在征召之列，这时，他知道了“五州地尽归朝廷”。在党项民族政权生死存亡的紧要关头，这位年仅二十岁的定难军都知蕃落使急忙召来弟弟李继冲和亲信商量对策。

李继迁说：“我们祖宗封土平夏达三百年，父兄子弟列居州郡，雄视一方。当今朝廷诏李氏宗室进京，夏州李氏政权的根脉从此断了。”弟弟李继冲提出乘夏州不备，杀掉朝廷使节，占领绥、银。

谋士张浦则认为时机尚不成熟。一是夏州难起家庭，内部不团结，不能一致对外；二是尹宪手握重兵，随时都有可能兵临银州；三是银州兵弱，不习战斗。最后他提出：“不若走避漠北，安立室家，联络豪右，卷甲重来。”

李继迁听从了张浦的建议，决定逃出银州，远走漠北，重起炉灶。为了掩人耳目，逃脱盘查，李继迁诈言奶妈去世，要出城送葬，并偷偷将各种武器装在棺材里，然后带领亲信数十人披麻戴孝，吹吹打打，大摇大摆地出了银州城后，戎马轻装，飞奔地斤泽（今内蒙古鄂尔多斯市伊金霍洛旗南部一带）。

牵驼图（甘肃庆阳出土）

地斤泽距银州300余里，川原辽阔，水草丰美。李继迁一行来到这里，拿出先祖拓跋思恭的画像，打起恢复“故土”的旗帜，“戎人拜泣，从者日众”（《西夏书事》卷三）。从此开始了反抗宋朝，重建夏州政权的事业。

李继迁在地斤泽安顿好家室后，便开始对宋朝进行小规模的袭击。983年，率部进攻宥州，不胜而退。第二年，偷袭位于夏州西北的王庭镇，俘虏人马牛羊1万多。知夏州尹宪和都巡检曹光实十分恼火，决定以牙还牙，进剿李继迁的老巢地斤泽。九月的一天夜晚，李继迁等人还在梦中，突然宋朝数千精骑从天而降，慌乱中，李

大宋国故管内蕃部都指挥使李光遂墓志铭

继迁与弟李继冲弃众而逃。部众被杀者500余人，损失牛羊、器械1万多，李继迁的妻子和母亲罔氏等均被曹光实俘虏。

捷报传到汴京开封，执政大臣寇准提出将罔氏斩首，“以儆凶逆”。另一执政吕端认为不妥，他说：“当年项羽要烹汉祖刘邦的父亲，刘邦听到后说：‘遗我一杯羹！’凡举大事者固不顾亲，何况李继迁是悖暴凶残之人？如果杀了李继迁的母亲，更坚定了他的叛心。所以，不如软禁到延州，好吃好喝养起来，以招诱继迁。虽不能招降李继迁，但总可以拴住他的心。”

宋太宗听从了吕端的建议，将李继迁之母软禁在延州，后封西河郡夫人，留养京师，至老而死，母子未得相见。

经过多次失利，李继迁害怕官军追袭，经常居无定处，在夏州北面打游击。这时的李继迁没有以前那么鲁莽了，他总结几年来的成败经验，审时度势，做出“联辽抗宋”的战略性决策。李继迁认为：“吾不能恢复旧业，屡屡失败，北方契丹强大，吾将假其援助，以为后图。”（《西夏书事》卷四）

五代宋初，契丹辽朝利用定都太原的沙陀族政权北汉抗衡北宋。979年，北宋灭掉北汉后，接连举兵北伐，为了抵抗宋朝的进攻，辽朝急于寻求新的盟友，以牵

黑水城出土西夏皇帝画像

制和分散北宋的兵力。特别是986年正月到四月间，宋朝第二次北伐节节胜利，连克沿途州县，在这个节骨眼上，夏辽结盟自然是一拍即合。

因此，当李继迁使臣张浦到达后，辽圣宗很痛快地答应了李继迁请求，授其为定难军节度使、都督夏州诸军事。

986年十二月，李继迁为了进一步加强同辽朝的关系，亲自率五百骑到边境向辽朝求婚，辽圣宗欲使继迁牵制宋朝，答应将公主许配李继迁，择日完婚。

有辽一代将公主下嫁番邦邻族寥寥无几，而刚刚与辽朝结盟交好的李继迁首次提出请婚，辽圣宗就马上答应，可见出于共同的目的，夏辽关系从一开始就不一般，三年后即989年三月，辽圣宗履行诺言，将宗女封为义成公主，下嫁李继迁，并赐马3000匹作为陪嫁。

李继迁从986年与辽朝结盟，到1003年进攻西凉吐蕃时中流矢身亡，前后17年中，为了赢得对宋战争的胜利，恭敬辽朝，每年派出的进奉、贺正旦、贺生辰的使节道路不绝。990年三月，李继迁向辽朝奉献的贡品有“细马二十匹，麄马二百匹，驼一百头，锦绮三百匹，织成锦被褥五合，苁蓉、矸石、井盐各一千斤，沙狐皮一千张，兔鹘五只，犬子十只”（《契丹国志》卷二一）。自此以后，“每岁八节奉献”。辽朝对李继迁每次例赐金腰带、细衣、马羊、弓箭、马具、酒果等物品。

李继迁“联辽抗宋”外交取得了很大的成功，他借助辽朝声威，团结内部，大兴攻伐，屡败宋军。990年九月，李继迁来献俘；十一月，李继迁来献捷；十二

西夏西平监军司（甘肃瓜州县锁阳城）

西夏敕燃马牌（国家博物馆藏）

月，遣使来告下宋朝麟、府等州。契丹主十分高兴，当年十二月，赐封李继迁为夏国王。

宋至道二年（996年），李继迁在浦洛河截获宋朝运往灵州（今宁夏平原东部）的40万石粮草。宋太宗大怒，决定大规模讨伐。李继隆出环州，丁罕出庆州，范廷召出延州，王超出夏州，张守恩出麟州，五路齐发，直捣平夏。李继迁闻讯后逃到沙漠深处，宋军找不到主力作战，无功而还。

宋至道三年（997年），宋太宗崩驾，子赵恒即位，是为真宗。当时赵宋朝野被李继迁拖得疲惫不堪，上上下下都有与李继迁讲和的愿望，刚即位的宋真宗"姑务宁静"，顺应当时的形势，答应李继迁的要求，册封其为夏州节度使，将好不容易弄到手的银、夏、绥、宥、静五州之地，拱手还给李继迁。夏州拓跋政权从此进入了一个新的历史阶段。

三、攻取灵州城

宋太宗虽通过分化瓦解的手段，迫使李继捧献出银、夏、绥、宥、静五州之地，但这仅仅只解决了表面问题，党项民族与豪族大姓要求恢复和发展本民族政权的愿望非常强烈，也就是说，政治分化和军事打击并没有解决党项人的思想问题。李继迁顺应这种要求，乘势而起，在恢复"故土"后，继续向外扩张，他要在更大范围建立党项民族政权。

李继迁要对外扩张，在更大范围建立党项民族政权，这只是内因，还需要有外因。也就是说，外部条件是否允许至关重要。当时的外部形势是：

李继迁恢复的银、夏"故土"，东临黄河，渡过黄河是宋朝北方重镇太原府（今山西太原），南接防御党项重镇延安府（今陕西延安）。李继迁要渡过黄河向河东发展，或向延安方向扩张，显然是很困难的，或者说是不可能的。

银、夏的东北是大辽帝国，李继迁起兵后，采取"联辽抗宋"的战略，不但没有力量与辽朝抗衡，更不愿和他的盟主辽朝发生冲突。因此，向东北方向发展也不可能。这样就只剩下了西面的河套平原与河西走廊了。

河西的西凉吐蕃与甘州回鹘力量比较弱，河套地区的吐蕃、党项族帐，处于不相统一的分散状态，李继迁兼并起来比较容易。

最重要的是宋朝定都汴京开封，政治军事中心向东南转移，西面第一关是洛阳，第二关是潼关，第三关是唐代的首都长安，唐朝的内地灵州成了极边。宋人甚至认为灵州太远，粮草供给不上，不如“弃去灵州，退守环（今甘肃环县）庆（今甘肃庆阳）”。这种形势为李继迁攻占灵州，创造了非常有利的条件。

灵州地区（今宁夏平原东部）是我国河套地区开发最早的绿洲，水草丰茂，生产发达，自秦汉以来就发展灌溉农业。北周时迁来大量江南人，从而“江左之风”大兴，始有“塞上江南”美誉。灵州历史最辉煌的一笔是，“安史之乱”后，唐玄宗逃往四川，肃宗李亨在灵州登基。唐朝依托灵州大都督府，召集天下兵马，平定了安禄山、史思明的叛乱。灵州因此享誉全国，党项大首领拓跋守寂也因功赐封为灵州刺史，从此，拓跋部与灵州难舍难分，结下了不解之缘。

其实，李继迁在恢复“故土”前就开始用兵灵州了。宋至道二年（996 年）初，李继迁设伏浦洛河（今宁夏盐池县惠安堡一带），截获宋将白守荣押往灵州的 40 万石粮草，随后合兵 万，进围灵州。

宋太宗大怒，命李继隆出环州，丁罕出庆州，范廷召出延州，王超出夏州，张守恩出麟州，五路齐头并进，会师灵州。李继迁听说五路大军分道而来，于是撤围回师，在乌池（今陕西定边县以北）、白池（今宁夏盐池县以北）一带，与宋军殿前指

西夏文官石雕像（乌海市博物馆藏）

西夏武官石雕像（乌海市博物馆藏）

挥使王超、殿前都虞侯范廷召大战三日，不胜而退，灵州之围遂解。这是李继迁第一次攻灵州。

宋至道三年（997年）十月，灵州守军校尉郑美因违背军令，害怕主将治罪，叛逃出城，投靠李继迁。急于攻占灵州的李继迁如获至宝，他从郑美口中得知，灵州城防务空虚，如果发大军，完全可以攻破。于是李继迁任命郑美为指挥使，让他做向导，发兵灵州，结果在合河镇北被灵庆路副都部署杨琼打败。李继迁不甘心失败，随后又以五百骑奔袭灵州城，又被宋将打败，退走30余里，才摆脱宋兵追击。这是李继迁第二次攻灵州。

鉴于前两次进攻失利，李继迁暂停对灵州的直接进攻，采取先扫清灵州外围，然后再夺取灵州的策略，相继攻陷定州（今宁夏平罗）、怀远（今宁夏银川）、保静等河外五镇，以及灵州东南面的清远军（今甘肃环县境内），控制灵州到原州（今宁夏固原）、灵州到环州（今甘肃环县）交通大道，以达到困死灵州的目的。

宋咸平四年（1001年）八月，李继迁侦察到陕西转运使陈纬和知灵州李守恩从庆州往灵州运送粮草，于是设伏“瀚海”（瀚海又名“旱海”，在灵环路中段，长达700里，黄沙茫茫，人迹罕至），杀死陈纬、李守恩两位主将，截获20万石粮草。

紧接着李继迁发兵五万，第三次围攻灵州。当时知灵州李守恩战死，裴济受命于危难之际，新任知州。灵州城中兵少，裴济不敢出战。外围又被李继迁扫清，成为一座孤城。李继迁采取攻而不破，围城打援的战术，屯兵险要，占据灵州周围肥

李继迁藏兵洞（陕西横山县境内）

沃的田土，命令军队开垦屯田，准备长期围困。

在大敌当前，灵州城危在旦夕的情况下，宋朝内部出现了两种截然不同的意见：

一是宰相张齐贤、李沆，副宰相李至，知制诰杨亿等顾命大臣主张放弃灵州。李至认为，灵州虽地处西北要冲，但援绝势孤，不能不弃；不如把朔方军移到环州，保境息民，不失为一时的权宜之计。

张齐贤说："灵武孤城，必难固守，徒使军民六七万陷于危亡之地。"也就是说，灵州是守不住的，守也白守，最终要把六七万军民搭上。

李沆认为："继迁不死，灵武终非朝廷有。"（《西夏书事》卷七）因此，他提出，不如遣密使到灵州，让州将悄悄带上灵州军民南撤，李继迁得到的只是一座空城。如果这样的话，"关右之民息肩矣"。

杨亿也提出"废弃灵州，退保环庆"，然后设计来困李继迁。

西夏武士木板画（武威博物馆藏）

二是主张固守灵州，理由有四：

（1）"灵州乃必争之地，苟失之，则缘边诸郡皆不可保"，后果不堪设想。

（2）灵州地方千里，表里山河，自来是放牧耕战的好地方，一旦被李继迁占领，

西夏省嵬城遗址（宁夏石嘴山市境内）

必酿大患。

(3) 灵州界于鄂尔多斯高原与河西走廊中间，将夷狄（凉州吐蕃、甘州回鹘与鄂尔多斯党项）一分为二，如果灵州失守，夷狄合二为一，宋朝就无法控制了。

(4) 宋朝的军用马匹主要从河西地区购买，李继迁攻占灵州，控制河西吐蕃与回鹘后，就截断了宋朝买马的后路。

在一番争议之后，犹豫不定的宋真宗最后拍板，决定守灵州。宋真宗决定守灵州，除了上述原因外，还有一个不可告人的原因，那就是大宋皇朝的面子。堂堂大国，竟然放弃边疆重镇，是无法向祖宗交代的，更无法向国人交代。于是宋真宗任命马步军都虞侯王超为四面行营总管，统兵六万增援灵州。

一个对守灵州还是弃灵州犹豫不定的朝廷，它所派出的援军，自然不会是气吞山河的必胜之师。因此大军出发后，一路磨磨蹭蹭。

这时李继迁已切断灵州粮道，灵州与世隔绝，危在旦夕。知州裴济咬破手指，写下十万火急的求救血书，派人送出城外求援。但宋朝的援军就是迟迟不到。灵州遂被攻陷，知州裴济战死，以身殉职。

如果宋朝真正认识到灵州的重要性，真正想守灵州，即使被李继迁攻占，也会派大军夺回的。遗憾的是它没有这样做，从这个意义上讲，灵州的失守，与其说是李继迁的攻占，倒不如说是宋朝自己拱手相让。

李继迁寨（陕西横山县境内）

李继迁攻占灵州的第二年（1003年）正月，将都城由夏州迁到灵州，迈出了向西发展战略的第一步。为日后攻占河西，定都兴庆府，建立西夏国，奠定了坚实的基础。

用兵灵州是李继迁由弱变强的转折点，李继迁占领灵州犹如虎添翼。宋朝失去灵州，夷狄合二为一，对西夏军事形势由主动变被动，疲于奔命。

四、和好大宋朝

李继迁在向河西走廊扩张的战争中，中了西凉吐蕃族大首领潘罗支的诈降计，被流箭射伤，逃回西平府（今宁夏平原东部）。救治了一个多月后，因伤势过重，于宋景德元年（1004年）正月死亡，儿子李德明于灵柩前即位。

李继迁在他伤势日重、命在旦夕之时，召来儿子德明和部下心腹安排后事，他叮嘱德明说："我死之后，你要尽全力请求归附宋朝。如果一次上表不同意，就再次上表，即使一百次还不同意，你也不要停止。"接着对张浦等亲信说："你们和我一起征战多年，情同手足。小儿德明自幼生长在兵间，历尽艰苦。而今以灵夏之众，虽不能和宋、辽抗衡，但只要你们尽力辅佐，见机行事，还是可以保住旧业，为祖先争光。如果能够这样，我也就没有什么遗憾了。"（《宋史》卷二八二《向敏中传》）

李继迁临终时一反常态，要儿子德明依附宋朝，是因为他清楚地看到自己死后西夏将面临着"国危子弱"，如果处理不好，他确立的向西发展，攻取河西的战略不但不能实现，而且有可能被宋朝利用吐蕃夹击西夏的"以夷制夷"方略打败。因此，德明的首要任务是和好宋朝，全力用兵西凉吐蕃和甘州回鹘，打破宋朝"以夷制夷"方略。

驻守在西北边境的大将曹玮得到李继迁死亡的消息后，认为这是铲除西夏势力的大好机会。他上书宋真宗，提出乘西夏国危子弱，出其不意，发兵生擒李德明，送到阙下。

河西吐蕃大首领潘罗支听到李继迁的死讯，欣喜若狂，他邀约回鹘部族首领，预备集结精兵，直抵贺兰山下，征讨西夏。潘罗支还让自己的哥哥邦逋支到开封，向宋朝搬兵。

即位不久的宋真宗"姑务宁静"，在接到各方来报之后，既没有采纳曹玮的主张，也没有理睬潘罗支的请求，反而派人去通知驻守延州（今陕西延安）的张崇贵，让他赶快设法与西夏联系，提出了议和的愿望。

此时的李德明并没有按照父亲的遗嘱，

马上与宋朝议和，而是对部将们说：“按照先王的遗命，现在应该立即上表求和。但是如果那样的话，显得太容易，人家就会轻视我们。不如先发兵收复西凉，重振国威后，再和宋朝讲和。”（《西夏书事》卷八）

西夏擦擦（内蒙古额济纳旗绿城遗址出土）

史载党项人好勇尚武，“尤重复仇，若仇人未得，必蓬头垢面，跣足蔬食，要斩仇人而后复常”。即使是那些没有能力报仇的人，也要招集妇女，吃饱喝足后，成群结伙地赶往仇家，放火烧毁仇家的房屋。如果双方的怨仇得到了和解，便要举行一个盟誓仪式，将鸡、猪、狗血和酒掺在一起，倒入髑髅杯中共饮，发誓说：“若复报仇，男女秃癞，六畜死，蛇入帐。”

如今大王李继迁被潘罗支杀害，这不仅是儿子李德明的仇，也是党项族人的仇。因而，李德明在国难当头决定攻打潘罗支。他派人说服潘罗支属下的党项部落首领，让他们做内应，在暗中协助自己；然后在潘罗支毫无防备的情况下，率精兵突然攻入西凉，杀死潘罗支，占领了西凉府。

报了杀父之仇后，李德明才将父亲安葬在贺兰山下。

就在这年的十二月，中国历史上又发生了一件大事：宋朝和北方的辽朝达成了和约。

自宋太宗以来，宋辽两国战事不断，先是宋朝于979年和986年两次主动北伐，

宋代开封繁塔李光文捐施题刻

西夏壁画五龙藻井（莫高窟第234窟）

失败后战争主动权转到辽朝手中。此后辽朝几乎每年都要向宋朝发起攻势。

1004年，辽圣宗和萧太后亲率二十万大军，发动了有史以来规模最大的一次进攻。辽军一路南下，如入无人之境，径直来到与京城开封仅有黄河之隔的澶州，也叫澶渊（今河南濮阳）。宋真宗被逼无奈，亲赴前线督战。此时的宋、辽两军，实力相差并不很大，一时之间谁也吃不了谁，两军在澶渊形成了对峙之势。不久，远道而来的辽军见相持之势对自己不利，于是产生了讲和之意。这对胆小怯懦的宋真宗来说，真是求之不得的事。他巴不得辽军赶快退兵，于是赶忙表示同意议和。很快双方就订立了和约，约定宋每年给辽10万两银、20万匹绢，双方各守疆域，两个皇帝互称兄弟，两国结为兄弟之国。这就是历史上的“澶渊之盟”。

一是多年来，李继迁能够同宋朝抗争，主要依赖的是辽的支持与帮助。“澶渊之盟”后，宋、辽结好，夏、辽攻宋联盟便遭到破坏。辽朝态度发生变化，由支持西夏对宋战争，转向希望西夏与宋和好，至少是不积极支持西夏对宋战争。没有辽的支持，西夏如果再对宋发动战争，就只能是孤军奋战，必将陷于孤立无援的境地。

二是宋、辽结盟后，辽不再牵制宋的兵力，宋就可以腾出手来专力对付西夏。因此，“澶渊之盟”的订立，对西夏来说，是祸是福，还是个未知数。

三是在这件事上，宋朝的态度很关键。宋真宗息事宁人，他觉得每年花一些银两和丝绸，就能买来国家的安宁与和平，这真是太划算了。于是，他想用宋辽“澶渊之盟”的办法解决西夏问题。将驻守延州的张崇贵召回宫中，面授机宜。为了和谈顺利，他还给沿边军队打招呼，千万不要主动出境，以防激怒西夏。

这时的李德明和谋士张浦见请和的时机成熟，于是派牙将王旻捧着和表，携带贡品，赴开封求和。宋真宗见到西夏的使臣，很是高兴。他赐给王旻锦袍、银带，好好地招待了一番，随后又派使臣带着诏书，前往西夏答礼。

西夏壁画四龙团凤藻井（莫高窟第16窟）

也就在此时，辽朝的使臣萧承德正手持节杖，带着封册、钱物来到西夏，册封李德明为西平王。辽对李德明的册封，壮大了李德明的声势，加重了李德明与宋朝讨价还价的砝码，双方在具体细节上讨价还价，经过一年多的你来我往，最终于宋景德三年（1006年）九月，正式签订了和约：宋朝任命李德明为定难军节度使，封爵西平王，食邑6000户，实封1000户；赐袭衣、金带、金勒鞍马，并赐银万两、绢万匹、钱2万贯、茶2万斤；发给李德明与内地节度使相同的薪水。与此同时，西夏答应释放被俘的宋朝官吏兵民；解散蕃汉军队；如果边境发生纠纷，要服从宋朝政府的处理。

当然，西夏仅是原则上答应而已，不可能落到实处，特别是解散军队，根本做不到，因为西夏君臣深知“枪杆子里面出政权”的道理。

墨书西夏文银钵（宁夏灵武石坝出土）

五、迁都兴庆府

党项历史上有三个都城，除皇都兴州兴庆府（今宁夏银川）外，还有定难节度使府所在地夏州（今陕西靖边县白城子），西平王府所在地灵州西平府（今宁夏平原东部），它们分别代表了党项族三个不同的发展阶段。

唐中和元年（881年），党项大首领拓跋思恭因镇压黄巢大起义有功，被唐僖宗任命为定难节度使（又称夏州节度使），赐皇姓李，封夏国公，统辖银、夏、绥、宥四州之地，后来又增加了静州。从881年拓跋思恭占据夏州，到宋太平兴国七年(982 年)，宋朝逼迫李继捧到汴京开封，献出世代居住的银、夏、绥、宥、静五州地盘，前后整整 101 年，夏州一直是拓跋李氏政权的驻地。

在这期间，发生了多次争夺夏州的战争，其中规模最大的是后唐长兴四年（933 年)，后唐明宗对夏州的用兵。当时夏州节度使李仁福病死，儿子李彝超自任节度留后（代理节度使)，上表唐明宗，请求正式任命为节度使。后唐明宗认为这是一个削弱乃至消灭夏州政权的绝好机会，他采取“调虎离山”计，不同意李彝超继承夏州节度使，而是将他和延州节度使安重进对调，并调发五万大军护送安重进赴任。李彝超识破唐明宗的计谋，坚决不同意，他利用坚固的夏州城，打败来势凶猛的后唐军队，巩固了拓跋李氏在夏州的统治。

西夏剔刻花瓷瓶（内蒙古博物院藏）

982 年，宋朝收回夏州，李继捧的族弟李继迁逃到地斤泽，开始了长达 15 年的恢复“故土”的斗争，宋至道三年（997 年)，最终从宋朝手中夺回了银、夏、绥、宥、静五州地盘。但这时的李继迁看到了宋朝的软弱，他已不满足“故土”的恢复，而是在恢复“故土”后，进一步对外扩张，把矛头直指宋朝西北重镇灵州。

1002 年，李继迁集中优势兵力，一举攻破灵州。1003 年，改灵州为西平府，把西平王府由夏州迁到灵州西平府。

墨书西夏文银洗（宁夏灵武石坝出土）

西夏木雕供桌（贺兰山拜寺口双塔西塔出土）

李继迁舍夏取灵，将都城由夏州迁到灵州大致有三个原因。

一是夏州失去了往日的地位。宋淳化五年（994年），宋太宗下令毁掉夏州城，将夏州的居民迁移到绥、银等州，李继迁得到的夏州只是一座被毁坏的空城。这也是李继迁弃夏取灵的重要原因。从此到西夏灭亡，西夏虽修缮过夏州，但夏州的地位江河日下，再没有出现过往日的辉煌。

二是夏州地区的生态日益恶化。赫连勃勃筑统万城时，这里水草丰美，植被良好，后来随着人口的增加和过度的开垦放牧，草地逐渐沙化，州城里的人畜用水也出现困难，如果继续作为都城，势必要限制拓跋李氏政权的发展。

三是灵州地区（今宁夏平原东部）是我国河套地区开发最早的绿洲，水草丰茂，生产发达，自秦汉以来就发展灌溉农业。灵州的居民又“习华风，尚礼好学”（《西夏书事》卷七）。李继迁正是看中了灵州的自然与人文环境，才最终下决心迁都的。

灵州虽然生产发达，交通便利，民风淳朴，但作为都城，有一个致命的弱点，就是“地居四塞，我可以往，彼可以来”（《西夏书事》卷一〇），无险可守。这对新兴的西夏政权来说，显然不是一个理想的选择。所以它作为都城，只有短短的17年，宋天禧四年（1020年），李德明又将都城由灵州西平府（今宁夏平原东部）迁到河西兴州（今宁夏银川），李元昊称帝时更名兴庆府。

从1020年李德明迁都兴州到1227年西夏灭亡，前后207年，兴州兴庆府一直是西夏的都城，其中王都18年，皇都190年。

西夏都城的形制已无遗迹可考，一说“凤凰城”，一说为“人形城”。《朔方道志》记载风水先生王雨堂的一则故事：传说这位风水先生道术很高，宁夏郡城像凤形，以东部高台寺为凤首，层台峻宇，地势雄胜，前建楼阁。咸丰年间一富室嫌楼地狭隘，宴会局促，扩为三楹。王雨堂对人说：“府城为凤凰，高台寺为凤首，前楼是凤嘴，此富室以一己之私，妄更古刹，凤口受创，五年后大劫至矣。”人们都笑其胡言乱语，不久郡遭兵祸，几无孑遗，此台亦毁于火。这段记载虽为传说，但大体反映了凤凰城的形制，今银川东部存有西夏高台寺遗址。

我国古代对都城的选择，既要考虑经济状况，又要考虑军事防御。汉、唐定都长安，就是考虑到关中是全国的经济中心，地理形胜又易守难攻，东有潼关，西有萧关，南有秦岭，北为渭北高原。北宋定都开封，虽然考虑到这里是汴河与运河的交汇处，可以吸纳江南的粮食与财物。但不足的是无险可守，不具备军事防御功能，面对女真的进攻，统治集团举手无措，只好南迁杭州，偏安江南。

西夏定都兴庆府，比较好地照顾到了军事防御和经济保障，这应该说是西夏国立国长久的重要原因。

从军事防御的角度来看，都城是国防保卫的最终对象。兴庆府西北有贺兰山天险，“黄河绕其东南，西平为其障蔽”，有着优越的军事地理形势。1081 年，宋朝发动了规模空前的五路大进攻，计划经灵州渡过黄河，直捣兴庆府，一举消灭西夏。但被挡在灵州城下，没能再前进一步。由于兴庆府易守难攻，安全有一定的保障，这样就使得西夏将更多的兵力投入到边防。在全国 50 多万军队中，都城兴庆府只驻 7 万人，占 1/7，如果加上驻守灵州与贺兰山的 10 万人，也只有 1/3。打仗的时候，兴、灵地区（宁夏平原）的守军还随时调往前线，保证了前线作战的需要。

从经济保障的角度看，历朝历代的都城，都要考虑经济保障能力。隋唐以前，经济重心在关中，因而汉、唐等朝建都长安。以后随着经济重心的东南移，五代的梁、晋、汉、周，以及北宋只好把都城建在汴京开封。宋初曾讨论过迁都长安或洛

宁夏青铜峡 108 塔

玉门关遗址

阳，但因经济保障问题，不了了之。兴、灵地区地处黄河冲积平原，滔滔河水灌溉着两岸万顷良田，西夏立国后，继承了历代人民开发水利、引黄灌溉的优良传统，疏浚灌溉渠道，制定水利法规，使灌区农业生产快速稳步发展，保证了都城兴庆府的粮食供给。

总之，党项三都（夏州、灵州、兴庆府），代表了党项历史发展的三个不同阶段，夏州在拓跋政权和西夏国的发展中，起过非常重要的作用。夏州代表着拓跋李氏政权的辉煌，如果没有固若金汤的统万城，拓跋李氏政权可能早就被后唐消灭了。

灵州代表着拓跋李氏政权的战略转移。西夏以前，灵州一直是河套平原的中心。1003年，李继迁攻占灵州时，兴庆府不过是灵州下属的河外小镇（怀远镇），李继迁要把统治中心转移到河套平原，只能迁都灵州，别无选择。如果不占领灵州，拓跋李氏政权只能局限在银夏沙漠地区，成不了大气候，所以说，这个转移是至关重要的。

兴庆府稳固了西夏国的统治基础，它不仅具有和灵州相同的经济基础，更具有灵州所没有的山河形胜，如果把军事防御和粮食供给两方面结合起来考虑，西夏的其他任何地方都比不上兴庆府。

六、西掠吐蕃健马，北收回鹘锐兵

西夏自李继迁开始，就确立了向西开拓的战略方针，先是攻占灵州，接着采取声东击西的战术，扬言出兵环庆，而暗地里发兵西凉府（今甘肃武威），打败西凉吐蕃潘罗支。

正当李继迁攻取西凉，踌躇满志之时，潘罗支乘其不备，在李继迁返回西平府途中设下埋伏。李继迁被流箭射中，回到灵州后，因伤势过重，不久死去。二十三岁的李德明在父亲的灵柩前继位。他审时度势，对外和好辽、宋，全力向西，“西掠吐蕃健马，北收回鹘锐兵”。1032 年，李德明死后，其子李元昊继续向西用兵，最终占据整个河西走廊。

李德明刚即位，以报杀父之仇为名，发兵凉州吐蕃。他先策反投附凉州吐蕃政权党项，里应外合，一举杀死凉州吐蕃大首领潘罗支，再次占领凉州。凉州吐蕃潘罗支政权灭亡。

凉州吐蕃潘罗支政权灭亡后，甘州（今甘肃张掖）回鹘乘机发展起来。不久，从李德明手中夺取了凉州，这时河西走廊西端的瓜州（今甘肃瓜州）回鹘与沙州（今甘肃敦煌）汉人曹氏政权均依附于甘州回鹘。甘州回鹘一时声名鹊起，成为李德明、李元昊父子占领河西走廊最大的障碍。从宋大中祥符元年（1008 年）到宋天圣四年（1026 年），李德明同回鹘展开了六次争夺甘州的战争，每次都遭到失败。李德明因此同回鹘结成世仇。宋天圣六年（1028 年），李元昊已长大成人，李德明经过了充分的准备，派李元昊带兵去攻打甘州，李元昊一战告捷，攻破甘州，甘州回鹘可汗夜落隔仓皇出逃，留在城中的后妃子女家属都被李元昊虏获。甘州首战成功，李元昊深得李德明欢心，被立为太子。

李元昊攻取甘州后，驻守凉州的回鹘人就失去了大本营。李元昊又采取声东击西的战术，将宋兵吸引到环庆一带，回鹘失去戒备，然后出奇兵突袭凉州，回鹘人弃城而去。

李元昊占领甘、凉二州后，河西走廊西部的肃州和瓜、沙二州失去了屏障。当甘州城危时，隶属于甘州回鹘的瓜州王曹贤顺带兵来援，兵至甘州，城已被李元昊攻破，曹贤顺见李元昊兵强马壮，表示愿率部归

西夏壁画天马图（榆林窟第 10 窟）

附。李德明接受了他的投降，因为战线太长，李德明没有直接派兵占领瓜州，而是让曹贤顺返回瓜州，继续做他的瓜州王。

李元昊继位之初，忙于同吐蕃唃厮啰作战，也没有时间过问沙州。直到宋景祐三年（1036年），才率军攻占瓜州（今甘肃瓜州），直取沙州（今甘肃敦煌），又回师占领肃州（今甘肃酒泉）。这样，李元昊便完全控制了河西走廊，结束了甘州回鹘的统治。

在基本占领河西走廊后，李德明父子又把向西开拓的重点转移到吐蕃唃厮啰政权控制的湟水流域。唃厮啰，本是一个人名，吐蕃语意为“佛子”，为吐蕃赞普后裔。由于唃厮啰有这样的背景，被宗哥城（今青海西宁市东）僧人李立遵和邈川（今青海乐都）大首领温逋奇拥戴为王，建立了一个拥有数十万居民的地方封建政权——吐蕃唃厮啰政权。

宋明道元年（1032年），李元昊继位之后，宋朝想利用唃厮啰的势力牵制李元昊，封授唃厮啰为宁远大将军，温逋奇为归化将军。第二年又任命唃厮啰为保顺军节度观察留后。李元昊为了解除后顾之忧，在河西走廊战事还没有结束前，又发动了对河湟吐蕃的进攻。

1035年七月，李元昊派大将苏奴儿带兵五千进攻猫牛城（今青海西宁东北），被吐蕃击败，苏奴儿被俘。李元昊听到消息后，于九月亲自带兵远征，再次围攻猫牛城，攻了一个多月，硬是打不下来。于是李元昊派人向吐蕃守将诈称约和，骗开城门后，李元昊纵兵蜂拥而入，对城内居民残酷屠杀掳掠。

这年十二月，李元昊乘胜率大军进至河湟。唃厮啰自知寡不敌众，屯兵鄯州（今青海西宁境内），不出来迎战。但是，唃厮啰暗中派人侦查元昊的动向，派部将安子罗领兵十万以截断李元昊退路。元昊率大军渡过宗哥河之时，在水浅的地方插标识为记，作为退路。但是这些被唃厮啰的细作侦察

西夏雕龙石栏柱（西夏陵出土）

得一清二楚，暗中使人把渡河标识移植到深水处。李元昊与唃厮啰的战斗十分激烈，安子罗快支撑不下去了，李元昊更是困难，粮草供应不上，士兵饥饿而死者越来越多。李元昊的进攻惨遭失败，士兵争相逃命，到达河边，寻找浅水标识渡河，不料误入深水，士兵溺水而死者十有八九，失去辎重无数，只有为数不多的残兵败将保护李元昊逃回。部队渡宗哥河（今湟水）时，慌不择路，争先恐后地跳入河中，被河水冲走淹死者不计其数。李元昊这次宗哥河惨败后，从此再不敢轻易涉足其境。

第二年（1036年），当李元昊击败甘州回鹘，完全占领河西走廊，准备对宋用兵时，他担心宋朝利用河湟吐蕃抄自己的后路，于是带领大军攻破兰州吐蕃族帐，进军马衔山（今甘肃临洮县北），在瓦川会（又作凡川会）修筑城寨，留兵镇守，以隔断吐蕃与宋朝的交通。

1038年，李元昊称帝建国后，宋朝想利用河湟吐蕃以牵制西夏，任命唃厮啰为保顺节度使，遣使臣出使青唐，要求唃厮啰从背后攻击西夏。唃厮啰只是口头答应出兵攻凉州，没有具体行动。1040年，宋朝又派刘涣出使青唐，唃厮啰给予热情接待，但仍没有实质性的行动。

西夏国的疆土由三大板块组成，按照占领的先后顺序，第一块是以夏、绥州为中心的鄂尔多斯，第二块是以兴、灵州为中心的河套平原，第三块是以甘、凉州为中心的河西走廊，这三大板块是一个有机的整体，缺一不可。如果把西夏比喻成一只猛虎，那么，夏、绥就是虎首，兴、灵是虎腹，甘、凉是虎尾。清代史学家吴广成对此评论说：“盖平夏以绥、宥为首，灵州为腹，西凉为尾。有灵州则绥、宥之势张，得西凉则灵州之根固。”（《西夏书事》卷七）西夏立国基础从此奠定。

西夏绢画月孛供养人

（杜建录　张笑峰）

西夏立国 190 年（1038—1227 年），前期和辽（916—1125 年）、北宋（960—1127 年）鼎足而立，后期和金（1115—1234 年）、南宋（1127—1279 年）长期对峙，形成我国历史上第二个三国时期。魏、蜀、吴第一个三国，经罗贯中的小说《三国演义》，已家喻户晓，而第二个三国（辽、北宋、西夏以及金、南宋、西夏）缺乏文学名著演义，只是一个学术命题，坊间大众并不知晓。

三国演义

——辽、宋、夏三足鼎立

第四集

神秘西夏

三国演义

——辽、宋、夏三足鼎立

也许有人会问，这一时期中国大地上不限于三个政权，除了前期辽、北宋、西夏和后期的金、南宋、西夏外，在西南有大理政权，在西域有高昌回鹘政权，在河湟有唃厮啰吐蕃政权，为什么不叫六国对峙，而叫三国鼎立呢？这是因为大理、高昌、唃厮啰政权的国力远不能和辽、宋、夏相比，换言之，他们的国力不足以影响当时中国的政局。

西夏则大不一样，它的存在完全影响和改变了辽、北宋或金、南宋对峙格局，由此形成了中国历史上第二个三国时期，而不是第二个南北朝。当时辽国自称北朝，称北宋为南朝，西夏自称为西朝。辽、宋、夏三国相互影响、相互制约，构成了第二个“三国演义”的主要内容，这一过程大体经历了三个阶段。

第一阶段，夏太祖李继迁、太宗李德明时期。这一时期西夏联辽抗宋，利用宋、辽矛盾，在辽朝的支持下壮大立国；辽朝利用西夏牵制宋朝；宋朝在辽、夏的夹击下，屡屡妥协让步。

第二阶段，夏景宗李元昊、毅宗李谅祚时期。宋朝不承认西夏称帝建国，在边界张贴布告，向西夏宣战；西夏在辽朝默许下，向宋朝发动三大战役；辽朝不希望西夏过于强大，打破辽、宋、夏之间的平衡关系，加上双方边界党项部族归属问

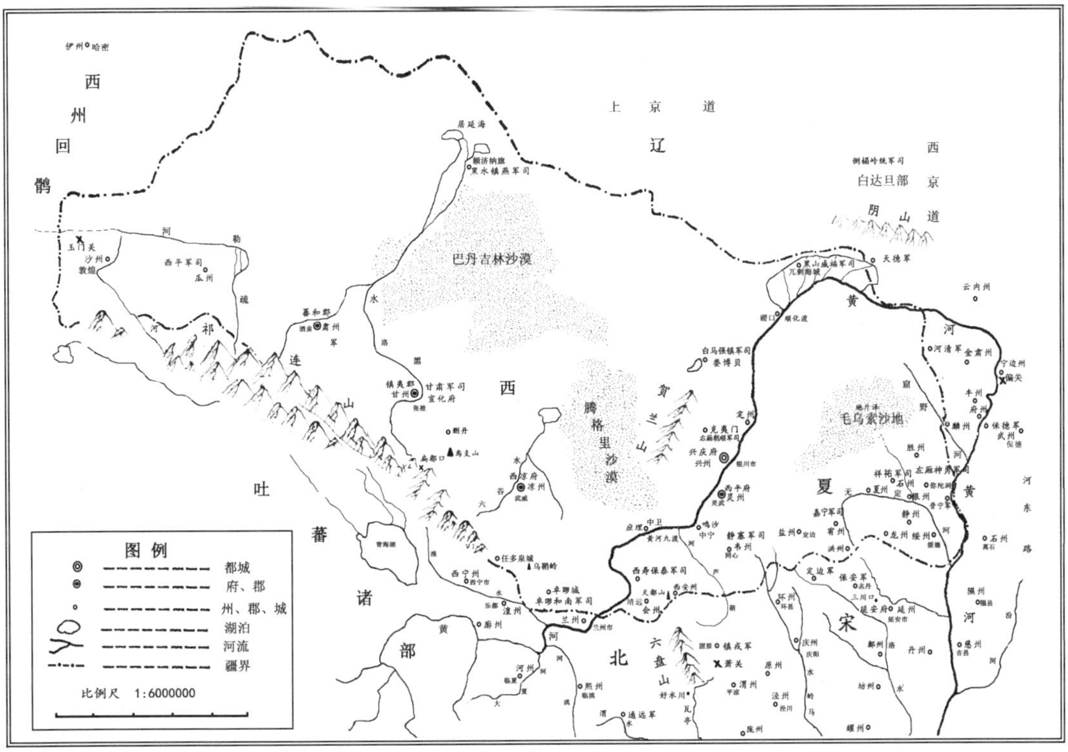

西夏疆域图（1038 年）

题，最终导致破盟，爆发河曲大战；西夏虽然取得对外战争的胜利，但国力远不如宋、辽，更不愿两面受敌，故与宋、辽议和，恢复和平。

第三阶段，夏惠宗李秉常到崇宗李乾顺时期，时间节点为 1125 年辽朝灭亡和 1127 年北宋灭亡。这一时期宋朝推出步步为营，蚕食西夏领土的方针，对西夏发起了连续攻势，西夏横山疆土，大半被宋占领。面对宋朝的蚕食，西夏发兵拼死相争，先后爆发啰兀之役、灵州之役、永乐之役、平夏之役，其激烈程度远远超过元昊时期的三大战役。正如《宋史》记载：“宋自熙宁用兵以来，凡得葭芦、吴保、义合、米脂、浮屠、塞门六堡，而灵州、永乐之役，官军、熟羌、义保死者六十万人，钱、粟、银、绢以万数者不可胜计。帝临朝痛悼，而夏人亦困弊。”（《宋史》卷四八六《夏国传下》）

为了防止辽、夏、宋三维关系被宋朝打破，辽朝将公主下嫁西夏，并连续不断派使节到宋朝，极力为西夏请和，阻止北宋对西夏用兵。

夏金边界碑

一、辽、夏联手制宋

我们先看第一阶段。宋太平兴国七年（982 年），宋太宗一改唐五代以来对党项的羁縻政策，利用党项拓跋政权内部矛盾，迫使拓跋部大首领李继捧入朝，献出世代统领的银、夏、绥、宥四州八县之地，将该地区收归中央政府直辖，派尹宪知夏州。从表面上看，消灭了夏州拓跋政权，但实际上问题并没有解决，拓跋部另一首领李继迁乘势而起，远走地处鄂尔多斯的地斤泽，举起恢复“故土”的大旗。

从力量对比上看，仓促起兵的李继迁远不是宋朝的对手，经过几年作战，屡屡失败，有时几乎搞到全军覆没的地步。984 年，李继迁被尹宪追袭，焚毁 400 余帐，斩首 500 余级，其母亲、妻子成了俘虏，李继迁仅以身免。在这种情况下，势单力薄的李继迁强烈地意识到，要想取得抗宋战争的胜利，就必须得到宋朝劲敌辽朝的支持，于是对部众说：“吾不能光复旧业，屡屡失败，北方契丹强大，吾将借其援助，以图发展。”

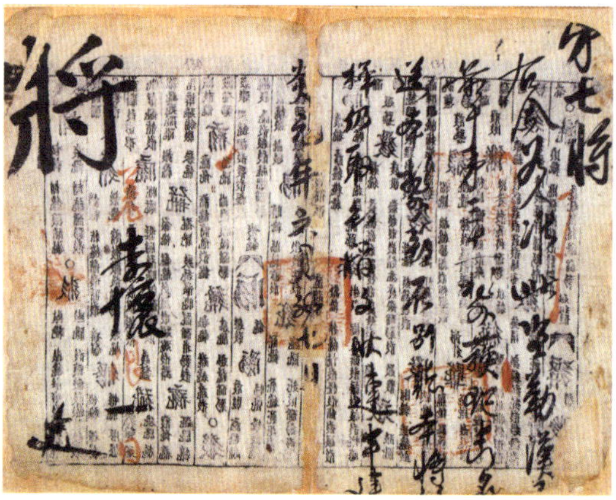

黑水城出土西北军政文书

五代宋初，契丹利用定都太原的沙陀族政权北汉抗衡北宋。979 年，北宋灭掉北汉后，接连举兵北伐，为了抵抗宋朝的进攻，辽朝急于寻找新的盟友，以牵制和分散北宋的兵力。特别是 986 年正月到四月间，宋朝第二次北伐节节胜利，连克沿途州县，在这个节骨眼上，夏、辽结盟自然是一拍即合。

因此，当李继迁使臣张浦到达后，辽

圣宗很痛快地答应了李继迁请求，授其为定难军节度使、都督夏州诸军事。

当年十二月，李继迁为了进一步加强同辽朝的关系，亲自率五百骑兵到边境向辽朝求婚，辽圣宗出于牵制宋朝的目的，答应将公主许配李继迁，择日完婚。

宋夏啰兀古战场遗址（陕西横山县境内）

在整个辽朝一代，将公主下嫁番邦邻族寥寥无几，而刚刚和他结盟交好的李继迁首次提出请婚，辽圣宗就马上答应，可见出于共同的目的，夏辽关系从一开始就不一般。三年后，即989年三月，辽圣宗履行诺言，将宗女封为义成公主，下嫁李继迁，并赐马3000匹作为陪嫁。

李继迁从986年与辽朝结盟，到1003年进攻西凉吐蕃时中流矢身亡，前后17年中，为了赢得对宋战争的胜利，谨慎侍奉辽朝，每年派出的进贡、贺正旦、贺生辰的使节道路不绝。990年三月，李继迁向辽朝奉献的贡品有“细马二十匹，麄马二百匹，驼一百头，锦绮三百匹，织成锦被褥五合，苁蓉、矸石、井盐各一千斤，沙狐皮一千张，兔鹘五只，犬子十只”（《契丹国志》卷二一）。自此以后，“每岁八节奉献”。辽朝对李继迁每次赐赠金腰带、细衣、马羊、弓箭、马具、酒果等物品。

总之，终李继迁一代，夏辽结盟、交聘、朝贡以及缔结婚姻，都有明显的政治意图，从某种意义上讲，双方都是围绕对宋朝做文章，西夏结好辽朝以抗宋，辽朝联合西夏以制宋，有如三国时蜀汉联合东吴以抗曹魏。

西夏“联辽抗宋”的外交政策取得了很大成功，李继迁借助辽朝声威，团结内部，大兴攻伐，屡败宋军。990年九月，李继迁来献俘；十一月，李继迁来献捷；十二月，遣使来告下宋朝麟、府等州。契丹国主十分高兴，当年十二月，赐封李继迁为夏国王。此年，宋太宗授李继迁为银州观察使，并赐姓名为“赵保吉”。但和辽朝封的夏国王来比，远不是李继迁所期望的，依然假借辽朝声威攻掠宋朝。

对辽朝而言，和党项拓跋部联合抗宋，在战略上构成了夹击北宋的形势，所谓“北虏西戎，合谋并力，夹困中原”（范仲淹语）。西夏在西北战场牵制了宋朝数十万大军（后来增加到100多万），这种形势对辽朝极为有利，995年、999年、1001年、1002年、1003年、1004年，辽朝连续向北宋发起大规模攻势。辽朝的气势如此嚣张，一方面是986年宋军歧关沟大败后，宋辽战略态势发生根本性变化，宋朝由攻势转入守势，形成了“积弱”之势；另一方面，这一时期李继迁连续用兵西北，牵制住宋朝大量兵力，解除了辽朝南下进攻宋朝的后顾之忧。

1004年，宋辽订立了“澶渊之盟”。1006年九月，宋夏签订了“景德和约”。

西夏灰陶鸱吻

这里需要说明的一点，在宋夏“景德和约”还没有签订前，1005年七月，辽朝遣使册封李德明为西平王，为宋朝封李德明“西平王”定下基调。既然辽朝封了西平王，那宋朝至少也大抵如此。无论是战是和，辽朝往往左右着三国关系的走向。1010年，辽朝封李德明为西夏国王。1020年，又晋封李德明为大夏国王。1038年，在辽朝的默许下，李元昊在兴庆府（今宁夏银川）称帝，建立大夏帝国。李元昊建立大夏帝国，当源自辽朝册封，辽朝册封西夏国和大夏国，当和拓跋部在夏州发祥，

西夏瓷蒺藜

建立夏州节度政权有一定的联系。

二、夏、宋、辽三国和战

（一）元昊对宋三次大战

辽、夏、宋三国和战的第二阶段从1032年李德明死后，其子李元昊即位开始。这一年，二十九岁的李元昊被宋朝封为“西平王”，被辽朝封为“夏国王”。

史载李元昊雄才大略，从小就爱读兵书，长大后他桌上常放着法律书籍，出征打仗时身边常带着《野战歌》《太乙金鉴诀》等兵书。年轻时“好衣长袖绯衣，冠黑冠，佩弓矢”。每逢出行的时候，常骑一匹骏马，前面有两名旗手开道，身旁有侍卫打着青色伞盖，后面跟随着百余骑兵，耀武扬威，气势非凡。（《宋史》卷四八五《夏国传上》）

边境上有关李元昊相貌、气度和故事的传说很多，宋朝驻陕西沿边的大将曹玮听了以后，很想一睹李元昊的风采。他派人四处打探李元昊的行踪，听说李元昊经常到沿边的榷场来转悠，便等在那里，希望能见上一面。谁知，他等了几回都没有遇见，就派人暗中画了李元昊的像。一看见画像，曹玮惊呼一声：“哎呀，真乃英雄人物也！”（参见《梦溪笔谈》卷九《人事一》）

当时边界上还传说这样一个故事，说李元昊十三岁那年，李德明曾派人赶着马匹去宋朝换物品，由于换回来的东西获利不大，李德明很生气，一怒之下要将这个人杀了。周围的人不敢出来劝阻，只有李元昊站出来对父亲说：“我们党项人本是骑马民族，你用战马去资助邻国，这已经失策了，现在却还要因为货物而杀人。这

宋朝大顺城遗址（甘肃环县境内）

样的话，谁还愿意为我们做事呢？”（参见《梦溪笔谈》卷九《人事一》）这虽然是个传说故事，但从一个侧面反映出当时宋夏关系的一些情况。

1038 年十月的一天，在做好一切准备工作后，李元昊在野利仁荣、杨守素等大臣的簇拥下，在兴庆府南郊筑神坛祭拜天地，然后登上皇帝的宝座，受册称帝，接受群臣的拜贺。定国号为“大夏”，全称“白高大夏国”，西夏语发音为“邦泥定国”。李元昊自号“大夏世祖始文本武兴法建礼仁孝皇帝”，简称为“大夏皇帝”，改年号“天授礼法延祚元年”，表明自己受命于上天。

西夏皇帝图

次年正月，李元昊派使节上表宋朝，宣称他受西北各族拥戴，正式称帝建国，请求宋朝承认，“许以西郊之地，册为南面之君”（《宋史》卷四八五《夏国传》上）。

元昊称帝建国的消息传到宋朝后，朝野上下，议论纷纷，“群臣争言小丑，可即诛灭”，主张对西夏宣战，武力解决。只有右正言吴育建议：“圣人统御万邦，夷夏是不一样的，对待夷狄应采取羁縻政策，可以给个可汗、兀卒之类的蕃语帝号，不能等同汉族叛臣，随便发兵攻讨。宜援国初江南故事，稍易其名，可以顺抚而收之。”宰相张士逊笑道：“人说吴正言心风，果不其然。”将奏章压下来，不上报宋仁宗。（参见《续资治通鉴长编》卷一二三）

这样合理的意见被扼杀了，令智者扼腕叹息！时代变了，宋朝气象远不如大唐，因此宋仁宗也不可能和唐太宗一样，成为万方拥戴的“天可汗”，中国只能走向多民族政权割据。

在一片讨伐声中，宋仁宗下诏削去李元昊的官爵，禁止沿边贸易，“揭榜于边，募人能擒元昊，若斩首献者，即为定难军节度使”（《宋史》卷四八五《夏国传上》）。

几十年后，宋神宗曾痛心疾首地检讨起这段历史，他说：“当年元昊虽自称帝号，但遣使上表仍然称臣，言辞恭敬，朝廷不先问其原由，贸然拒绝，并下令讨伐。因此元昊说：‘自己被蕃部拥立，推脱不了，朝廷又不承认，不得已而起兵。’朝廷屡战屡败，天下骚动。仁宗后悔，想当初元昊僭书来，只有谏官吴育说：‘蕃族政权，不能以朝廷叛臣对待，可换称可汗、兀卒之类的名号，随他的便。’但执政大臣皆不以为然，一致主张讨伐，最终困蔽中原，不得不封册元昊夏国主，并每年岁赐金帛（赔款），实在可惜！”（《宋史》卷四八六《夏国传下》）

宋朝对西夏宣战后，边帅夏竦在边境上张贴榜文：“有得元昊首级者，赏钱五百万贯，封爵西平王。”

李元昊针锋相对，给宋朝也写了一张榜文：“有得夏竦头者，赏钱两贯。”派奸细装扮成卖荻箔（编席子用）的山民，悄悄地带到宋朝。西夏奸细背着荻箔，装模作样地在宋朝边界市场绕了一圈，然后找了一个酒馆，将荻箔立在酒馆门外，叫了酒菜，吃喝起来。酒足饭饱后，故意把荻箔落在酒馆门口，扬长而去。到了晚上，食客全部走光了，酒馆老板偷着乐，以为发了洋财，让店小二把荻箔搬到后院，打开捆绳，发现里面夹着李元昊榜文，说“有得夏竦头者，赏钱两贯”。夏竦听说后，赶快派人遮掩，但消息早传遍边地。（参见《西夏纪》卷八）

面对宋朝的宣战，李元昊采取积极的应对措施。

一是争取舆论支持。将宋朝颁发的诏

平夏城遗址（宁夏固原黄铎堡）

宋夏西安州城遗址（宁夏海原县境内）

令、榜文装入神明匣，连同一封书信，派贺九言交给边界的归娘族。信中说“西夏派出的使节还没有回来，朝廷就于鄜延、麟府、环庆、泾原等路入界讨伐”。又说“朝廷违背盟约，揭榜悬赏，谋害夏主，应该不是皇上的主意，而是执政大臣所为”；“蕃汉风俗各异，各有国土，不属僭逆，嫉妒何深！况元昊为部族所推，为帝图皇，又何不可”。“西夏与契丹是多年联亲的盟友，北宋亦与契丹化干戈为玉帛，倘若契丹得知宋朝违信示赏，妄乱蕃族，肯定不会坐视不管的”（参见《续资治通鉴长编》卷一二五）。将宋朝率先宣战的情况公布于众。

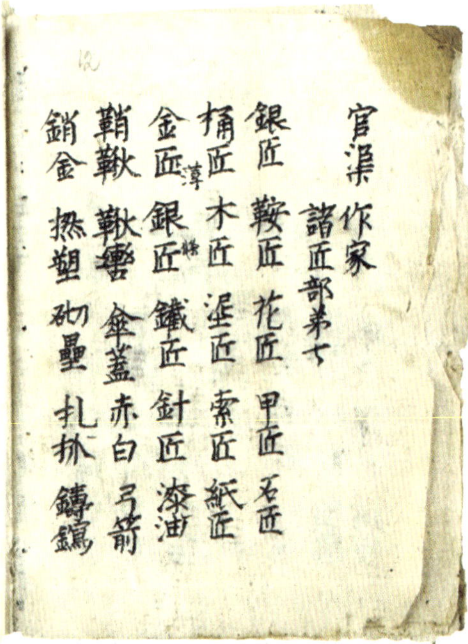
官渠作家
諸匠部第七
銀匠 鞍匠 花匠 甲匠 石匠
桶匠 木匠 泥匠 索匠 紙匠
金匠 銀匠 鐵匠 針匠 漆油
鞘鞦 鞦轡 傘蓋 赤白 弓箭
銷金 捻塑 砌壘 扎抹 鑄鎢

西夏汉文《杂字》诸匠部

二是联络豪酋。召集部落首领，刺臂血和酒，用骷髅饮之，约出兵鄜延，从德靖、塞门、赤城路三道并入。酋豪有谏者，辄杀之。（参见《续资治通鉴长编》卷一二二）

三是点验兵马军籍，日夜操练，准备战斗。

四是锻造兵器。西夏兵器独具特色，夏国剑、神臂弓、瘊子甲、旋风炮、瓷蒺藜和对垒高车均是当时的神兵利器。处于冷兵器时代的中世纪，铁器是最犀利的武器，西夏铁器锻造有两个显著的特点。其一，是掌握了持续高温技术。瓜州榆林窟西夏壁画《锻铁图》，描绘三个铁匠正在锻铁：一人手握火钳夹一铁件置砧上，右手举锤；另一人双手抡锤准备锻打；还有一人坐在炉前，推拉着竖式双扇风箱，风箱后面的锻炉正冒着火焰。这种竖式双扇风箱，能够推拉互用，将风连续吹入炼炉，使炉膛始终保持所需高温。这种方法比用皮囊鼓风要先进一步，是后世制作抽拉风箱的过渡阶段，在当时属于高科技产品。其二，是掌握了冷锻硬化工艺，即通过冷水剧烈降温的淬火技术，提高硬化程度。

史载，李元昊即位初，宋朝使节听到其“东屋后有千百人锻砺声”（《西夏书事》卷一一），可见锻铁规模非常大。

正因为掌握了持续高温与淬火硬化工艺，西夏国所锻造的夏国剑非常犀利，被

西夏铜火炮

太平老人在《袖中锦》一书中誉为“天下第一”。宋朝的王公贵族、文士侠客、商贾庶民，都以得到该剑为荣。宋朝著名文学家苏轼对夏国剑也极为欣赏，曾请晁补之为其作歌，称赞它“青萍拔鞘堂生风”，“试人一缕立褫魂”。“夏国剑”还是宋钦宗随身佩带的宝剑。1975 年，西夏陵区 6 号陵墓室中出土了一枚铁剑，剑身长 88 厘米，刃部最宽处 5 厘米，厚 1.5 厘米，剑柄管

西夏壁画锻铁图（榆林窟第 3 窟）

状，椭圆形。由于岁月的销蚀，剑身已是锈迹斑斑，失去了往日的雄风，但作为帝陵的陪葬物，原来很可能是一把名贵的长剑。

西夏铁剑（西夏陵出土）

五是用兵属户，撕开宋朝沿边屏障，智取延州属户李士彬等。

在做好战争准备后，1040—1042年，元昊连续向宋朝主动出击，取得三川口、好水川、定川砦三大战役的胜利。三大战役的战略目的，就是要打破宋朝的进攻，迫使宋朝承认称帝建国。在这一战略目标指导下，西夏对宋的进攻主要限于沿边堡寨，对防御比较坚固的延州、镇戎军等州城的围攻，仅限于诱敌需要，并没有真正强攻强占。

1040年初，元昊攻占金明寨后，乘胜包围延州，当时延州城内守军仅数百人，胆怯无能的主帅范雍竟跑到城南的嘉岭山上去求神保佑，元昊围延州七日，适逢天降大雪，乃退兵。好像是因为天降大雪，元昊才没有攻下延州。其实不然，西夏出兵一般带七至十日粮，进攻的时间一般也是七至十日，粮尽自然要撤兵，这是其一。

其二，史书记载的是围延州，而不是攻延州，显然元昊战略战术是“围城打援”，而不是占领延州，如果是占领延州的话，那数百军队很难抵挡得住，更谈不上“神灵保佑”了。

1042年秋，元昊取得定川砦战役的完全胜利后，驱兵挺进渭州（今甘肃平凉），在纵横六七百里的地面上，进行大扫荡。在一片胜利声中，元昊用诏书的形式告谕关中百姓，内有“朕欲亲临渭水，直据长安”的豪言壮语。这仅仅是对宋朝施加压力的豪言，进入渭州地面后，也是乘胜掠夺，既没有攻渭州，也没有向关中挺进。

西夏茶叶末釉剔刻花罐（武威博物馆藏）

宋夏好水川古战场遗址

由此可见，以李元昊时期为代表的西夏对宋战略是以攻为守，不图关中，重在巩固。对于这一点，明末清初思想家王夫之却没有认识到，他认为“昊之不能东取环、延，南收秦、陇以席卷关中者，幸其无刘渊、石勒之才也”（《宋论》卷四《仁宗》）。其实，元昊之才不仅不亚于刘渊、石勒，而且高于他们，正因为元昊对当时的战略形势有正确的估计，采取“以攻为守”，不图关中的战略，最终巩固了西夏政权。

西夏文铜刀
（内蒙古博物院藏）

基于上述战略，元昊的用兵战术有如下特点。

一是打歼灭战。集中优势兵力，聚而歼之，西夏对宋朝发动的所有战役都是这样的。正如宋人欧阳修总结的：“吾兵虽众，不得不分，所分既多，不得不寡；彼

西夏铜头盔

众虽寡，聚之为多，以彼之多，击吾之寡，不得不败也。”（《续资治通鉴长编》卷二〇四）

二是打运动战。在运动中消灭或者拖垮敌军，不以占领一城一寨为目标，著名的三大战役就是在运动中消灭宋军。1081年，宋朝五路伐夏，西夏采用“坚壁清野，纵其深入”的战术，宋军入夏境，既找不到西夏主力决战，又缺乏粮饷供给，结果不战自退，损失惨重。

西夏铠甲片（西夏陵出土）

三是打伏击战。“用兵多立虚砦，设伏兵包敌”（《宋史》四八六《夏国传下》）。著名的好水川战役，就是诱敌深入，伏兵歼灭的典型战例。

当时李元昊十万大军直赴渭州（今甘肃平凉），边帅韩琦命任福领兵18000人插入敌后，据险设伏，以逸待劳，待李元昊退兵时出击，可保全胜。然而，骄傲率性的任福贪图小利，把韩琦的叮嘱忘得一干二净，行至奈龙川时，遇上一支宋军与夏兵激战，任福便挥师参战，斩杀数百人。夏兵佯装败退，抛下老弱不顾，将马、羊、驼驼丢弃在路上，引诱宋军。宋军将士俘获这些战利品后，愈发高兴，人人贪功奋追，不可遏止。任福也紧随其后，傍晚，与桑怿部会合后扎营好水川。第二天清晨，桑怿先率兵沿好水川西行。当队伍走到距离羊牧隆城还有五里远的地方时，突然发现道旁摆放着几个泥盒子。泥盒紧闭，盒中有扑腾跳跃的声音。桑怿心中疑惑，不敢打开。任福赶到后，下令士兵打开泥盒。突然，百余只带着响哨的鸽子从泥盒里飞了出来，盘旋在好水川上空。宋军还没有定过神来，西夏金鼓喧天，伏兵四起。任

西夏铁甲衣

福等仓促迎战，战斗从早晨一直进行到中午，宋军大败，主将任福在内的将校士卒死亡者达 10300 人。

四是运用多军种配合作战。“遇战则先出铁骑突阵，敌军阵乱开始冲锋，随后步军跟进”（《宋史》卷四八六《夏国传下》）。“始纵铁骑冲我军，继以步奚挽彊注射，锋不可当”（《宋史》卷二九二《王尧臣传》）。“每于平原驰骋之处遇敌，则多用铁鹞子以为冲冒奔突之兵；山谷深险之处遇敌，则多用步跋子以为击刺掩袭之用”（《宋史》卷一九〇《兵志四》）。

西夏骑士图（黑水城出土）

（二）夏、宋议和

李元昊虽取得了三次大战的胜利，但战争给西夏带来的后果是严重的。

其一，战争加重了西夏百姓的负担，引起了人民的不满。无休止的出征，农业生产荒废，“人困于点集出征，财力不足”。广大人民以“十不如”的歌谣表达对这场战争的不满（参见《宋史》卷四八五《夏国传上》）。

其二，战争使西夏的经济受到很大损失。宋朝关闭贸易市场，影响到西夏丝绸、茶叶等生活日用品供应，物价上涨。

对宋朝来说，原以为元昊是跳梁小丑，可一举歼灭，没想到陷入一场旷日持久的战争，而且屡战屡败，“一战不及一战，吁，可骇也”（《儒林公议》记宰相吕夷简在听到第三次大败消息后的感叹）。沿边生产荒废，政府财政困难，出现了开国以来不曾有的社会危机。需要与西夏讲和，以集中精力解决内部矛盾。

其三，从第三方辽朝来看，它不希望西夏的势力过于强大，打破辽、宋、夏之间的平衡关系。加上辽朝收到宋朝增加的“岁币”，答应从中斡旋。

在这种情况下，夏宋开始了长达一年多的议和。1043 年七月，西夏派如定聿舍、张延寿等人同宋使邵良佐到汴京，向宋朝提出割地、赔款、不称臣、自立年号、改“兀卒”为“吾祖”等要求（参见《续资治通鉴长编》卷一四二）。

面对西夏的强硬态度，宋朝内部展开

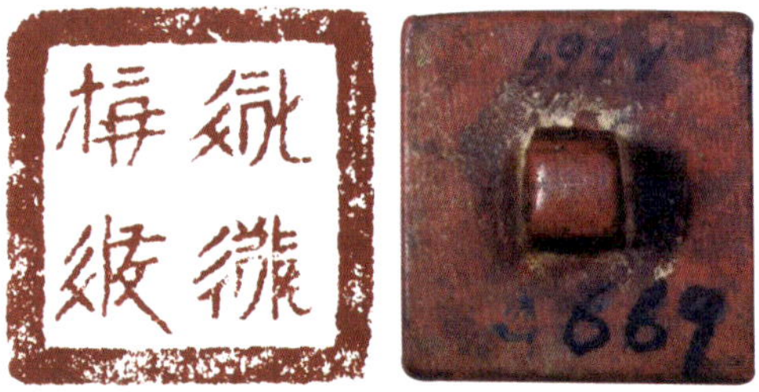

西夏元德二年铜印（甘肃山丹县博物馆藏）

了激烈的争辩。宰相晏殊等重臣厌战，主张答应。刚从陕西前线调回朝廷，新任枢密副使的韩琦坚决反对。二人在皇帝面前各抒己见，相持不下。宋仁宗下令宰相、枢密两府再议，韩琦的态度更加坚决，晏殊“变色而起”，不欢而散。

李元昊这次提讲和条件时，玩了一个文字游戏。他起初在国书中称“兀卒”（青天子）称号，这次偏偏把“兀卒”改成“吾祖”，以刺激宋人的神经，作为讨价还价的砝码。正如李元昊所盘算的，宋朝的谏官们在“兀卒”改“吾祖”问题上大做文章。

谏官蔡襄说：“李元昊开始号称‘兀卒’，等到邵良佐回来，又改称‘吾祖’，这是夏人在侮辱朝廷。‘吾祖’就是‘我翁’，‘我翁’就是‘我父’，即使李元昊称臣，朝廷给他的诏书称‘吾祖’，这叫啥话！”

谏官余靖也认为李元昊改称“吾祖”是在玩弄朝廷，他说古时候边疆民族称单于、可汗，中外共知，如果称这类名号，当然没有嫌疑，现在李元昊无端编撰出个“吾祖”。他称陛下为父，却让陛下称他为“我祖”，这不是明明在玩弄朝廷吗？

以文学著称的欧阳修也是咬文嚼字，他分析说：“‘吾’，就是‘我’的意思，‘祖’，就是‘翁’（父）的意思。现今贩夫走卒都不肯随便呼人为父，何况是贵为天子的皇上。如果答应李元昊称这个名号，今后朝廷给西夏的诏书就得写上‘吾祖’，这不是让皇上呼李元昊为爹吗？不知何人敢开口！”（参见《续资治通鉴长编》卷一四二）

西夏首领印（宁夏博物馆藏）

既然宋人理解元昊改“兀卒”为“吾祖”有这样的意图，当然不能答应了。一个多月后，宋朝又派张子奭、王正伦出使西夏。经过激烈的斗争和讨价还价，双方都有一些让步，元昊基本上同意称臣和去掉“吾祖”名号，张子奭原则上答应每年赔款20万岁币。

虽说双方都妥协了，但离正式签约还有很大的距离，因为张子奭回来一个多月后，即1043年十二月，元昊又派张延寿出使宋朝，把赔款提高到30万岁币。

正当夏宋议和陷入僵局的时候，夏辽

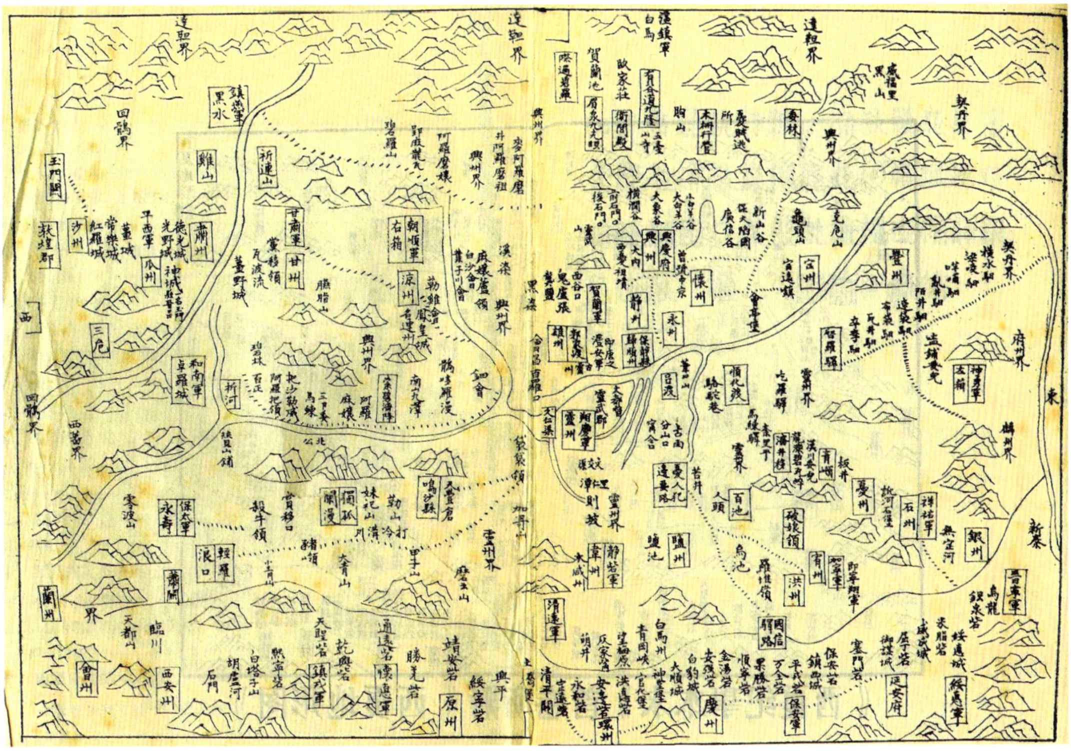

西夏地形图

关系发生了重大变化。两国因边界民族问题，矛盾越来越尖锐，以致发展到战争的地步，李元昊既然得罪了辽朝，就不敢再同宋朝闹翻。1044 年六月，李元昊为了全力对付辽朝，遣使向宋朝上誓表（西夏议和保证书），同意向宋称臣，同时请宋朝赐颁“誓诏”（宋朝议和保证书）。

这时辽兴宗遣使照会宋朝，说辽朝将出兵伐夏，希望宋朝不要理睬西夏。一直受辽夏联合牵制的宋朝神气起来了，也想来个坐山观虎斗，决定暂不册封元昊，派余靖出使辽朝，打探消息。九月，李元昊再次遣使来请颁“誓诏”，同时，余靖从辽朝传回消息，说辽朝并不坚决反对册封李元昊，同时他透露辽朝不一定能打败元昊，提出应该在战争结束前册封李元昊，一方面“元昊有以为恩”；另一方面使其“专力东向，与契丹争锋”（参见《续资治通鉴长编》卷一五二）。

为此，宋朝很快颁赐“誓诏”。十二月，宋朝遣张子奭等前往兴庆府，册封李元昊为夏国主，每年赐赠西夏绸缎 15.3 万匹、银 7.2 万两、茶 3 万斤。夏国主和夏国王虽然一字之差，但元昊认为这是取得自主地位的标志，此后西夏只在外交名义上对辽、宋称臣，“元昊帝其国中自若

西夏防守待命牌（西北师范大学博物馆藏）

也”，和辽、宋一样，西夏每个皇帝都有谥号、庙号、墓号，如元昊谥武烈皇帝，庙号景宗，墓号泰陵；谅祚谥号昭英皇帝，庙号毅宗，墓号安陵。

（三）夏、辽河曲之战

1042 年，辽兴宗乘宋朝和西夏作战失败之机，在幽州（今北京）聚集重兵，然后派南院宣徽使萧英、翰林学士刘六符携国书到汴京开封，向宋朝索取晋阳和瓦桥关以南十县地，同时责问宋朝为何伐夏。国书称“李元昊于北朝久以称藩，恪守君臣之道，实为甥舅之亲。即使他有罪，需要讨伐，也应该通报一下”（参见《续资治通鉴长编》卷一三五）。

这纯粹是讹诈，实际上宋朝早在对西夏开战前，就向辽朝通报了情况，辽朝也是默许了的。但积弱的宋朝唯恐“一身二疾”，和辽、夏两国同时闹翻。于是急忙派大臣富弼携带国书出使辽朝，提出联姻和增加岁币两个条件供辽朝选择，辽兴宗选择了增加岁币。经过讨价还价，宋朝在每年向辽朝赠送 30 万岁币的基础上，再加 20 万，其中，10 万是瓦桥关以南十县地的代税钱，10 万是帮助宋朝“弹压”西夏的。

当然，在宋、辽、夏三角关系中，辽、夏并不是铁板一块的，他们之间也有矛盾和冲突，以致爆发战争。就辽朝来说，既要护着西夏，不让宋朝消灭，从而打破三国之间的平衡关系。同时，又不愿看到西夏过于强大而失去控制。

西夏褐釉剔花罐（内蒙古博物院藏）

元昊即位时，西夏已是地方二万里，成为可以和辽宋抗衡的“强国”，这时的辽朝对它心存芥蒂，不像过去那样亲近。1033年十二月，辽兴宗下令禁止西夏使人在辽朝境内购买铜铁。这对缺乏铁矿而又急于锻造兵器的西夏来说，无疑是当头一棒，至少是严重警告：我不支持你大力发展兵器生产。1042年，“契丹主虑其盛”，除禁止铁器贸易外，甚至不许西夏派人到附属辽朝的吐谷浑、党项等部族买马。为此，西夏也不示弱，当辽朝境内的党项族投附西夏时，李元昊不但不遣返，反而主动派人接收，这下惹怒了大辽皇帝。

1044年十月，辽兴宗亲率十万大军，兵分三路，浩浩荡荡，渡过黄河，直入河曲，大有踏平贺兰山、活捉李元昊之势。面对来势凶猛的辽军，李元昊感到若要硬拼，无疑是自找苦吃，于是以退为进，使用缓兵之计，以没有得到辽朝的宣战书为由，提出后退30里等待战书。这样一连退了三次，近百里地，“每退必赭其地”，一把火烧了个精光，让辽军兵无粮，马无草，在这种情况下，辽兴宗只好许和。

李元昊又故意拖延了好几天，估计辽军已经草尽粮绝，人马疲惫，再无精力打仗了，突然向辽军发动了猛攻。这一仗，双方杀得天昏地暗，日月无光，但辽军毕竟兵多将广，西夏军队逐渐不支，快要溃败时，突然狂风大作，飞沙走石，天昏地暗。辽兵被飞沙迷了眼睛，看不见对面的人影，犹如无头的苍蝇，乱作一团，一时阵脚大乱。李元昊乘机纵兵急攻，横冲直撞，大败辽军。接着，又乘胜进攻辽军大本营——德胜寺南壁，辽兴宗落荒而逃。西夏俘获了辽朝驸马都尉萧胡以及辽朝近臣数十人，缴获的车骑、器服等物堆积如山。

西夏剔刻花四系扁壶（宁夏海原县文管所藏）

李元昊取得河曲之战的胜利后，考虑到西夏连年战事，国内财力困乏，百姓需要休养生息，而辽朝虽然战败，但其综合国力仍远远强于西夏。同时，在夏、辽、宋三国的关系中，西夏最为弱小，要和强大的宋朝抗衡，只有和辽朝结盟，利用辽宋矛盾向宋朝讨价还价，才能取得更多的经济利益。因此，李元昊取胜后，又不失

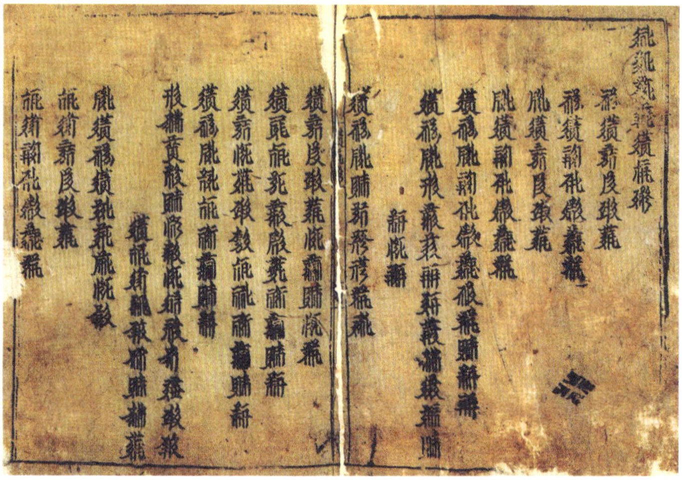

西夏文《贞观玉镜将》

时机地遣使同辽朝讲和。辽朝因为暂时无力与李元昊再战，也乐得借坡下驴，答应和西夏讲和，辽、夏第一次河曲之战宣告结束。

1049年，李元昊被弑身亡，年仅周岁的儿子李谅祚继位，朝政落到母后没藏氏及李谅祚的舅舅没藏讹庞的手中。一直准备对西夏用兵的辽兴宗认为机会来了，再次兵分三路向西夏杀来。南路由韩王萧惠统领，北路由敌鲁古统领，中路由辽兴宗亲自率领。

南路大军遭到西夏伏击，损失惨重。中路大军渡过黄河，攻克西夏东部要塞唐隆镇。北路辽军经凉州直趋贺兰山，与扼守贺兰山险要的三千西夏军队相遇，俘虏

高油房西夏古城遗址（内蒙古巴彦淖尔市境内）

了西夏国母没㖼氏及一部分臣僚的家眷。

1050年五月，辽兴宗再次发兵西夏，这次辽军长驱直入，将西夏首都兴庆府团团围住，没藏氏不敢出城迎战，只下令诸将闭城坚守。六月，辽军攻破了贺兰山西北的摊粮城。

在辽国接连不断地打击下，没藏氏深感国力衰减，无法与辽国抗衡，只好接连派人向辽朝求和。而辽国也因与西夏的几次战争，国力消耗不少。辽兴宗心里明白，两国再打下去，得利的只能是宋朝，因此，也就答应了西夏的求和。1053年，辽朝接受西夏国主李谅祚的“降表”，两国恢复了和平。

三、夏宋大战再起，辽朝援夏抗宋

宋朝熙丰变法后，国力有所增强，针对西夏采取了两大战略：一是派王韶收复熙河，于西夏右厢建立起一道进可攻、退可守的战略防线；二是步步为营，蚕食西夏领土。为了打破宋朝的攻势，西夏一方面以牙还牙，寸土必争，另一方面重启联辽抗宋方略。

1071年，宋鄜延钤辖种谔领兵两万，在横山要害啰兀筑城。西夏争夺失利，“国中点兵不集，遣使辽国乞援，辽主许

西夏铁蒺藜（内蒙古阿拉善左旗出土）

发腹里兵三十万助之，于是国中气复振”（《西夏书事》卷二三），乃发十二监军司兵，一举攻陷啰兀城。

1081年，西夏国内发生政变，惠宗李秉常被母后梁氏软禁起来。李秉常的旧党及亲近豪酋各自为政，拥兵自固，国内一片混乱。

消息传到宋朝后，一直准备对西夏用兵的宋神宗认为是一个千载难逢的机会，立即发动了规模空前的五路大进攻。李宪从熙河路出发，种谔从鄜延路出发，王中正从河东路出发，高遵裕从环庆路出发，刘昌祚从泾原路出发。

宋军的作战方略是：泾原、环庆两路大军先会师攻取灵州，然后渡过黄河，直捣西夏都城兴庆府；河东、鄜延两路大军会师夏州，然后西进，最终也以进攻兴庆府为目的；熙河路也向西北方向挺进，形

宋代永乐城水寨徐禧指挥台（陕西横山县境内）

成进军兴庆府的态势。其中河湟吐蕃大首领董毡派出的番兵赴兴庆府太远，可北上攻凉州，牵制西夏右厢兵力。总的战略意图是诸路合围，一举消灭西夏。

鄜延、河东、熙河三路大军半途而退，只有泾原刘昌祚和环庆高遵裕先后抵达灵州西平府城下。灵州是西夏重要的灌溉农业区，当时宋军驻扎在收割后的稻田里，地势低洼。西夏决七级渠淹灌宋朝军营，近十万士卒或冻死饿死，或四下逃散，退回去的不到两万人。

西夏虽然打败宋朝五路进攻，但由于抽调银、夏、绥、宥军队保卫京畿，在横山地区丢失了不少领土。宋朝为了稳固和扩大对横山山界的占领，于1082年在银、夏、宥三州交界处进筑永乐城，宋神宗赐名“银川寨”。

宋军抢筑永乐城的消息惊动了西夏，梁太后召开紧急会议，认为永乐地接宥州，势控横山，不能等闲视之，置之不理。于是，命令统军悖麻率二十万兵马前来争夺。

宋朝主帅徐禧等登上城头，只见远处尘土高扬，战旗如云，人山人海，漫无边际。大将高永能说：“乘夏兵还没有摆好阵，我军迎头痛击，挫其锐气，不然后果不堪设想。”徐禧不听，说：“王师不鼓不成列！”

徐禧以万人列阵城下，自己高坐在城

门的瞭望楼上，手里拿着一杆黄旗，让将士看着自己的黄旗方向行动。

宋军部署刚刚结束，西夏的“铁鹞子”骑兵就开始渡河。又有人建议“半济击之”，必获大胜。若等到敌骑上岸后再战，那就为时已晚，必败无疑。徐禧又不允许。西夏“铁鹞子”一上岸，以闪电般的速度发起冲锋，锐不可当；“步跋子”（步兵）紧随其后，杀声震野。宋军阵营顿时大乱，退入城中。夏兵四面合拢，永乐城被重重包围，水泄不通。

永乐城外战马嘶鸣，人声鼎沸，夏兵轮番攻城，曲珍率将士昼夜浴血奋战。城内窖水已用完，挖井数丈不见泉水，士卒几天喝不到水，渴死者十之六七，有人甚至从马粪中挤水喝。

在一个阴云密布、电闪雷鸣的夜晚，一场暴风骤雨铺天盖地而来。夏兵又发起猛攻，城遂溃。这场恶战，宋朝将校军官阵亡数百人，各堡寨及周边城池的士卒役夫伤亡损失二十多万。永乐城陷落的消息传到京城，宋神宗十分痛心，不进御膳。

1091年十月，宋朝停止给西夏“岁赐”，采用章楶“浅攻策”，累败夏兵。辽道宗应西夏权臣梁乞逋请求，派大将萧海里“驻兵北境，以张声势”。

1098年十月，为了遏制宋朝的进筑，梁太后和崇宗李乾顺率领四十万大军直扑平夏城。夏军连营百里，将平夏城层层包围，铁骑冲荡，尘土飞扬。为打胜这一仗，西夏人制造出一种名叫“对垒”的战车，车身高大，暗藏机巧，能装载数百人。这种战车即可驰入护城壕以作渡桥，又可抛石于城头攻击敌人。

将士们推着“对垒”战车，呼啸着扑向平夏城。一方猛攻，一方死守，昼夜鏖战，伤亡无数。平夏城虽坚固，但经不住夏军十多天的猛烈攻打，眼看就要破开城门了。一天傍晚，狂风大作，飞沙走石，

西夏武士木俑（宁夏永宁县闽宁村出土）

席卷夏军阵地。“对垒”高车被大风吹倒。梁太后见破城无望，捶胸顿足，“厉面”而去。

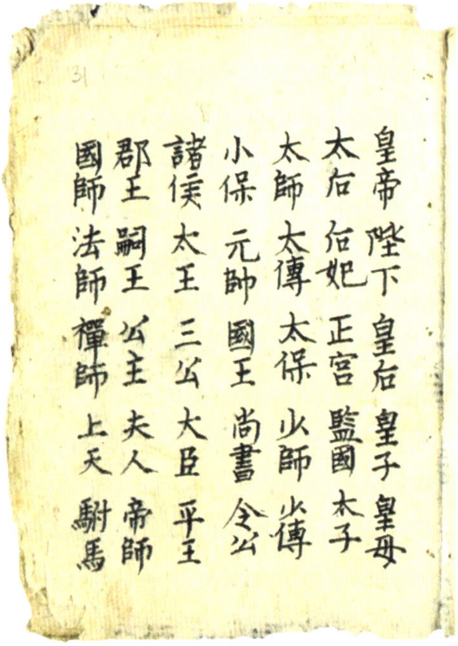
31
皇帝陛下 皇后 皇子 皇母
太后 后妃 正宫 監國 太子
太師 太傅 太保 少師 少傅
小保 元帥 國王 尚書 令公
諸侯 太王 三公 大臣 平王
郡王 嗣王 公主 夫人 帝師
國師 法師 禪師 上天 駙馬

西夏汉文《杂字》官位部

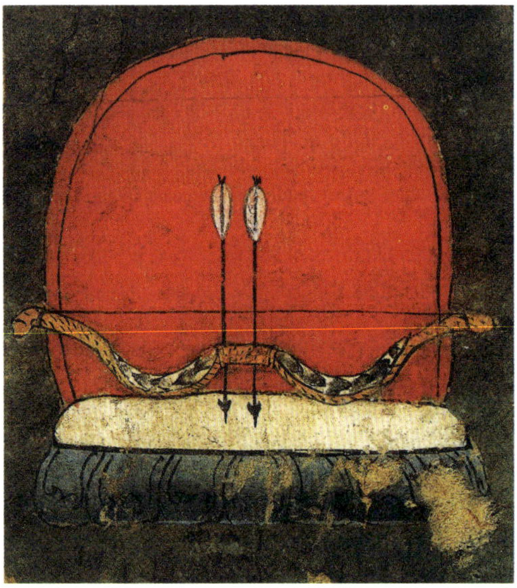

黑水城出土弓箭图

在宋朝步步为营的打击下，西夏多次遣使求和，宋朝不肯接受，西夏转求辽朝帮忙。1099 年，辽道宗应夏崇宗李乾顺请求，遣使宋朝说情，辽使萧崇德对宋哲宗说：“北朝皇帝告南朝皇帝，望与西夏休战和好。”（参见《续资治通鉴长编》卷五〇七）经辽使多次劝说，宋朝同意停战讲和。

1100 年，宋哲宗崩，徽宗即位后，继续推行蚕食西夏领土的开边政策。为了顶住宋朝的军事压力，夏崇宗李乾顺于 1100 年、1102 年和 1103 年连续三次向辽朝请婚。1103 年五月，辽天祚帝答应西夏请求，两年后以宗女封成安公主，下嫁夏崇宗李乾顺，完成夏辽自李继迁、李元昊以来第三次和亲。

夏辽第三次和亲，是西夏在宋朝的强大攻势下达成的。显然，这不是一般的和亲，它透露出的信息是辽朝不希望宋、辽、夏三足关系被宋朝打破，此后辽朝对西夏的求援几乎是有求必应。1106 年正月，乾顺遣使“如辽求援，且乞伐宋”。天祚帝即出兵千余屯塞上，遣使宋朝，“以姻娅为言，请罢伐夏兵”（《辽史》卷二七《天祚帝纪一》）。

同年十二月，辽朝应西夏请求，再次遣使宋朝，“请早退兵，还所侵地”。宋朝派林摅回报，临行前宰相蔡京密令林摅“激怒辽国，以绝其请”。林摅盛气入境，屡屡

西夏唐卡多闻天王（局部）

出言不逊。辽朝为了替西夏讲和，忍气吞声，只是遣使宋朝，告使人失礼，仍请宋朝归还元符年间讲和后侵占的西夏领土。

清人吴广成对此评论说：“辽和西夏，世代姻亲，曾替西夏乞和、请地、求退兵，无足异者。但自宋自绍圣年，章楶筑平夏城，拓砦五十余所，又经陶节夫进筑，西夏异常削弱！辽于此时扶其衰、排其难，受林摅之辱，亦不与宋朝计较，辽之此举，事出至公。”（《西夏书事》卷三二）吴广成将此归结为辽朝“至公”，岂不知唇亡齿寒，夏国越衰弱，辽朝越加扶持也。

此后不久，大金国从北方崛起，对辽朝发起猛烈攻势，辽军节节败退，这时的夏崇宗李乾顺不忘盟友天祚帝，或派兵救援，或问候起居，或馈赠粮饷，或请其到夏国避难。为了表达对西夏的感谢之情，1123年六月，逃亡中的天祚帝遣使册封李乾顺为夏国皇帝，这是西夏自李元昊称帝以来，第一次得到大国的承认（参见《辽史》卷二九《天祚帝纪三》）。

与此同时，金国也派使诱降李乾顺，乾顺权衡利害得失，最后确定弃辽附金，继而天祚帝被金兵俘虏，大辽国灭亡。1126年底，金人攻占开封，北宋灭亡。至此，北宋、辽、西夏三国鼎立局面结束，中国的历史进入了南宋、金、西夏“三国鼎立”时期。

（杜建录）

在北京居庸关城内，有一座过街塔基座，人们称之为云台。云台上的三座宝塔早已荡然无存，但云台基座及过街洞道依然吸引着无数的人们停留、驻足。是什么吸引着过往行人放慢了前行的脚步呢？原来过街洞道的外围及券洞两壁保存着许多浮雕，洞壁之内又刻有不少文字。浮雕精妙绝伦，美轮美奂，文字五花八门，有六种之多。17 世纪以来，西方无数的传教士和旅行者从这里走过，他们多为精美的浮雕所陶醉，也有人专为这些奇妙文字慕名而来。至 19 世纪 60 年代，人们已经辨认出了六种文字中的五种：梵文、汉文、藏文、回鹘文和八思巴蒙古文，剩下的那种貌似汉字而又无人能识的文字久久地困惑着欧洲学者，它到底是一种什么文字呢？

神秘西夏

第五集

人造天书

——西夏文字的创制与传播

人造天书

——西夏文字的创制与传播

一、西夏文字的发现

1871年，英国汉学家伟烈（A.Wylie）发表了一篇非常有名的文章《华北居庸关古代佛教铭文考》，论文展示了他渊博的学术水平和审慎的科学求证态度。为完成这篇论文，他踏上了长达十余年的探寻之路。早在1858年，他在清代学者钱大昕的著作里知道居庸关拱门上刻有六种文字的佛教铭文，一心想探个究竟。1863年，伟烈作为大英圣书公会的在华代理人，由伦敦出发，经法国、比利时、德国、俄国、蒙古，越中国的长城，最后到达北京，历时68天。利用这次机会，他来到居庸关，获取了拱门西侧一部分铭文的拓片。1867年春，他再次来到居庸关，亲自搭起了架子，成功地拓制了铭文的后四种文字。伟烈的最终目的是想将这上面的铭文一一解读出来。凭着已有的知识和多年的摸索，他明白了这上面刻着的几种文字实际上都是同一梵文原本的不同转写。读懂了上面的梵文，另外几种文字的辨识也就容易得多了，那个“不为欧洲学者所识”的神秘文字同样也可以获得解读。因此，他用心地去找寻这种未知文字与汉文及梵文咒语的一一对应关系，将其中81个字给读了出来。这81字的读音经过后世学者核对，今天看来

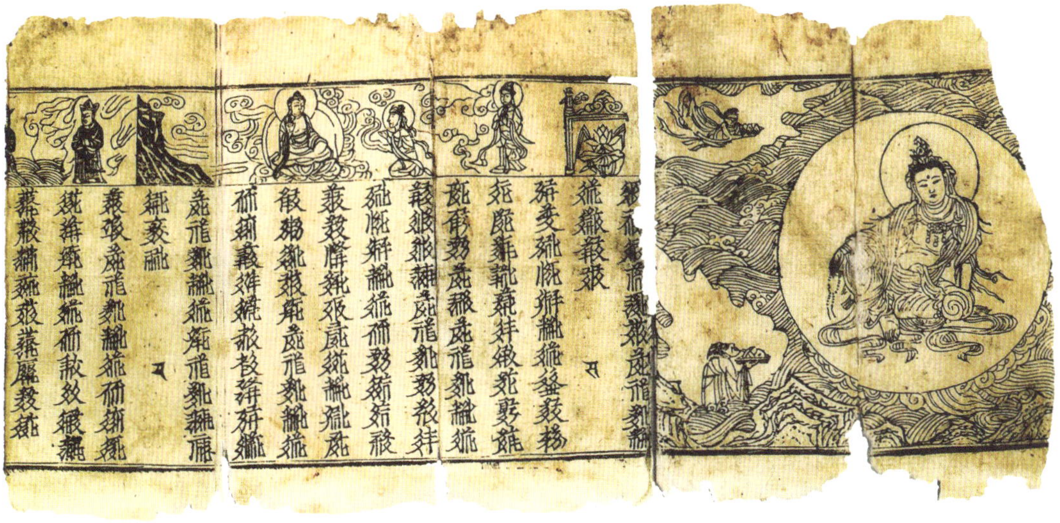

西夏文《妙法莲华经观世音菩萨普门品》（敦煌研究院藏）

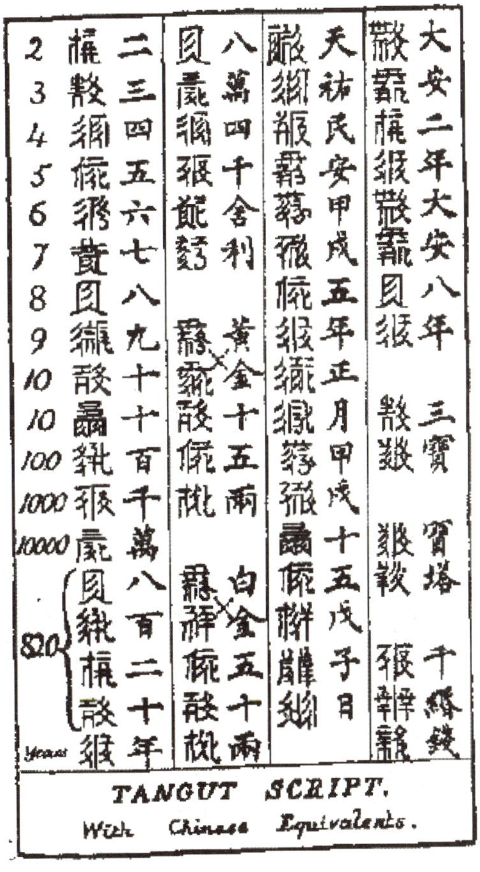

1886 年英国人卜士礼解读出的西夏碑文字

大多无误。遗憾的是，他却将这一未曾辨识出的文字错误地指向为女真文。他的全部精力放在字音的解读方面，至于这为什么是女真文字，他没有做任何的解释，可能在他看来这根本就不是问题。所以后来的学者猜测，他的这个观点可能承别人而来，或者受到某种误导。

伟烈的遗憾成就了另外两位学者。20 年后，英国学者卜士礼（S. W. Bushell）、法国学者戴维利亚（M. G. Dev éria）几乎同时自豪地宣布，居庸关六体文字中最后未辨识的那一种文字其实不是女真文，而是西夏文字。因为他们在汉文著作里发现了一条重要线索，在近一个世纪之前，一个叫张澍的学者在甘肃武威有了一个惊人的发现。几十年前，张澍在武威到底发现了什么呢？

嘉庆九年（1804年），晚清著名学者张澍（1776—1847年）因病自贵州玉屏回到家乡武威，养病之暇，与友人游览清应寺。行进中，为寺内一碑亭吸引，碑亭前后砌砖，封闭得严严实实。

这个碑亭缘何被砌封起来了呢？

当地老人告诉张澍，此砌封不可开启，开启必遭风雹之灾。因为这样的诅咒，长久以来，无人敢近、无人敢动。亭子里究竟存封着什么可怕之物呢？长期以来，无人知晓，亦无人探究。

学养深厚、见多识广的张澍显然没有被这样一个诅咒吓倒，好奇心驱使他想打开砌封看个究竟，却遭寺内僧人反对。在其再三要求，并对天起誓，所有灾祸一人承担的承诺后，请求终得住持许可。随着砌封前壁开启，一方积满尘土、高一丈许的石碑立在眼前。碑文密密麻麻，颇似楷书，却令张澍大吃一惊："乍视，字皆可识；熟视，无一字可识。"

张澍料想碑后必有释文，遂拆除背面砌砖，果然一行行的汉字呈现在眼前。汉文碑额篆刻而成，题为"凉州重修护国寺感通塔碑铭"；碑文楷书，末尾署刻石年款"天祐民安五年岁次甲戌正月甲戌朔十五日戊子建"。

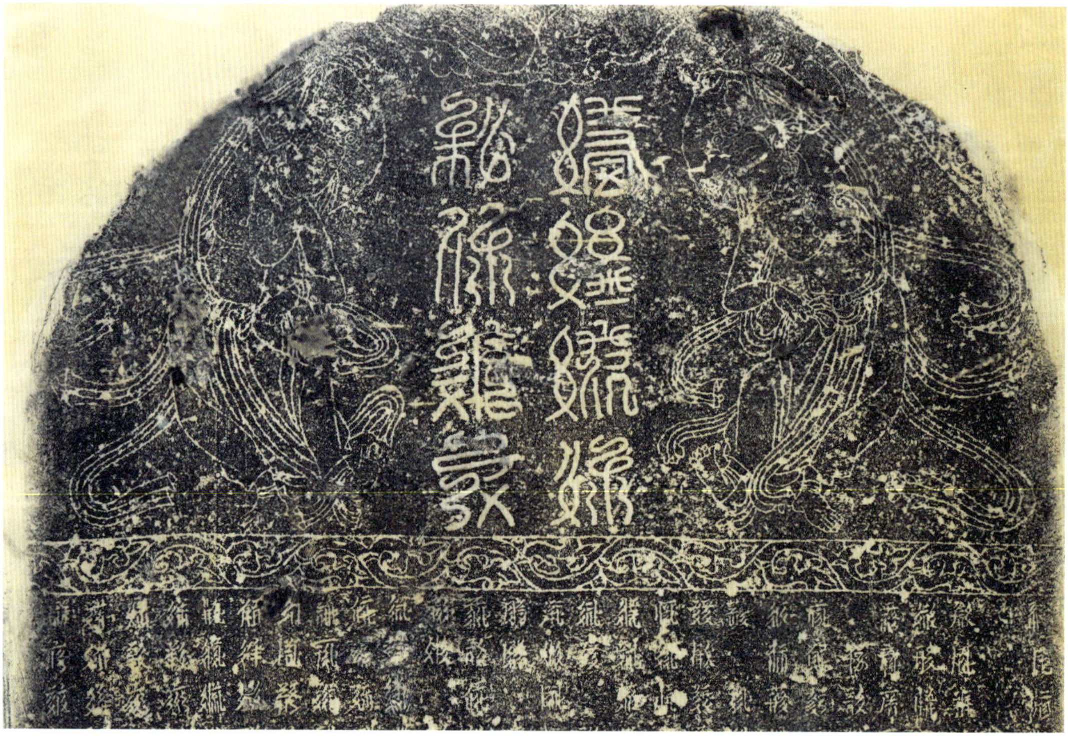

凉州重修护国寺感通塔碑碑首

“天祐民安”是西夏崇宗乾顺的年号，张澍据此判定碑前不认识的文字为史书上所说的西夏国字。西夏文字重见天日，距离西夏国覆亡已将近600年了。

二、西夏文字的创制

西夏为何要创制文字呢？人们常以为是配合西夏立国的需要，放眼看去，11—13世纪，汉族周边的少数民族纷纷开始创制自己的文字。契丹先后创制出了契丹大字和小字，金国创制出了女真文字，稍后的蒙古又先后创制出了八思巴文及回鹘式蒙古文字。文字的产生是人类走向文明的标志，也是一个民族走向文明的标志。人们常常将不识字之人比喻成睁眼瞎，民族也是如此。一个民族没有文字，就好比人没有眼睛，武士没有刀剑，走夜路没有灯光照明一样。在长期与汉族接触和交往过程中，他们纷纷觉醒，他们需要有自己的文字发布政令、书写法律、翻译佛经，他们需要有自己的文字教化百姓、传承文化。这好比一个小孩，出身过于穷困，能吃饱饭是他日后生活的要务；家境好一些，父母得让他上学识点字、学点文化；家世殷厚，父母则希望他读更多的书、上更好的学校。党项从游牧生活到接触农耕文明，接受了先进生产技术和中原文化的熏陶，

凉州大云寺清应寺双塔（清末）

也希望这些技术和文化能为更多人所接受。但真正能接受到汉文化教育的只是少数，大多数人依然过着目不识丁的生活，听着汉人的故事，说着党项人的话。宋代的洪迈曾目睹了契丹人是如何讲述诗人贾岛“鸟宿池中树，僧敲月下门”诗句的，这一脍炙人口的诗句让他们说出来就成了“月明里和尚门子打，水底里树上老鸦坐”，句子倒是形象，但韵味大失。党项人大概也是如此。番言胡语虽然可以用汉字记录下来，但传达了意义却失去了他们的语音，记录了语音却又传达不出意义。初学者更不清楚哪些是自己语言里的，哪些是汉语里的，学习起来稀里糊涂。为提高本民族文化素养，新造一种文字，可令初学者有较少的困惑。而党项贵族想建立一个新的割据政权，这正是创制文字的一个非常理想的时间点。

西夏文内宿待命符牌（宁夏隆德县文管所藏）

那么西夏文字是由谁创制出来了的呢？史书记载各异。

一种说法是由元昊之父李德明所创。《辽史》言：“德明晓佛书，通法律，尝观《太乙金鉴诀》《野战歌》，制蕃书十二卷，又制字若符篆。”

另一种说法是由李元昊创制。此说或言李元昊亲自创制，或云“元昊自制蕃书，命野利仁荣演绎之”。

还有一种说法是在李元昊时期由野利遇乞所创。言遇乞先创造蕃书，独居一楼上，累年方成，至是献之。

一种文字的创制冒出许多种说法，神神秘秘。根据西夏人自己的介绍，学术界倾向于西夏文字是在元昊时期创制的，这从几个方面得到印证。

元昊称帝后，曾给宋仁宗上表章，他这样写道：“臣偶以狂斐，制小蕃文字，改大汉衣冠。”

西夏文《妙法莲华经序》也有相关的说法：“此后，风角城皇帝，以自国语言，兴起蕃礼，创制文字，翻译经典……”

但是文字创制毕竟是一项系统的、繁琐的活动，它果真是作为皇帝的李元昊亲自所为吗？

如果结合西夏佛经的翻译情况来看，大抵能明白部分史书为何要标榜西夏文字为皇帝元昊所造之说。在出土的许多西夏文佛经特别是译自汉文的佛教作品中，翻译者的署名多是皇帝或皇太后，而实际工作则是在白智光主持之下由一大批人员集体完成的。西夏文字的创制也应该如此，忙于立国、军事征讨以及政务缠身的元昊哪里能有大量的时间来亲自创制西夏文字呢？而最有可能的情况就是在他的过问下，由某一两个大臣负责完成。这个负责人应该就是野利仁荣。

西夏竹笔（甘肃博物馆藏）

那么这个人为什么会是野利仁荣呢？

野利仁荣是元昊的股肱之臣。有学者认为，野利仁荣可能来自契丹，“野利”或即“耶律”，西夏宫廷诗集描绘野利仁荣是“天上文星出东方，带来文字照西方”，这里的“东方”可能是指当时契丹人统治的燕云十六州一带，那里在西夏人看来正是东方。西夏立国之初在讨论立国方针时，一种意见是“化民成俗、道在用夏变夷”，即遭到野利仁荣的反对，他提出“一王之兴，必有一代之制”，“惟顺其性而教之功利，因其俗而严其刑赏”，这种强调重视本民族性的观点与元昊“忠实为先，战斗为务”的观点不谋而合，可谓深得元昊之意。而另造文字也是强调重视党项民族性的一个重要方面。此外，元昊还命令野利仁荣主管番学事务，这应该与其谙熟番文有关。重要的是，《宋史·夏国传》记载，天盛十四年（1162 年），仁孝皇帝“始封制蕃字师野利仁荣为广惠王”。西夏宫廷诗集中还专门有一首用来歌颂造字师“野利”的诗歌。因此，创制西夏文字的重任应该就是交给了学识渊博、谙熟典故的野利仁荣来承担了。所以《宋史》的记载可能更符合实际情况。“元昊自制蕃书，命野利仁荣演绎之”，或许可以这样理解，元昊在和野利仁荣的讨论过程中，先确立一些基本的规则，甚至是一些基本的笔画，在此基础上由野利仁荣演绎创制。我们不妨这样设想一下。理念相投的君臣二人坐在一起谋划立国的准备工作，他们谈到了文化，谈到了文字，二人一致提出要有自己的文字。他们讨论了多种方案，其中最核心的就是要与现在使用的汉字区分开来。元昊就勾勒出了一些基本的笔画，确立了一些基本的规则，然后就交给野利仁荣演绎去了。

野利仁荣于是独上高楼，闭门谢客，置身于书海，潜心演绎，于西夏大庆元年（1036 年）完成了近 6000 字的创制，合为 12 卷，颁布国内。

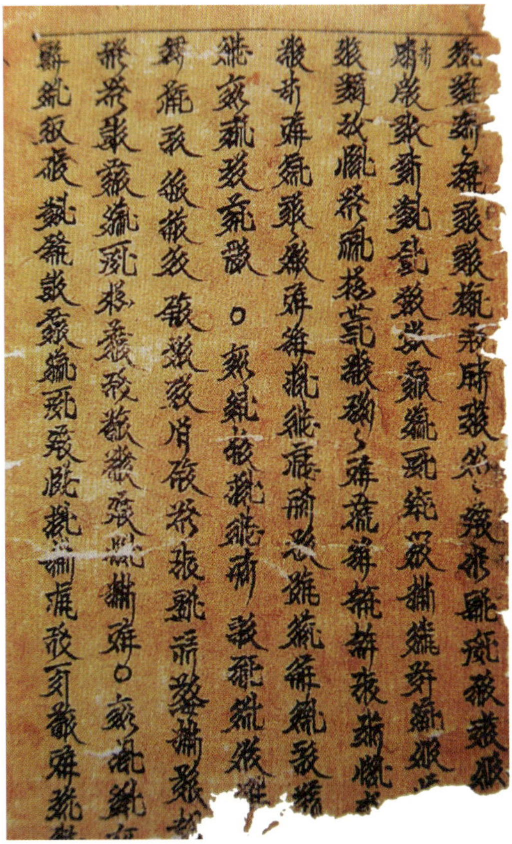

西夏文医药方（甘肃博物馆藏）

形似汉字的西夏文字是如何创制而成的呢？它与汉字到底有什么样联系呢？

这里先来看一看几个西夏字。

图中第一个字相当于汉文“骑马”的“骑”字。它由上下两部分合成，上部分可以独立成字，相当于汉文的“人”；下面部

分也独立成字，相当于汉文的“马”。西夏人用“人在马上”会意造出一个“骑”字，构意形象生动。

图中第二个字相当于汉文的“雨”字。它由左右两部分合成，左边部分可以独立成字，相当于汉文“神圣”的“圣”；右边部分亦独立成字，相当于汉文“恩泽”的“泽”。雨在我国西北内陆干旱地区是可遇不可求的罕见之物，西夏人以“圣泽”会意出“雨”字，这正是他们对雨的渴求并视为神圣之物的生动写照。

图中第三个字相当于“汉族”的“汉”。它由左右两部分合成，左边部分可以独立成字，相当于汉文的“小”；右边部分亦独立成字，相当于汉文的“虫”。视“小虫”为“汉”，文字构形暗藏了一丝玄机，颇似继承古代汉民族以我为中心、视周边民族为蛮夷观念的意思。不清楚这是造字者本人对待汉民族的态度还是党项民族的集体思维，抑或是要向其民族灌输这样的观念。

西夏文字相当部分就是这样会意合成的，只是不如这几个字简明、直观，更多采用了“省形”的方法，即分别选取另外两个字的某个部件合成。这类似于汉字“六书”分析法中的“会意”。汉字中占绝对优势的是形声字，而非会意字；西夏文中也有类似的形声字，但会意字的比重大为增加。西夏文字中，造字者为什么会选用那么多的会意字呢？

西夏文乾祐宝钱

不妨把目光投向同时期的汉字领域。北宋初年，会意之风大行天下，民间百姓大玩拆字、解字、戏说汉字游戏；庙堂之上，革新派代表王安石做《字说》，全以会意解说汉字。《字说》多望文生解、穿凿附会，在学术界遭遇的批评声较多，尤其是政见不同的大文豪苏轼对其极尽嘲讽。

苏东坡听说王安石《字说》写成，曾戏谑荆公：“以竹鞭马为笃，不知以竹鞭犬有何可笑？”一日，东坡举“坡”字问荆公：“何义？”荆公回答：“‘坡’者，土之皮。”东坡复问：“那么‘滑’不就是水之骨了吗?”荆公默然不语。有一日，荆公请教东坡：“‘鸠’字从‘九鸟’亦有证乎?”东坡回答：“《诗经》里说‘鸤鸠在桑，其子七兮’，和爷和娘，恰是九个。”荆公听着满心喜悦。日久之后，细想原来苏东坡又在嘲弄他。

王安石通篇以会意解说汉字，完全不顾及汉字隶变之后形体发生的巨大变化，以今文字会意，有失学术之严谨。但以对汉字发展史的无知来评价这位革新派代表恐怕有失公允，他的目的或许不是为学术服务，也不是面向学者士大夫阶层，而是如其序言所说“故其教学必自此始”，他想做的恐怕是面向社会底层，帮助大家能够迅速识字或扫盲而用，犹如他要迅速推广的变革之法一般。联系宋初民间流行的拆字、解字、戏说汉字的风气，王安石做《字说》应有一定的民间基础，只是这些内容由学者著书立说写出来，似乎令文人们难于接受而奉为笑谈。但《字说》一出，一时学者无不传习，成为畅销书籍。这可能是因为王安石政治地位很高，也可能是大家想领略一下其说字之趣味。变法失败后，《字说》惨遭无情淘汰。革新派同样遭遇的部分著作，如《吕观文进庄子义》《孝经注》曾摆放在西夏学者的书桌案头，有些翻译成了西夏文而在黑水城文献中保存了下来。《字说》确定成书时间，似乎比西夏立国要晚上几年，但构成该书核心的会意之法却早有民间基础，它随着大量汉文典籍或是民间交流传入西夏应该是很自然的。

刻西夏文黑釉瓷瓶（上海博物馆藏）

西夏文字中有一种特定的否定会意法。图中第四个西夏字相当于汉文的“温”。它由左、中、右三部分合成，左边两竖表示否定，中间表示“热”，右边部分表示“冷”。合在一起就是“不冷不热”。汉字中也有类似情况，宋代学者张有在《复古篇》中总结为“反其文而取其意”，这与通常的“合其体而兼乎义”的会意不同，而是直接在某个字形之上加“不”合成新字，如“不要为嫑”“不用为甭”“不好为孬”等。这里的“嫑”“甭”“孬”，不仅合二者之意，取二者之形，且合二者之音。

西夏文字中还出现了取二者之形，合二者之音的一类字，其与意义无关，非是会意，称之为“切身”。图中第五个西夏字，本身没有意义，只是专门用来记录音节的，它由左右两部分合成，既取左右两部分之形，又合二者之音（即取左字之声母，取右字之韵和声调）。汉字中也有类似情况。佛教进入中国，和尚们翻译佛经时，常遇到梵语中有些音节在汉语中怎么也读不出来，发愁该选个什么样的汉字记录？借助反切方式新造汉字，切身法由此产生。这类字在辽代僧人行均《龙龛手镜》以及黑水城出土佛教文献中大量存在，例如图中的汉字，既切“寧”“永”二字之音，更合二字之形，用于记录梵文音节 dve。

西夏文字中，变换构件位置、符号替代、类化等构字手段时常可见。这些方法在汉字的俗写中同样非常普遍。唐宋以来，俗字在民间大为流行。宋代在文化上整体呈现出一种世俗化的倾向，这种倾向是文化向社会底层普及的必然结果。民间百姓的书写以及面向他们的通俗创作越来越多，俗文化得以广泛发展。人们的书写往往随意性很大，不再像上层文人那么严谨，俗写、讹误现象遍地皆是。从汉文化对西夏文化的影响而言，民间的、通俗的文化比官方、正统的文化影响要大，这从目前出土的大量世俗文献就可以反映出来，例如类似于西夏文《三才杂字》《经史杂抄》等通俗题材的文献在中古的汉文化地区也广为流行。换句话说，在汉夏文化交流过程中，民间的、底层的交流可能比官方的交流更为密切、更为频繁。文化如此，文字书写也应该如此。因此，西夏文字的某些构形在一定程度上受到了中古汉文俗字构形规律的影响。

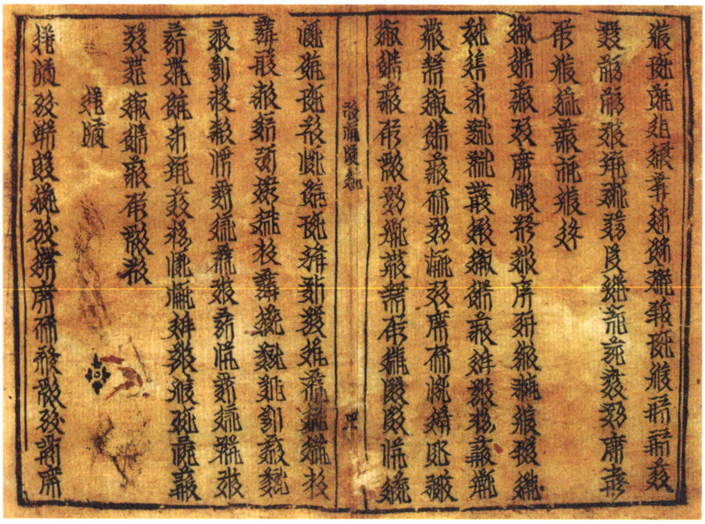

西夏文《十二国》

看来，从中古时期汉字的实际运行规律，特别是民

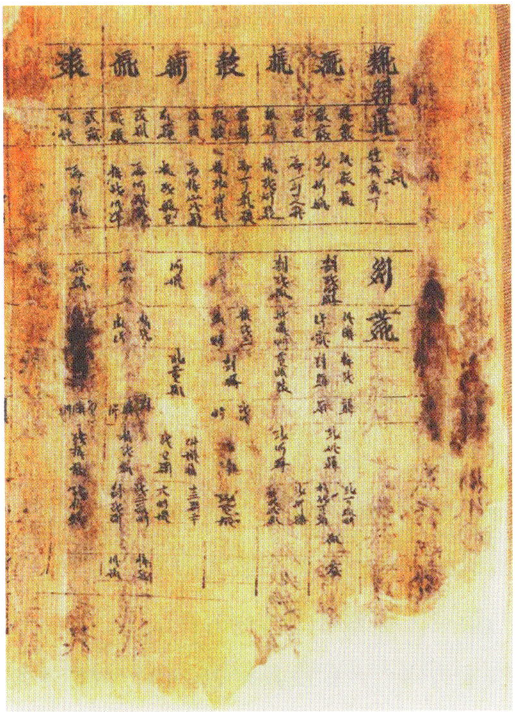

西夏文历书（黑水城出土）

间的、俗文化层面的用字规律这一角度来探求西夏文字的构形规律可能更切合实际。这或许是西夏文字在形成过程中暗藏着的一个更大玄机。

三、番文羌语

这一文字在记录语言过程中也暗含着许多有意思的现象。比如，现在年轻人热衷的星座早在西夏文献中就有记载，看看其中的“巨蟹（座）”，按照我们通常的思维选用“巨大”的“巨”和“螃蟹”的“蟹”完全可以合成“巨蟹”这个词，然而在西夏语中却是另一种思考。如图所示，第一个字相当于汉语“歪邪”的“邪”，第二个字相当于汉语“行走”的“行”，合二字之意就是“邪着走”，这不正是螃蟹横着走路的形象吗？实际上，“巨蟹”还只是一外来词，但在西夏语中却用了这么形象的两个字把它记录了出来。

再来看看西夏语言中的亲属称谓。汉语中的哥哥、姐姐、弟弟、妹妹分得很清楚，但在英语中哥哥、弟弟就只用一个词brother，姐姐、妹妹也只用一个词sister。西夏语中也不区分兄弟的长幼、姐妹的大小，但却表现出非常有意思的另外一面，他们的称呼则根据称呼者的性别发生改变，男性的兄弟用一个词“[illegible]”，读若“浪”；女性的兄弟却用另外一个词“[illegible]”，读若“没”。姐妹也是一样，男性称姐妹为“[illegible]”，读若“囊”；女性称姐妹为“[illegible]”，读若“皆”。

西夏语还在历史上诱发一段闻名的朝堂争议。西夏建国之初，元昊改汉姓为番姓，自号嵬名吾祖。其中“嵬名”是党项的一个姓氏，“吾祖”在西夏语中有“青天子”之意。他们都是西夏语的音译，音译词在选用汉字记录时并没有唯一性，“嵬名”在汉文文献中还有“威明”“于弥”等意，“青天子”选用“吾祖”二字记录，不知是元昊和他的臣僚们的无心之失，还是有意为之？但当两字呈现在宋朝皇帝和群臣面前之时，一时令朝堂炸开了锅。因为在汉人眼里这两字实在是太刺眼了，难道元昊要当他们的爷爷不成？真是太无理了。一番批判和反对声之后，西夏去往宋朝的书信中从此都改成了“兀卒”。

西夏文九叠篆首领印

这种文字记录的西夏语到底是一种什么类型的语言呢？李元昊自诩出身高贵，是鲜卑王族的后裔。但他自打嘴巴，因为他所讲的话（语言）掩盖不了他的身份。打个比方说，如果我们要表达“我吃饭”，换作李元昊他们讲的西夏语就应该表达为“我饭吃我”。这里涉及两个语法现象。第一个是汉语中“吃饭”这样的支配式结构，一般是动词在前，支配对象在后，西夏语则倒了过来，动词跑到了后面。不过这一现象在其他语言中也还比较普遍，现代汉藏语中的很多语言都有这个特点。另外一个现象就有意思得多，明明前面讲了一个“我”，后面偏偏还要再来一个“我”，也不嫌啰唆。这正是西夏语最为显著的一个特征，那就是在用第一人称和第二人称叙述的时候，往往在句尾或谓语之后再来一个与第一人称和第二人称的呼应词，而且就限于这两个人称及其复数，第三人称不复存在。这一语法现象在其他语言中颇为少见，目前只在羌语中有所见。

使用羌语的少数民族多生活在山谷河沟地带，对方位特别敏感，表现在语言里就是在动词前面有很多表方位的词头，比如向上、向下，向左、向右，朝山上、朝山下，等等，各用不同的词头表示。西夏虽然早已从山谷地带迁往了平坦地区，但语法规则远没有他们的生活变化得那么快，依然保存着大量区分方位的动词词头。

语法规则方面的许多特征显示李元昊他们所说的番言暗含着许多羌语的特征，因为他们实际上是党项羌的后代，其所说番言即属于汉藏语系藏缅语族的羌语支。

四、文字的推广与传播

文字是一个民族走向文明的标志。要提高全民族的文化素质，就要考虑普通百姓的识字问题。怎样来帮助大家识字进而推广西夏文字的使用范围呢？

西夏文字创制出来后，元昊发布诏令，尊其为国字。规定凡国中艺文诰牒，尽易蕃书；又命野利仁荣掌管番学。

出土文献中有一件《瓜州审案记录》，这件文书目前发现十二纸残叶，他们被分别收藏于中国国家图书馆、北大图书馆、国家博物馆以及日本龙谷大学、大英图书馆。文书记载了从天赐礼盛国庆元年（1069年）腊月至天赐礼盛国庆二年（1070年）七月期间发生的一件因经济纠纷而引起命案的多次审理记录。这是目前能见到有明确纪年的最早的一份西夏文文献。这份文书距离西夏文字创立只有30年的时间，但审案记录全用西夏文字草书写成，元昊“国中艺文诰牒，尽易蕃书”的规定已经在西夏落到了实处。黑水城出土的大量社会文书中，类似用西夏文记录的军籍文书、审案记录、买卖文契等，随处可见。大概自元昊“国中艺文诰牒，尽易蕃书”规定做出之后，凡要为官晋爵、踏入仕途，西夏文字是必须得学会的，否则怎么能应付蕃书的艺文诰牒呢？看来利禄从来就是促使人们努力学习的一个最有效方法。

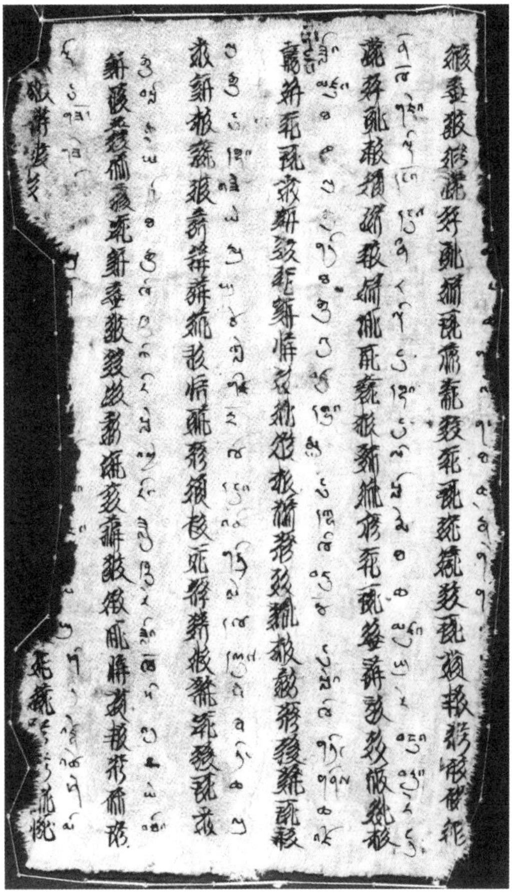

黑水城出土夏藏文对照文献

番学具体负责哪些事务今天已不得而知，元昊命令创制西夏文字的野利仁荣掌管番学，其中最主要的一点肯定离不开文字的推广。那么番学到底是如何促进文字传播和推广的呢？夏正德六年（1132年）成文的西夏文字书《同音》的“跋”有这样一段记载：

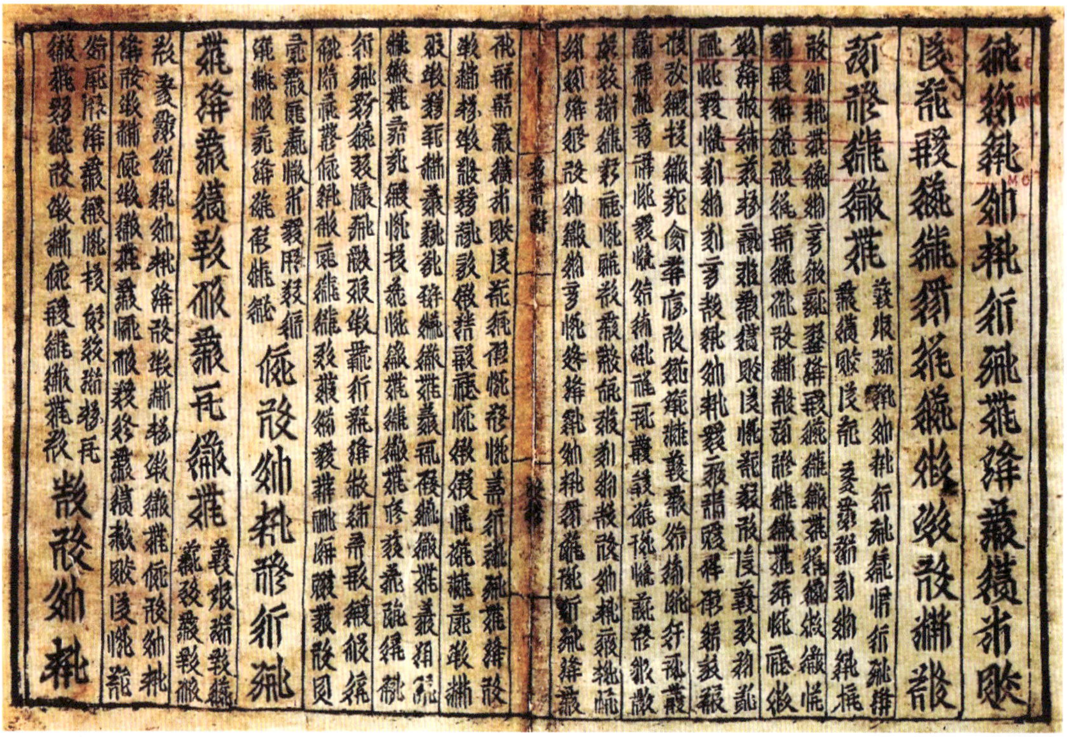

西夏文《孙子兵法》

今番文字者，祖帝世时令其搜集而兴盛。设刻字司，以番学士等为头监所刻印，颁行世间。

这段文字显示，西夏文字在创制完成之后由刻字司刻印，颁行世间，而刻字司是以番学士为首领的。如此，刻字司之设是与番学紧密联系的。出土文献中发现由刻字司承印的著作有《类林》《圣立义海》《西夏诗集》，这些作品正是与“艺文诰牒”中的“艺文”类相符合的。或许番学教授的课本和教材也都是由这个刻字司承印的。

出土文献中发现了一系列西夏中后

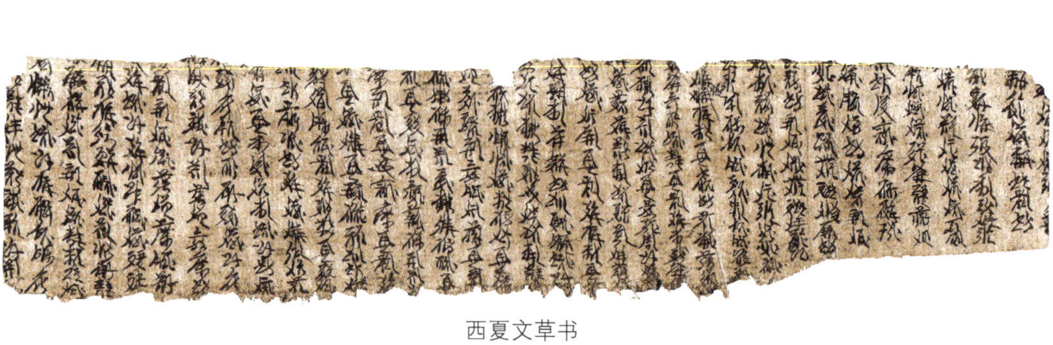

西夏文草书

期刻印的字书词典以及一些常用词语、通俗词语的小册子。这些作品虽然多是以规范用字为目的，但也是早期推广用字工作的延续和改进，其中编制常用词语、通俗词语的小册子发行，在推广用字方面的作用更大。出土文献中发现了一种夏、汉双解的通俗性小册子，即《番汉合时掌中珠》。这本小册子是由一个叫骨勒茂才的党项才俊在乾祐二十一年（1190 年）编写的。今天我们已无法了解骨勒茂才的全部身世，但他在这个小册子前面的一段序言却令后人嗟叹不已。其中有一段话写道：

今时人者，番汉语言可以具备。不学番言，则岂和番人之众？不会汉语，则岂入汉人之数？番有智者，汉人不敬；汉有贤士，番人不崇。若此者，由语言不通故也。

多么高度的认识，多么充满智慧和哲理的语句！这不能不令我们对这位党项族的学者肃然起敬。骨勒茂才到底写的是一本什么样的小册子呢？我们不妨回到 100 年前看看当时人们初次见到这本小册子时候的激动心情。

1909 年深秋，圣彼得堡大学年轻的汉学副教授伊凤阁和他的同事正在一间屋子里忙碌着，他的任务就是将科兹洛夫从中国黑水城掘来的文献登记造册。然而这项工作进展得太过艰难，因为摆在面前的文献他竟然无一字能识。伊凤阁不禁幻想起来，要是能在这里找到一本西夏字和汉字对照的字典，那该多好啊。就这样，在这满是沙土的 700 多年前的故纸堆里，伊凤阁日复一日地翻捡着。一天，他眼前突然一亮，一页夹杂汉字的西夏文字出现在他面前，这不正是他幻想中的东西吗？一种有重大发现之后的喜欢和激动令他在科兹洛夫面前大喊大叫、手舞足蹈。俄罗斯科学院很快地将伊凤阁的发现公布了出去，虽然公布的只

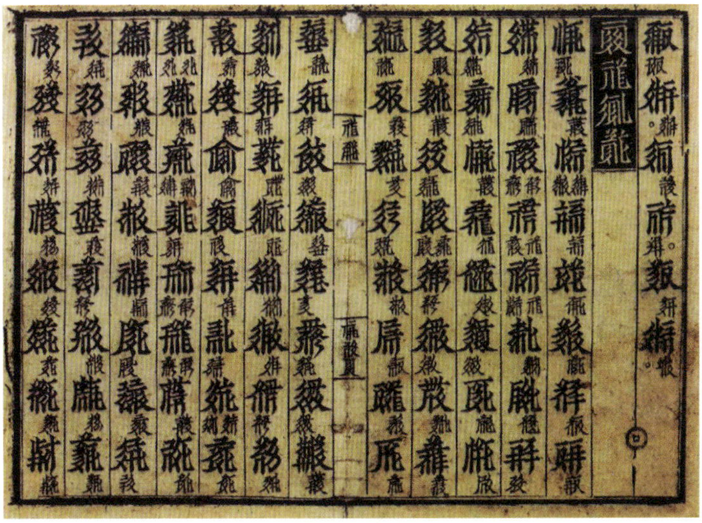
西夏文《音同》

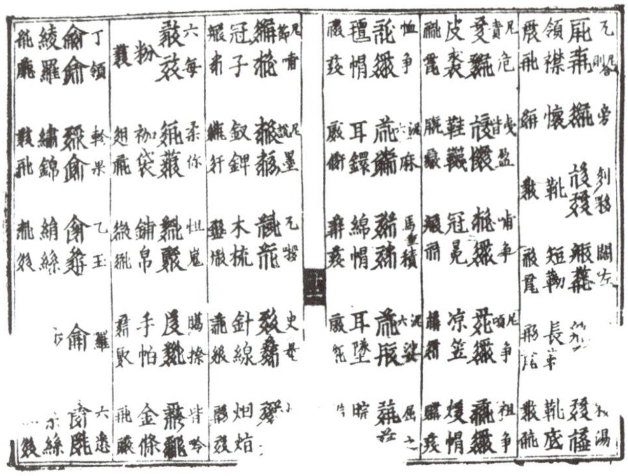

《番汉合时掌中珠》正文（右二栏第四组为“熨帽”）

是两页，却引起了国际东方学界的高度关注和期盼，法国汉学家泰斗沙畹后来这样评价：“从今以后，伊凤阁先生要把我们的注意力吸引到科兹洛夫带回的书籍上来……我们只能寄希望于尽早全文看到这部极其重要的文献了。”此后，《番汉合时掌中珠》被一页页地公布了出来，被学界誉为“解读西夏文献的钥匙”。

骨勒茂才编写的《番汉合时掌中珠》是同时面向西夏人和汉人使用的，也就是说，西夏人可以利用它学习一些简单的汉语，汉人也可以利用它学习一些简单的西夏语。在每个词语的安排上，他设置出了四行：第一行是汉字，给第二行的西夏字注音；第四行是西夏字，给第三行的汉字注音；中间的两行西夏字和汉字互相注义。以“熨帽”为例，前三行（从右往左算）是给汉人看的，它让汉

西夏文木雕版（宁夏贺兰县宏佛塔出土）

人明白，第二行两个大一点的西夏文意思是“㬿帽”，读若汉语的“祖争”；后三行是给西夏人看的，它让党项人明白，第三行两个大一点的汉文意思是第二行那两个西夏文，读若第四行的两个西夏文。“凉笠”的情况也是一样。

那么，这本书内都收了些什么样的词语呢？翻看全书，这些词语被分成了三个部分，按照传统的“三才”，即天、地、人进行排列，三才之内又各分为三个部分。“天”涉及的是天体方面的词汇，包括“天”的不同名称、日月星辰和干支、风雨阴晴和年月日等；“地”涉及山河、矿物和动植物等词汇；“人”则涉及人体、人事等方面词汇。其中，“人事下”的词语依次读下来，似乎可以串成一个有趣的故事。

某人伤人，证据确凿，凌迟拷打，拒不认罪，审判人员向他宣讲《孝经》，说：“愚蒙小人，听我之言。”《孝经》中说：‘父母发身，不敢伤毁也。’如此打拷，心不思惟，可谓孝乎。”这样开导方认识到错误，“我乃愚人，不晓世事，心下思惟，我闻此言，罪在我身，谋知请人，此后不为”，遂认罪服法，顺利结案。

这还真不失为快速学习和推广西夏文的一个好方法。而且可以看成是将西夏文字向西夏之外推广了。

大量刻印和散施佛经也对西夏文字的推广有很大帮助。佛教文献易为社会各个阶层适应，而且又可以免费获得，所以在百姓中传播很快。在乾祐二十年（1189 年）由仁孝施助的一次法会上，一次性散施了 4 部佛经共 15 万卷。西夏文

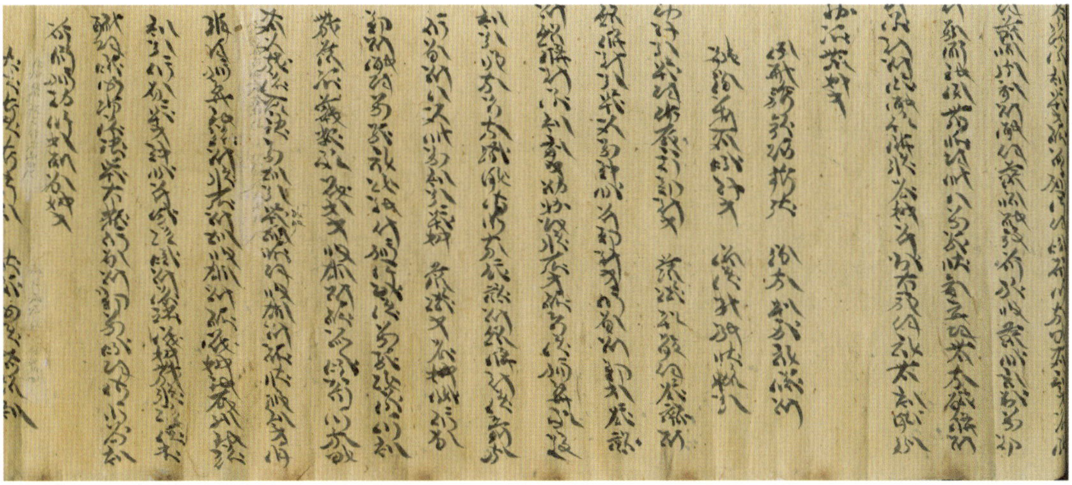

西夏文草书长卷（宁夏考古研究所藏）

字也因此快速走向民众。佛教文献的大量需求对印刷业和印刷技术提出了挑战。在活字印刷之前，人们普遍采用的是雕版印刷。雕版印刷对刻工的要求非常之高，稍不小心刻错一个字，一块雕版就可能报废了。雕版对木材的质地要求也比较高，大量的印刷对木材的耗费量也比较大，对于偏处西北的西夏而言，木材恰恰是最为缺少的。活字印刷也因此在西夏得到了迅速发展。

活字印刷的探索是在北宋庆历年间由毕昇开始的，但这一方法似乎在宋代没有真正流传开来并广泛运用，因为到今天为止我们没有见到过哪怕是一点点的实物资料。不过毕昇的创造却在西夏开花结果。

20 世纪 90 年代初，一伙不法分子悄悄地溜进了银川西郊的贺兰山拜寺沟，将这里的一座西夏古塔炸开了。轰然倒塌的拜寺沟方塔中因此而出土了一件堪称国宝的西夏文献——《吉祥遍至口合本续》。这件文献价值之重大，一个重要的原因在于它是一件西夏木活字印本的实物资料。怎么去判定这是由木活字印刷出来的呢？宁夏文物考古所的牛达生等人找到了辨别的

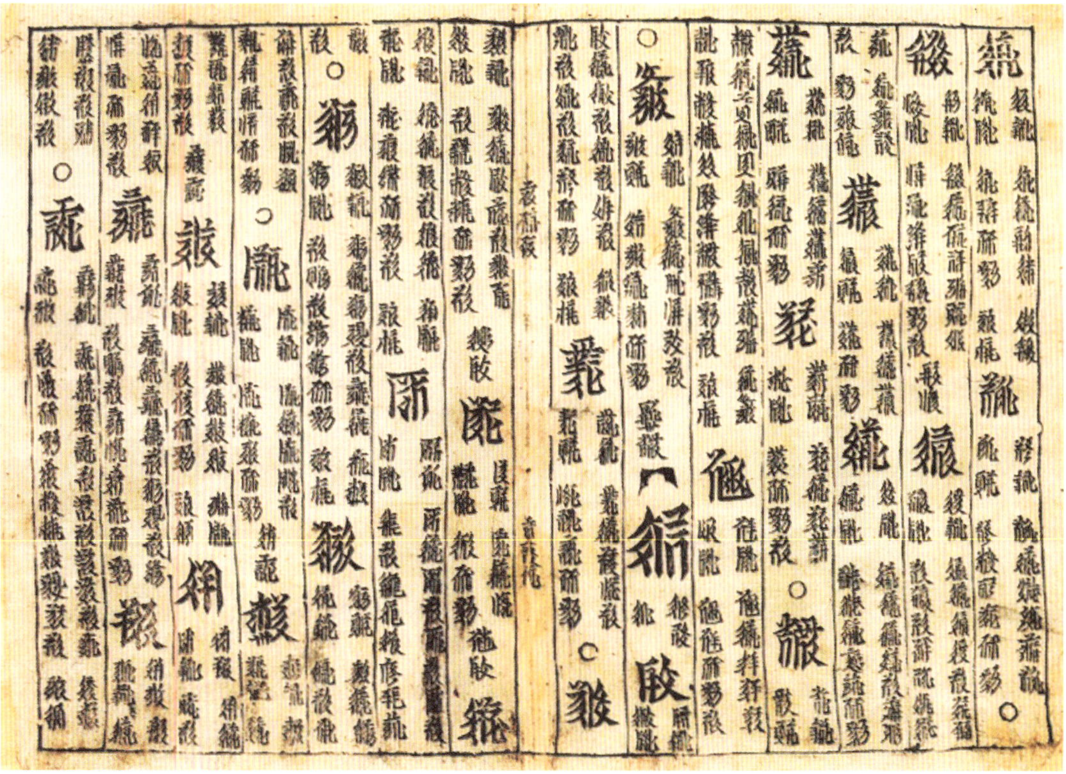

西夏文《文海宝韵》

方法。经过细致的摸索，他们发现了木活字不同于雕版印刷的一系列特征：版框栏线四角不衔接，左右栏线较短，上下栏线或不足或超长；正文和题款文字风格一致但大小不一，笔锋不尽相同；墨色浓淡不匀，有的黑白斑驳，有的半深半浅；发现倒字，且不属避讳和缺笔；版心行线漏排；书名简称用字混乱，时见排错；页码用字无定规，错排、漏排严重，汉文和西夏文混用；有些页面残留隔行竹片印痕。

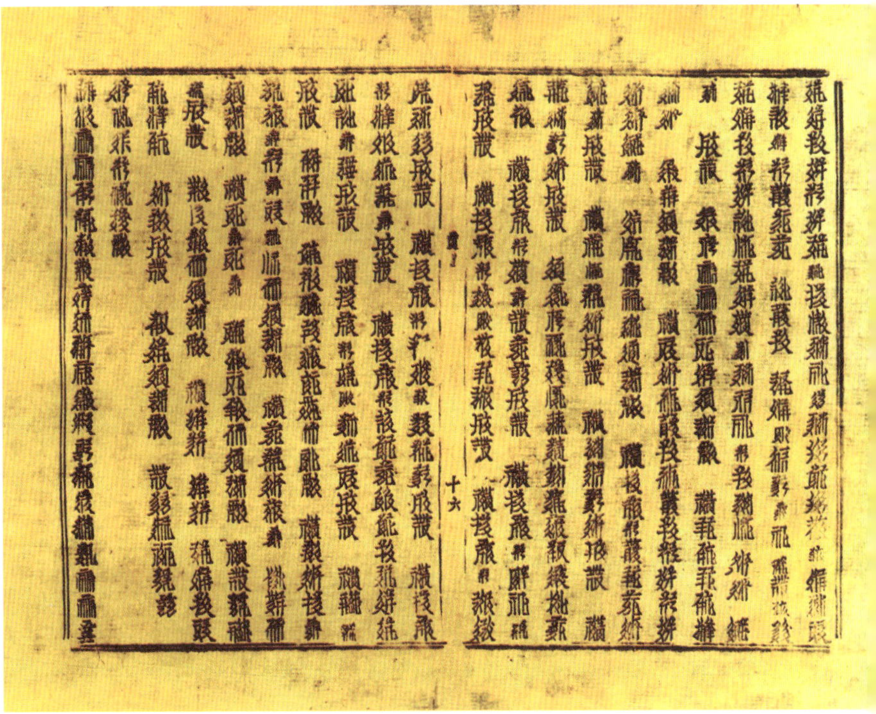
西夏文木活字《吉祥遍至口合本续》（贺兰山拜寺沟方塔出土）

毕昇发明的泥活字印刷术在宋代并未广泛应用，海内外至今也尚未发现宋元时期的汉文活字印本。这使得一些国际学者对活字印刷术的起源产生怀疑，有的甚至公然否定印刷术起源于中国。韩国将印于中国明洪武十年（1377 年）、现存法国的汉字古印本《白云和尚抄录佛祖直指心体要节》，认定为世界上最早的金属活字印本。并通过频繁的外交活动，获得了联合国教科文组织的认可，列入“世界文化遗产”。在韩国学者看来，毕昇只有奇思妙想，所造活字并不适用，所以很快束之高阁，并没有广泛流传使用。这也是韩国学者论证韩国是活字印刷术起源国的一个重要论据。

《吉祥遍至口合本续》的面世用实物证据将中国的木活字技术的使用时间从元代提早到西夏时期，有力地捍卫了中国对印刷术特别是活字印刷术的发明权。1996 年 11 月，文化部科技司对宁夏考古学界的这一研究成果举行了专业性的鉴定会，确认《吉祥遍至口合本续》是迄今为止世界上最早的木活字版印本实物。2001 年 8 月，国家文物局将它列为第一批禁止出境的文物。2003 年 3 月，国家档案局将其列入 48 种“中国档案文献遗产名录”之一。

武威西夏博物馆的孙寿龄先生还亲自

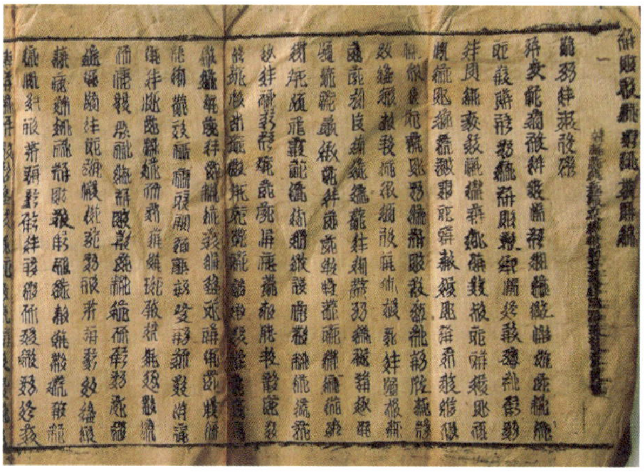

泥活字《维摩诘所说经》（武威博物馆藏）

西夏陵寿陵残碑

选用胶泥刻字、烧制字模，“复活”出了西夏泥活字，并印制出西夏文《维摩诘所说经》。

西夏亡国之后，其文字也在一定范围内继续使用，直至明代中期。目前所见有明确纪年的最晚一件西夏文字实物资料为明代弘治十五年（1502年）所刻河北保定经幢，西夏文字的流通至少有430多年的历史了。

五、西夏文字的定位

人类历史上文字的产生与发展，一般不外乎两种情况：一是在长期的生产生活中积累经验独立创造出来的，如汉字；一是借鉴、参考或依傍其他文字而创造出来的，如契丹文、女真文等。西夏文字也属于后一种类型，是借鉴其他文字而创制出来的。西夏周边的民族很多，它创制文字时可以接触到的文字有汉文、藏文、回鹘文、契丹文等多种不同文字，它有足够的自由度选择到底应该借鉴哪种文字。那么他借鉴了哪种文字呢？

一般来说，中途创制的文字在借鉴、参考或依傍其他文字时是以文化的发展为向心力的，一个国家和民族要创制新的文字，既要记录自己的语言，也更想通过这一文字将先进文化快速介绍到本民族或国家中来。汉文化是世界上最古老的也最具影响力的文化之一，它积累了汉民族长期发展起来的大量智慧和经验，并由汉字记录传承下来，具有一定的向心力，并直接表现在文字上。周边国家朝鲜、越南、日本等国家在创制自己的文字之前曾一度直接使用汉字，契丹、女真等周边民族也曾一度借用汉字，他们在创制自己的文字时也不同程度受到汉字的影响。受汉字影响最为直观的是曾在越南等地使用的字喃，它不仅借助了汉文的造字法，更将汉字或汉字的构件直接移入，有时还直接使用汉字。日本后来使用的假名虽然是一种音节文字，但受汉字的影响同样非常直观。其片假名是取汉字楷书字的偏旁或笔画而成，用于书写和印刷；其平假名是由汉字的草书变化而来，用于记载外来语和特殊词汇。汉文化以及汉字的巨大向心力同样吸引着党项民族，其创制文字时也自然地选择了借鉴、参考或依傍汉字。

但与上述几种文字有所不同，西夏文字没有照搬现成的汉字，就连汉字的偏旁部首也没有借用。这些偏旁或部首到底是如何创制而来的？至今是一个令我们无法解开的谜团。然而深入西夏文字的内部构造，那一个个字的合成、一类类的规律都与中古汉字实际运行过程中表现出来的，特别是民间的、俗文化层面的用字规律如此神合，无疑是属于源自汉文的汉字系文字。造字者在字面上力求表现出与汉字的差别，但内在的构造规律却在紧密追随汉字实际应用中的内在变化，这或许正是两个民族紧密相连、长期互动交融的结果，也是党项民族紧密追随汉地文化发展的表现。

黑水城出土木曜绢画

（段玉泉）

西夏立国190年（1038—1227年），如果从“虽未称国而王其土”（《宋史·夏国传》）的拓跋思恭建立的夏州政权算起，更长达347年（881—1227年），比同时期的辽（907—1125年）、北宋（960—1127年）、金（1115—1234年）、南宋（1127—1279年）历时都长。

耕牧传国

——西夏立国经济基础

第六集

耕牧传国

——西夏立国经济基础

一个偏居西北又比较弱小的民族政权，能够长久立国，除了政治上善于利用大国矛盾，在夹缝中谋求生存外，还有一个重要原因，就是经济基础比较坚实。“岁无旱涝之虞”的灌溉农业，使西夏从未出现过毁灭性的灾荒，西夏没有出现大规模的流民和大规模的农牧民战争，就充分说明了这一点。

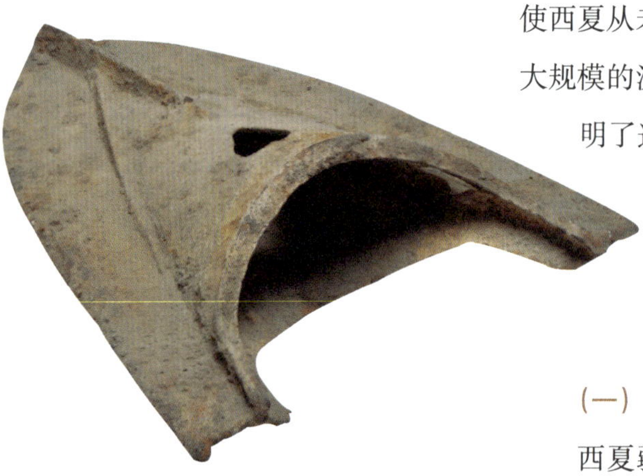

西夏铁犁铧（内蒙古博物院藏）

一、旱涝无虞的农业

（一）农田水利遍布绿洲

西夏疆土大体由鄂尔多斯高原、河套平原、阿拉善高原、河西走廊、横山山界五大块组成。河套平原是最重要的灌溉农业区，自秦汉以来，

塞上江南

历代人民在这里开凿渠道，引黄灌溉，保留下来的古渠有秦渠、汉渠、光禄渠、唐徕渠、艾山渠、七级渠、特进渠、御史渠、尚书渠等。西夏立国后，不仅疏浚继承了前代留下的水利工程，而且新开凿了灌溉渠道，传说位于今银川市西面的昊王渠，就是李元昊时开凿的。

河西走廊是西夏第二个灌溉农业区。祁连山积雪融化，汇聚成疏勒河、黑河和石羊河三大内陆水系，形成了三个内陆平原，即今疏勒河流域的敦煌平原、黑河流域的酒泉平原和石羊河流域的武威平原。前221年，汉武帝派霍去病打败匈奴，在河西地区设武威、张掖、酒泉、敦煌四郡，就开始移民实边，开渠屯垦。

除河套平原与河西走廊外，东起横山、西到天都山的宋夏沿边地区，山川绵延，水草丰茂，从来就是著名的半农半牧区，发源于横山的无定河全长442公里，年径流量15亿立方米，灌溉着两岸沃土。

西夏的农业生产有两大特点：一是水利灌溉发达，《宋史·夏国传》明确指出："其（西夏）地饶五谷，尤宜稻、麦。甘、凉之间，则以诸河为溉，兴、灵则有古渠曰唐来、曰汉源，皆支引黄河。故灌溉之利，岁无旱涝之虞。"（《宋史》卷四八六《夏国传下》）

农田水利是西夏农业的命脉，为此政府以国家法律的形式，颁布了详细周密的农田水利开发与管理制度，这些制度是对汉唐的继承和发展。

河套平原属于沙黄土地带，灌溉渠道极易淤塞崩塌，水利工程从来不是一劳永逸，每年夏灌之前，必须组织大批民工疏

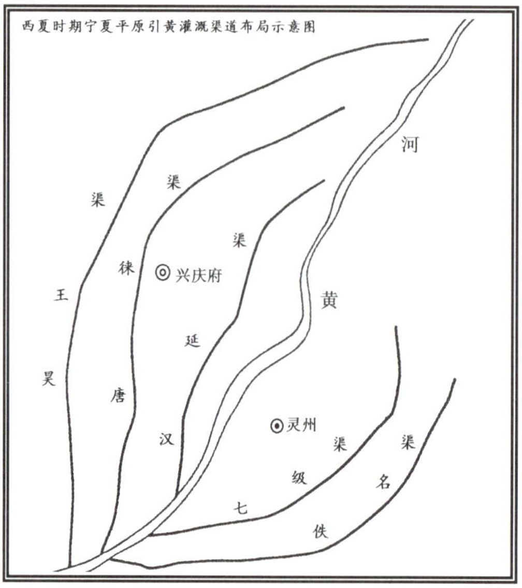

西夏时期宁夏平原引黄灌溉渠道布局示意图

浚渠道，整修水口。这一年一度的大规模“春工”和全灌渠的用水管理，绝不是一家或几家地主所能胜任的，必须依靠政府出面主持。西夏法典明确规定，每年例行的开挖渠大事，经主管部门提议，由宰相召集夫事小监、转运司大人、承旨等官员，共同商议，按照工程量分配任务，在40天内完成。夫事小监具体负责工程质量和进度，同时，20个民夫中，抽派一和众、一支头为工长。

挖渠的人工按田亩数量摊派，法律规定1~10亩5个工，11~40亩15个工，41~75亩20个工，75~100亩30个工，100~120亩35个工，120~150亩40个工。

这是制度层面上的规定，在操作层面上，也是一致的。俄藏4067号文书记载：“梁吉祥田有十亩，税一斗二升半，其中杂粮一斗，麦二升半；庸五日，草十捆。”①

俄藏5067号《租税文书》共190行，记有户主姓名、田亩数和租用草数，其中，记录田亩和佣工的有11户：一户38亩地，出佣工15日；一户75亩地，出佣

宁夏平原的水稻

工 20 日；一户 10 亩地，出佣工 5 日；一户 38 亩地，出佣工 15 日；一户 10 亩地，出佣工 5 日；一户 35 亩地，出佣工 15 日；一户 73 亩地，出佣工 20 日；一户 63 亩地，出佣工 20 日；一户 15 亩地，出佣工 15 日。②

春开渠自三月一日起，至四月十日止，共 40 天。自四月十日至入冬结冰前约 5 个月为灌水期。灌水期间，夫事小监负责渠道维修，渠水巡检负责巡视检查，渠主专管某一支渠或一段干渠，其中大都督府至定远县设 150 名渠水巡检和渠主。渠头相当于斗门长，负责渠口管理和送水。灌水期间，渠头昼夜守在渠口，如果擅离职守致使渠口冲毁断水，将承担法律责任。

渠道是公共设施，由于水源有大小、远近之分，得水有先后，需水有多少，农户有阶级强弱之别，因此，往往出现豪强官僚霸占水利，或管水的渠头收受贿赂，不按次序放水的情况，为此西夏法律规定：亲王、宰相及其他达官贵人的家丁依仗权势强行放水，或“诸人予渠头贿赂，未轮至而索水”，都要给予相应的处罚。

二是铁农具和牛耕的普遍使用。瓜州榆林窟西夏壁画《生产工具图》，绘有犁、耙、镰、锹、镐、耧等农具，这些类似近代铁农具，在内蒙古鄂尔多斯地区西夏遗址也有出土。

农田耕作方法与宋朝西北地区大体相同，西夏人凭借发达的畜牧业，广泛采用牛耕，瓜州榆林窟西夏壁画《牛耕图》，描绘二牛抬一扛，耕者一手扶犁，一手持鞭

唐徕渠（银川段）

西夏铁锄（鄂尔多斯博物馆藏）

驱牛，形象生动逼真。牛耕和铁犁的推广，为扩大耕地面积和深翻土地提供了条件，提高了劳动生产率，说明西夏的农业生产水平进入崭新的历史阶段。

西夏铁铛（鄂尔多斯博物馆藏）

（二）作物品种丰富多样

西夏粮食作物的品种有水稻、小麦、大麦、荞麦、糜子、谷子、青稞、大豆、小豆、豇豆、豌豆、荚豆、荜豆、红豆、黑豆、绿豆等。

水稻主要产在今宁夏平原。西夏大安七年（1081年），北宋五路大军伐夏，十一月，环庆路大军攻到灵州（今宁夏平原东部）城下，驻扎在收割后的稻田内。西夏决开七级渠，水漫大宋军营，宋军冻死者不计其数，近10万人溃散下来的不到2万人。

小麦是与水稻同样重要的细粮，从宁夏平原到河西走廊都有种植，其中河西凉州出产一种白小麦，时人刘攽《熙州行》记载："岂知洮河宜种稻，此去凉州皆白麦。"（《彭城集》卷八）

荞麦，又叫甜荞麦，生长周期较短，在西夏的沿边山界广泛种植。西夏人编的识字读本《碎金》说："回鹘饮乳浆，山讹嗜荞饼。""山讹"是横山党项的西夏语称。横山地区盛产荞麦，所以生活在这里的党项人喜欢吃荞饼。

大麦是高寒地区作物，分多个品种，其中青稞为大麦的一种，所以有时称青稞为大麦。党项内迁以前没有农耕，靠与外界交换来的大麦酿酒。内迁以后，在黑水地区与河西走廊广泛种植大麦。随着农业生产技术的发展，现在这一地区多种植小麦和其他杂粮，不再生产大麦。

糜子，又称稷，去壳后叫黄米，是一种耐干旱适应性很强的作物，自古以来广

西夏壁画牛耕图与踏碓图（榆林窟第3窟）

泛种植于黄河中下游地区，为西夏境内重要的粮食品种。

谷子，又称粟，去壳后叫小米，也是一种耐干旱适应性很强的作物。鄂尔多斯高原与黄土高原连接处的小米很有名，今天生活在这一地区的蒙古族人的炒米就是用小米做的。

豆类，西夏豆类品种较多，有大豆、小豆、豌豆、豇豆等。大豆分黑、白、黄、褐数种，小豆包括赤豆、白豆、绿豆等。豌豆，又叫回鹘豆、胡豆、戎豆、青斑豆、荜豆、青小豆。它有这么多名称是有原因的，豌豆苗柔弱宛宛，故名豌豆。这种豆子“嫩时青色，老则斑麻”，因此又叫青斑豆。豌豆的种子来自胡地，所以又叫回鹘豆、胡豆、戎豆。

西夏石磨（武威博物馆藏）

西夏的经济作物有桑麻，水果有桃、李、杏、梨、枣、葡萄等。西夏都城周围自来盛产水果，唐朝就有“贺兰山下果园成，塞北江南旧有名”（韦蟾《送卢潘尚书之灵武》）的美称。

葡萄是张骞从西域带回的水果，在内地移植成功，唐代河西地区的葡萄与葡萄酒成为当时的著名产品，诗人王翰因此写

西夏铁剪（鄂尔多斯博物馆藏）

枸杞

沙葱

出了"葡萄美酒夜光杯，欲饮琵琶马上催"的名句。

西夏的瓜有回鹘瓜与大食瓜两种，回鹘瓜因来自回鹘而得名，"大如中国冬瓜而味甜"，属于现在的西瓜；大食瓜因来自大食而得名，可能是"哈密瓜"之类的甜瓜。

西夏人食用的蔬菜有蔓菁、萝卜、胡萝卜、苦苣、菠菜、香菜、芥菜、茄子、冬瓜、南瓜、瓠子、葱、韭、蒜等。

蔓菁即大头菜，春天吃苗，夏天吃苔，秋天吃茎，冬天吃根。

萝卜，有大小两种，根叶都可以吃。萝卜和蔓菁一样，产量比较高，可以用来防备灾荒。

胡萝卜因来自胡地，气味又和萝卜接近，所以叫胡萝卜。明代李时珍《本草纲目》记载，胡萝卜是元朝从胡地传入，但西夏时就有了胡萝卜，说明传入我国在元朝以前。

菠菜，又叫波斯草，唐太宗时尼波罗国进献，所以起名菠菜。

苦苣，即苦菜，又名苦苦菜，冬枯春生，为一年中最早采食的蔬菜，经常用来接济青黄。

香菜，又名芫荽、胡荽，因张骞从西域带回的种子，所以叫胡荽。

西夏人的粮食储备比较少，在打仗或灾荒年间，靠野菜草籽充饥。春天吃鼓子蔓、碱蓬子，夏天吃苁蓉苗、小芜荑，秋天吃席鸡子、地黄叶、登厢草，冬天吃沙

宁夏西瓜

葱、野韭、拒霜、灰条子、白蒿、碱松子。

苁蓉，又叫肉苁蓉，多长在盐碱地或沙滩上，西夏阿拉善地区的苁蓉非常有名，至今仍然如此。

肉苁蓉

灰条，一年生草本植物，多生长在农田里。嫩苗晾干后，冬天可做干菜。子实黧黑，略带甜味，可磨成面食用。

登厢草，属沙地植物，俗称沙米，可以食用，沙漠中行人常靠“沙米”充饥。登厢草的特点是生长在流沙上，在长草的固定沙丘上不生长，因此被誉为“流沙上的先锋植物”，是研究沙漠形成和演变的重要依据。

沙葱，是生长在沙地中的一种野葱，宁夏香山和内蒙古阿拉善地区的沙葱最有名。吃了这种沙葱的羊的肉没有膻味，特别鲜美。

西夏铁勺（鄂尔多斯博物馆藏）

（三）保障国家和谐稳定

其一，国家财政的支柱。农业税是西夏财政的重要来源，为了保证按时足额入库，西夏仿照中原的保甲制度，十户一小甲，五小甲（50户）一小监，二小监（100户）一农迁溜，由小甲、小监、迁溜负责登记所辖农户的田税，包括户主姓名、耕牛、田亩、税粮、冬草、条椽、佣工等数量，然后上报郡县汇总后，分别藏于中书、转运司、受纳司、皇城司、三司、农田司及郡县。土地税册三年复查一次，农户按照土地税册上田亩、税粮、冬草、佣工数缴纳和出工。

政府设置专门的仓库草场，储存征收来粮草，其中粮仓有两种，一种是库房，一种是地窖。法律规定：“有木料处建造瓦房，无木料处于坚实处掘窖，以火烤之，使好好干。”这些粮食、草料主要供应皇室、官吏及常备的禁卫军口粮。

其二，社会稳定的基础。我国西北地区，旱灾是最具毁灭性的，“岁无旱涝之虞”的灌溉农业，使西夏避免了旱灾的毁灭性打击，无论灾年还是荒年，灌区能保证粮食自给，有时还能接济边远地区，《黑水城守将告近禀帖》就提到从鸣沙调粮到黑水城。这样，西夏就没有出现大规模的难民流民和大规模的农牧民战争。

其三，点集出征的保证。北宋著名政治家、军事家范仲淹在上宋仁宗防御西夏《攻守二策》中指出，西夏“建官置兵不用禄食，每举众犯边，一毫之物皆出其下，风集云散，未尝聚养”（《续资治通鉴长编》卷一三四）。宋徽宗时，大臣钱即在谈到西夏用兵打仗时也说：“夏人去来飘忽，不能持久，是其所短；然其民皆兵，居不

西夏壁画酿酒图（榆林窟第 3 窟）

西夏褐釉剔刻花扁壶（宁夏灵武窑出土）

縻饮食，动不勤转饷。”（《宋史》卷三一七《钱即传》）反映了在全民皆兵的部落兵制下，拥有一块土地和一定数量牲畜的农牧民，他们有能力自备粮饷出征打仗。形成了自备粮饷点集，五至七日到达沿边山界补充粮饷，进入宋朝后再掠夺部分粮饷的后勤供应机制。如果单纯依靠掠夺，宋朝一旦坚壁清野，战争是打不起来的。

其四，酿酒繁荣成为可能。建立西夏国的党项族是一个十分喜欢酒的民族，早在内迁前虽“不知稼穑，土无五谷”，却用牦牛、羊、猪向邻族交换大麦酿酒（《旧唐书》卷一九八《党项羌传》）。党项族内迁到农业区后，特别是西夏建国后，随着农业的发展，有了剩余的粮食，酿酒、饮酒成为西夏社会不可缺少的物质生产和精神文化。

二、名扬天下的畜牧业

（一）辽阔的牧场草原

西夏境内牧场辽阔，水草丰美，自古是众多游牧民族和游牧部落活动的舞台。鄂尔多斯高原位于黄河大湾以南，东、西、北三面为黄河环绕，南面以长城为界，虽是荒漠半荒漠草原，但地下水资源丰富，质量又好，矿化度每升小于1~3克，一般挖一丈深就能出水，人畜可直接饮用。沙丘之间的洼地还往往有泉水涌出，形成植被茂密的沼泽草地，成为当地的放牧中心。北魏时期敕勒人以这里为主要牧场，养马200万匹，骆驼100万头，牛羊无数。党项人进入这一地区后，人口、牲畜都繁殖得很快，形成了著名的“平夏部”，从而走上了建立西夏国的道路。

阿拉善高原东起贺兰山，西至玉门关，北接蒙古国，南临河西走廊，地势比较平坦，在一望无际的戈壁滩中，有不少湖盆草地可供放牧。发源于祁连山的黑水（又称弱水）自南北流，至下游一分为二，注入高原最北端的居延海，形成一片沙漠绿洲，农业和畜牧业都很发达。

阿拉善高原盛产骆驼，是西夏骆驼最主要的产地。这种传统一直保留到今天，据有关部门统计，20世纪80年代，我国2/3的骆驼产在阿拉善，阿拉善饭店里的驼掌是当地的一道名菜。

祁连山与河西走廊是游牧民族的天堂。祁连山在张掖、酒泉境内，东西长200多里，南北宽100里，树木茂盛，水草丰美。夏季，山上清凉，没有蚊虫，牧民们把牲畜赶到山上避暑。冬季，山下河谷温暖，牧民们又把牲畜赶到山下放牧。匈奴人占据祁连山与河西走廊得以强大，失去祁连山和胭脂山后，他们悲哀地唱起了“亡我祁连山，使我六畜不蕃息；失我焉支山（胭脂山），使我妇女无颜色”（《史记》卷一一〇《匈奴列传》）的歌谣。

祁连山

东起陕西横山、西到宁夏天都山的宋夏沿边地区，山川绵延，水草丰茂，一直以来是著名的半农半牧区，西夏出口宋朝的羊只就是这里生产的。河套灌区的边缘，也是游牧民族生活的场所。

（二）多样的牲畜品种

西夏的牲畜品种主要有马、驼、牛、羊、驴、骡、牦牛等。马是党项人最重要的战略物资，又是对邻国进行贸易的主要商品，党项人精心培育出的“党项马”是驰名中原的商品。唐朝中后期著名诗人元稹和白居易在他们的作品中有生动的描述：“求珠驾沧海，采玉上荆衡。北买党项马，西擒吐蕃鹦。”（《元氏长庆集》卷二三《估客乐》）“城盐州，城盐州，城在五原原上头……鄜州驿路好马来，长安药肆黄蓍贱。”（《白香山诗集》卷三《城盐州》）

西夏石马（西夏陵出土）

党项马的上品是河西马，三国时关羽日行千里的赤兔就是来自西凉的“河西马”。“赤兔”本名“赤菟”，即赤红色的烈马，据说为汗血宝马（中亚大宛马和河西本地马杂交品种），是上好马的代表，所谓“人中吕布，马中赤兔”。《三国演义》中赤兔马最早为西凉刺史董卓的坐骑，后被董卓用来收买丁原的义子吕布；吕布死后，赤兔马被曹操赏赐给关羽；关羽被杀后，赤兔马思念旧主，绝食而死。但根据史书记载，赤兔马在吕布战败后，不知去向，并没有成为关羽的坐骑，成为关羽坐骑一事为《三国演义》虚构情节。

自汉代开始，河西陇右是历代封建王朝养马重地，唐代养马监大部分设在这里。新中国成立后，在河西建山丹军马场。2001 年，随着骑兵建制的取消，军马场转制成企业，成为亚洲最大、世界第二的养马场，养马万匹。河西马体态匀称，雄壮剽悍，速度和耐久力强，是乘、驮、挽用的良骥。

羊是西夏畜牧业中仅次于马的产品。党项人培育的羊有山羊、绵羊两种。绵羊就是今宁夏平原上的滩羊，毛质柔细，用来制作绵毡和氇氇、衣物等。绵羊羔皮轻柔细软，毛色洁白而多弯曲，为驰名于世

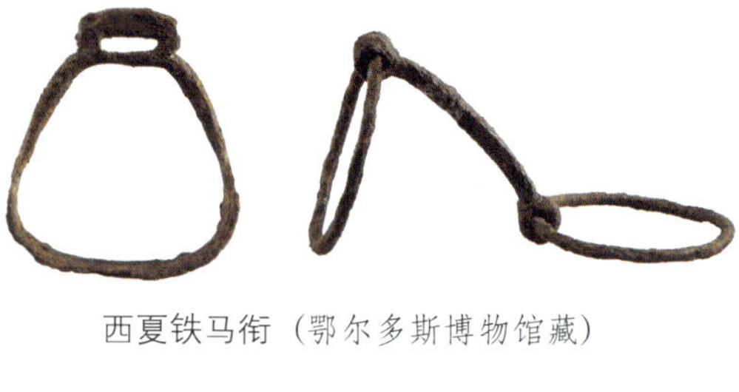

西夏铁马衔（鄂尔多斯博物馆藏）

的“二毛皮”。

山羊，有白有黑，善跋山涉水，西夏人主要在祁连山、贺兰山以及沿边山界牧养。山羊毛粗长，制成的沙毡虽然质地粗糙，但能隔湿气，因此是党项人制造行军帐篷的重要原料。

骆驼是干旱荒漠地区特有的畜种，主要产于阿拉善和鄂尔多斯高原，性情温和，能耐饥渴，行步稳健。沙漠里面既不能行舟，也能通车，气候又特别干燥，缺乏水草，因此代步运货，只有靠骆驼。除和平年代行路运货外，西夏人还将骆驼用于战争，国家规定每一个作战的正军必须配备一匹战马，一头驮运的骆驼。骆驼绒还是制毡的上等原料，西夏都城中兴府出产的一种白毡，就是用白骆驼绒制成的。

牛有黄牛与牦牛两种。黄牛是北方地区的役畜，主要用于农田耕作。牦牛产于高寒地区，是早期党项人重要的役畜，能驮载重物，善跋山涉水。毛可以制作披衣、帐篷、绳索，绒可以制毡毯。党项内迁后将青藏高原的牦牛带到内地，在贺兰山、祁连山一带牧养，除作为役畜外，牦牛还作为礼品赠送给朝廷。宋乾德元年（963 年），夏州节度使李彝兴派人到汴京进贡牦牛。

西夏瓷骆驼（宁夏灵武窑出土）

驴、骡是秦汉以来我国西北少数民族驯养的役畜，西夏人主要用来乘骑和驮运。

西夏小铜牛（西夏陵出土）

（三）官、私经营模式

西夏畜牧业分官营和私营两种。除了荒漠与半荒漠的游牧区，牧民以畜牧为生外，农区和半农半牧区很难找到纯粹的“农民”，大多数有土地的农户，也兼营畜牧。俄藏黑水城户籍文书记载，移讹千男一户田地 4 块，骆驼 3 峰（两大一小），牛 10 条（四大六小），羊大小 80 只。这是一户富裕农民，大牲畜是作为耕畜。梁行监一户田地 4 块，马 3 匹（一公一母一幼），骆驼 32 峰（二十六大六小）。梁行监是个官员，养的大家畜比较多。[③]

西夏牵马人木板画（武威博物馆藏）

官营畜牧业实行承包经营，由有赔偿能力的牧民领取一定数量的官畜，然后按规定的繁殖率向官府缴纳幼畜。其中100头成年母骆驼缴30头小骆驼，100匹成年母马缴50匹小马驹，100头成年母牛缴60头小牛犊，100头成年母牦牛缴50头牦牛犊，100只成年母山羊缴60只小羊羔。如果完不成上述规定，牧民要赔偿，超过规定的部分则归牧民所有。牧民只有加强管理，提高幼畜的成活率，才有一定的回报。

除了缴纳幼畜外，牧民还要向官府缴纳毛、绒、酥油等副产品。其中，成年公骆驼每年缴纳8两绒，成年母骆驼每年缴纳3两绒，老骆驼不论公母一律缴纳2两绒，产仔的母骆驼还要缴纳2斤酥油。山羊缴纳毛和绒两种，绵羊只缴纳毛，产羔的母羊缴纳3两酥油。成年牦牛缴纳1斤毛，小牦牛缴纳8两毛，牛犊缴纳5两毛。

为了加强对官营畜牧业的管理，西夏统治者建立起一套完整的制度，包括登记号印制度、检查验收制度等。

登记号印是官营畜牧业管理中的一项重要制度。每年的四月一日到十月一日，管理人员定期到牧民家里，逐个登记国有马、牛、羊、驼所产的幼畜，包括公母、毛色、数量等。同时在马驹、牛犊、小骆驼的臀部和小羊羔的耳部烙上官畜的印记。

天祝祁连白牦牛

十月一日幼畜登记号印结束后，政府开始检查验收。检查验收的长官与工作人员从中央各部门抽调，检验的程序是：以国营牧场为单位，将各家各户牧养的官畜分别集中起来，然后对照官畜登记册，逐一点验数量、齿岁、毛色、公母。如果发现牧场管理人员或牧民弄虚作假，该登记的没登记，该赔偿的没赔偿，或者赔偿时以次充好，或者不精心牧养，使官畜瘦弱，都要进行严厉的惩罚。

出于耕战的需要，西夏统治者不仅重视国有大家畜的生产，也重视私有大家畜的生产，通过法律的形式，严禁农牧民或农牧主宰杀自己的马、牛、骆驼。如果有违反者，不论大小，杀1头判4年徒刑，杀2头判5年徒刑，杀3头以上，一律判6年徒刑。

私有的马、牛、驼摔死或病死后，要立即报告有关部门和官员，官府派人前去调查，如果确实是病死或摔死的，则不治罪。如果弄虚作假，私下把自己的马、牛、驼推到沟里摔死，就要按宰杀自养大家畜论罪。

宰杀自养的驴、骡的处罚，比宰杀马、驼轻一点，杀1头判3个月徒刑，杀2头判6个月徒刑，杀3头以上，一律判1年徒刑。

西夏政府重视对马、牛、驼等大家畜的保护，是西夏畜牧业繁荣发展的重要原因。

（四）游牧、放牧、喂养三种生产方式

由于地理环境的差异，西夏境内大致存在牧业、农业、半农半牧三种不同的经济区域，在畜牧业生产上，有游牧、喂养、放牧三种方法。

鄂尔多斯高原、阿拉善高原荒漠半荒漠地区，雨量稀少，仅在湖滩盆地生长牧草，不宜耕种。祁连山地势高寒，不宜种植五谷。活动在上述地区的党项、回鹘和吐蕃，长期过着逐水草而居的游牧生活。

逐水草而居的游牧生活，居所不能固定，生产条件改善十分缓慢，生产技术也处于相对落后状态，因此这种游牧经济是不稳定的，一旦遇到大的自然灾害，畜牧生产马上遭到破坏，社会经济立即萎缩。历史上以游牧为生的匈奴、突厥大抵如此。

黄河河套特别是灵州西平府到兴州兴庆府的引黄灌溉平原（今宁夏平原），以喂养耕畜和家禽为主。西夏文辞书《文海》对“铡刀”释：“斩草用也，为碎粒之谓也。”[4] 这种通过铡草喂养的主要是耕畜。

与半农半牧区和牧业区相比，农业区的畜牧业并不发达，这是因为灌区人多地狭，土地利用率较高，政府鼓励开垦荒地，宜于耕种的土地大多被开垦为农田，因而可供放牧的草地较少。再则，当时还没有稳定的饲料生产，家畜的饲养只能以谷物秸秆为主，一般农户无力喂养较多的牲畜。这样就使得农区的牧业不可能有较大的发

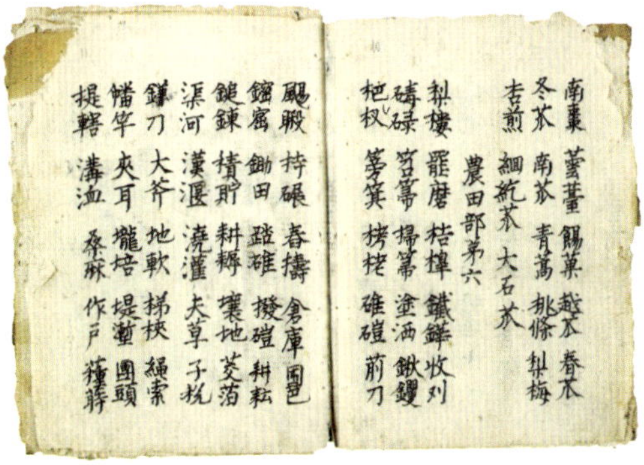

西夏汉文《杂字》农田部

展，只是依附农业的副业。当然，在灌区的边缘，如贺兰山脚下冲积坡地，畜牧业是比较发达的。

黑水城出土山羊图

东起横山西至天都山的宋夏沿边山地，山岳绵延，水草丰茂，大片草场和小块农田相间，河西走廊以至黑水下游的居延地区，均是沙漠中的绿洲，生活在这里的蕃部族帐既从事畜牧业生产，又进行农作物耕种，过着定居、半定居农耕和放牧生活。当然这种半农半牧生活是相对的，活动在这一地区的吐蕃、党项族帐，不少是专门从事畜牧生产的。

牧业区以游牧为主，农业区以圈养为主，半农半牧区与二者均不相同，它以族帐（家庭）为单位进行放牧，可以利用广泛的天然牧草资源，和农区依靠草料喂养相比，显然有利得多。同时，半农半牧区的放牧，和牧业区简单的游牧也不同，蕃部族帐开始定居，一族一帐往往选择水草肥美、适宜畜牧的地方，固定占有大片草场，有利于改善生产条件，增强抵御自然灾害的能力。显然比单纯依靠逐水草游牧要进步。

（五）皮毛加工和对外交换

1. 皮毛加工

畜牧生产的发展，带动了皮毛制品和对外交换的发展。作为党项人的传统生产行业，皮毛加工既是官营手工业生产，又是党项牧民普遍的家庭副业，开国皇帝李元昊曾自豪地说：“衣皮毛，事畜牧，蕃性所便。”（《宋史》卷四八五《夏国传上》）

西夏的裘皮制品有皮衣、皮帽、皮褥等，其制作工艺是先熟皮，即将生皮置入缸、瓮一类的器具，灌上硝水，密封起来，每日或隔日上下翻动，使硝水浸泡均匀，半个多月，生皮硝熟。所谓“老大羊皮，硝熟为裘”。然后根据不同需要，加工成衣服鞋帽等。

西夏绣花鞋（武威博物馆藏）

毛制品有毡、褐、毯三种，毡是牛、羊、骆驼的毛经过弹化、浸湿、加热、挤压等工序制成的片状材料，具有良好的保湿防潮性能。在制作过程中，还可一次性做成披毡、雨毡、毡帽、毡靴、毡袜、毡甲或毡帐。元初意大利商人马可·波罗在其《行记》中记载，西夏故都中兴府“城中制造驼毛毡不少，是为世界最丽之毡；亦有白毡，为世界最良之毡，盖以白骆驼毛制之也。所制甚多，商人以之运售契丹及世界各地”⑤。

毛褐是用牲畜毛捻线织成的毛布，有粗细之分，滩羊毛线织成的较细，称棉毛褐，山羊毛织成的为粗毛褐。还有一次性织成毛衣、毛裤以及盛装粮食的口袋，驮运货物的毛褳，搭在肩上的褡褳，等等。

毛毯，藏族称氆氇，可挂在墙上，亦可铺在地上。

毛褐作坊里，毛褐匠们有的捻毛线，有的织毛褐，有的织毛口袋，有的织毛褳，有的织褡褳。

2. 对外交换

虽说西夏农业有了很大的发展，但和中原地区相比，它是以畜牧生产见长，对外交换输出的货物以畜产品（马牛羊驼）及其副产品（毡毯毛褐）为大宗，宋人司马光指出：“西夏所居，氐羌故地，所产者不过羊马毡毯。其国中用之不尽，势必

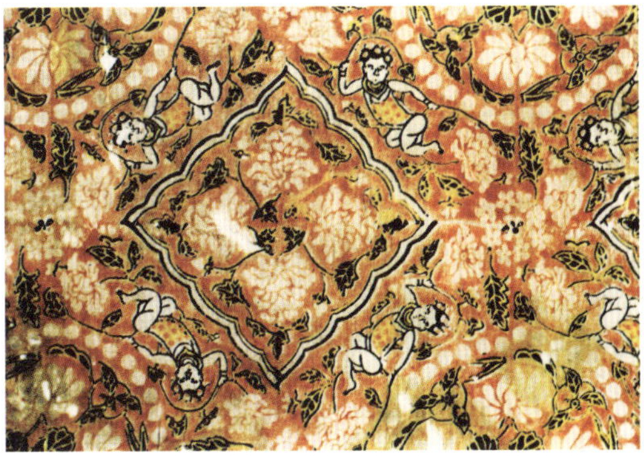

西夏童子戏画绢（宁夏拜寺口双塔出土）

与他国贸易。但其三面皆戎人，不缺畜产品，只有中原宋朝，羊马、毡毯之所输，而茶彩百货之所自来也。故其人如婴儿，而中原乳哺之。”（《续资治通鉴长编》卷三六五）我们从另外一个角度理解，司马光的这段话，也反映了宋朝需要西夏的羊马毡毯，特别是党项马。宋朝曾一度在保安军和镇戎军高平寨榷场各进口2000匹。但作为战略物资，冷战或战争期间，西夏往往以各种理由限制乃至禁止马匹出口，是否开放马市成为两国关系的晴雨表。

除了马牛羊驼和毡毯毛褐外，西夏输出的还有甘草、大黄、柴胡、苁蓉、红花、麝脐、蜜蜡等土特产品，以及来自西域的玉石、硇砂（以上榷场进口）、大石样金渡黑银花鞍辔、金渡黑银花香炉合、安息香（贡使携带）、青盐（走私）；输入的有缯帛、罗绮、绢彩、布匹、幞头、帽子、被褥、瓷器、漆器、图书、茶叶、粮食等。

1007年，宋在西夏边界设置榷场，以

西夏镶绿松石耳坠（武威署东巷出土）

“缯帛、罗绮易驼马、牛羊、玉、毡毯、甘草；以香药、瓷漆器、姜桂等物易蜜蜡、麝脐、毛褐、羱羚角、硇砂、柴胡、苁蓉、红花、翎毛”（《宋史》卷一八六《食货志·互市舶法》）。1071年三月，宋朝“大顺城管下蕃部数持生绢、白布、杂色罗锦、被褥、腊茶等物至西界辣浪和市，复于地名黑山岭，与首领岁美泥、咩七、悖讹等交易，博过青盐、乳香、羊货不少”（《宋会要辑稿》食货三八之三一）。

西夏黑水建桥碑（张掖甘州区博物馆藏）

黑水城出土西夏榷场文书，是西夏南边榷场使向银牌安排官的报告，记载了商户（住户）酒五斤，王大成等将黄褐、白褐、毛罗、槐子、蜜等货物交替头（中介人），由替头换回川绢、河北绢等丝织品。

三、半农半牧经济的特点

通过以上考察，我们不难发现，西夏的经济基础既不是单纯的农业，也不是单纯的畜牧业，而是农牧并举的半农半牧经济。这种半农半牧经济主要表现在如下方面。

第一，就全国整体而言，农牧并重，一方面农业在整个社会经济生活中占有非常重要的地位，推动着封建文明的进程，维系着西夏社会的稳定。另一方面，畜牧业的地位并不亚于农业，它在整个社会经济中举足轻重，马牛羊驼的肉是党项和其他少数民族的重要食品，皮毛绒是民族手工业最丰富的原料。在对外贸易中，畜产品及其副产品，又是大宗出口商品。畜牧业又为西夏军队提供了充裕的战马。西夏在中央机构中同时设农田司和群牧司，分别主管全国的农业和畜牧业，正是这种农牧并举的反映。

第二，从地域上来看，西夏境内大致存在农业、牧业、半农半牧三种不同经济区域，一方面农耕区的农业经济和畜牧区的游牧经济，构成“半农半牧”；另一方面，宋夏沿边山界、河西走廊、黑水绿洲等地，水草丰茂，农牧相间，活动在上述地区的党项、吐蕃族帐，既从事畜牧业生产，又进行农作物耕种，过着定居半定居的农耕和放牧生活，直接表现出社会经济中的半农半牧特点。

第三，西夏经济的半农半牧特点，又表现在民族生产上。畜牧业尤其是“逐水草而居”的游牧业，主要由党项、吐蕃、回鹘等民族经营，汉族则主要从事农业，只有个别从事畜牧业。西夏文辞书《文海》根据农牧民的生活特点，把饮食分为两类：一类是肉、乳、酥、乳渣、奶酪等党项人传统的食物，另一类是面食、汤面、花饼、干饼、肉饼等汉族和党项农民的食物。

这里需要特别指出的是，西夏经济的半农半牧特点，在地域上和民族上的表现只是相对的，在西夏没有绝对的农业区和牧业区，也没有绝对的农耕民族与游牧民族，如以畜牧为主的瓜、沙地区，却有发达的绿洲农业；阿拉善高原为游牧区，但其北部黑水下游也有绿洲农业；河套兴灵平原虽为灌溉农业区，但在灌区的边缘和贺兰山下，却分布着大量以牧业为生的党项族帐。

半农半牧特点在民族上的表现更是相对的，虽然党项族相对汉族来说，是从事畜牧业的，但党项内部却有大量族帐进行农业生产，所谓“西羌之俗，岁时以耕稼为事，略与汉同”（《续资治通鉴长编》卷一三五）。黑水城出土大量党项人买卖土地的文书也说明了这一点。不少党项贵族首领也由传统的畜牧业转向农业，派人侵耕宋朝窟野河西地，将收获据为己有的没藏讹庞就是典型代表。

正因为西夏半农半牧经济在地域和民族上的表现是相对的，才造成西夏的政治制度与辽朝不同。辽夏都是少数民族建立的政权，又同处一个时代，但辽朝实行的是南北面两套官制，而西夏只有一套官制。对于这一历史现象，历来人们只强调中原文化的影响，往往忽视了起决定作用的经济基础，值得我们进一步探讨。

（杜建录）

注：

①②杜建录，史金波.西夏社会文书研究[M].上海：上海古籍出版社，2010.

③史金波.西夏社会[M].上海：上海人民出版社，2007.

④史金波，白滨，黄振华.文海研究[M].北京：中国社会科学出版社，1983.

⑤马可·波罗.马可波罗行纪[M].冯承钧，译.上海：上海书店出版社，2001.

在一些欧美、日本学者的笔下，中国历史上辽、西夏、金、元等少数民族建立的政权是所谓的“骑马民族征服王朝”，在马背上打下天下后，建立有别于汉族政权的另外一个制度体系。事实果真如此吗？回答是否定的。那么西夏何以立国？这是我们需要解答的问题。

神秘西夏

第七集

以儒治国

——西夏的政治思想

以儒治国
——西夏的政治思想

西夏贵族像（黑水城出土）

我国古代自汉武帝“罢黜百家，独尊儒术”后，儒家的“三纲五常”伦理道德准则，君君臣臣的尊卑关系和封建等级制度，君权神授、仁王天下、以德治国、民本思想以及“大一统”的国家观念等，一直被历代统治者奉为治国理政的政治思想。西夏统治者亦不例外，在其立国前后，面临着如何摆脱部落制的约束，强化王权统治，如何有效统治文化习俗迥异的众多民族，特别是汉族及其他汉化程度较深的民族，如何对抗中原王朝与周边政权，实现政治、文化、军事上的全面发展，所有这些都离不开儒学这条主线。

一、追慕华风的内迁党项

生活在青藏高原东部的党项长期处于原始社会阶段，“无文字，但候草木以记岁时，三年一相聚，杀牛羊以祭天”，内迁到陇右地区后，党项人开始接触中原文化，一是党项迁居的地区，是汉族人民长期生活并创造封建文明的所在，汉族的生活生产方式，无不影响着党项；二是唐朝按照封建礼制，赐给夏州拓跋政权全套鼓吹，共有三驾，大驾用1530人，法驾781人，小驾816人。俱以金钲、节鼓、掆鼓、大鼓、小鼓、铙鼓、羽葆鼓、中鸣、大横吹、小横吹、觱篥、桃皮、笳、笛为乐器（《西夏书事》卷一二）。这样，无论民间层面的生产生活方式，抑或统治者层面的封建礼乐，都对进入内地的党项人产生了深远的影响。

经过多年中原文化的洗礼，夏州拓跋政权以及后来李继迁、李德明时期的西夏政权，已经离不开封建文明，李继迁“潜设中官，全异羌夷之体；曲延儒士，渐行‘中国’之风”（《续资治通鉴长编》卷五〇）。1002年，李继迁攻取灵州后，认为灵州地理位置重要，且“其人习华风，尚礼好学，我将借此为进取之资，成王霸之业”（《西夏书事》卷七），遂令弟李继瑗、

西夏壁画王妃供养人像（莫高窟第409窟）

牙将李知白督众立宗庙，建官衙，将都城从夏州迁到灵州。正如1044年富弼给宋仁宗奏议中指出的：“拓跋自得灵、夏以西，其间所生豪英，皆为其用。得中国土地，役中国人力，称中国位号，仿中国官属，任中国贤才，读中国书籍，用中国车服，行中国法令。”（《续资治通鉴长编》卷一五〇）这一系列的“中国”，可以表明从李继迁时期伊始，进入河套平原的党项，已经完全接受了中原的儒家思想。

继迁自起兵后戎马倥偬，还没有多少时间来考虑王国的政治建设。1004年，夏宋“景德约和”，之后三十多年，两国和平友好，给李德明开展政治文化建设创造了有利的条件。他竭力把自己装扮成最高统

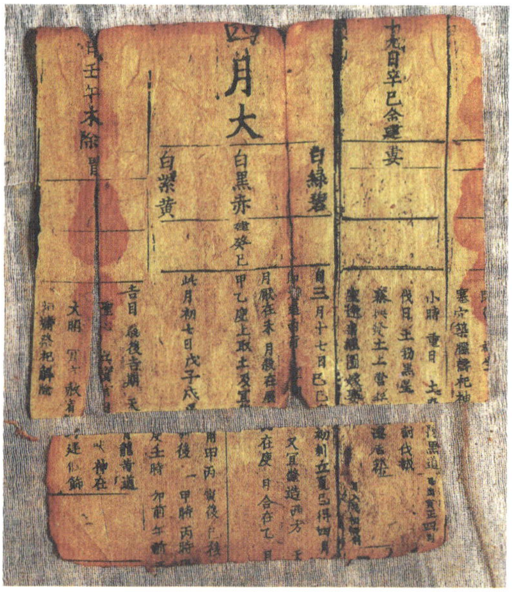

西夏活字印本日历（黑水城出土）

治者的形象，调发数万民工，在鳌子山大兴土木，营造宫室，前后绵亘二十余里，极其壮丽（《西夏书事》卷九）。德明由夏州前往各地巡游时，也是“大辇方舆，卤薄仪卫”（《西夏书事》卷九），俨然中原汉族帝王气派。在发号施令、任命官吏、宫室制度等方面，都与封建国家无异。

武威文庙

1017 年，西夏城镇乡野流传着“有龙见身贺兰山”，首府灵州城笼罩着一股神秘的色彩（《西夏书事》卷一〇）。原来这是西夏统治者利用儒家君权神授的思想，为迁都怀远城制造舆论。这种君权神授的思想还表现在 1038 年元昊在兴庆府筑坛祭天，即皇帝位，将年号改为“天授礼法延祚”，即表明自己称帝是上天的旨意（《宋史》卷四八五《夏国传上》）。

德明虽把自己打扮成封建帝王，但其毕生精力用在开拓西部疆土上，“西掠吐蕃健马，北收回鹘锐兵”，不愿和宋朝直接发生正面冲突。因此，太子元昊建议不要对宋称臣时，李德明劝诫说：“吾久用兵，疲矣！吾族三十年衣锦绮，此宋恩也，不可负。”元昊则不以为然，说：“衣皮毛，事畜牧，蕃性所便，英雄之生，当王霸耳，何锦绮为？”（《宋史》卷四八五《夏国传上》）

二、君权至上的封建国家

（一）建立国家制度

1032 年，德明卒，元昊继位后，在德明的基础上，采取一系列措施，加快称帝建国的步伐。

改姓氏 废除唐、宋所赐的李、赵皇姓，改姓嵬名氏。“嵬名”又作“威明”，西夏语音译，是西夏皇族的姓氏。西夏文辞书《文海》“嵬名”释：“帝君之族姓。”为高贵的种姓，以区别其他姓氏。

广殿宇　升兴州为兴庆府，仿唐城长安、宋城汴京的布局，大兴土木，“广宫城，营殿宇”。

立官制　李元昊仿效宋朝设立了中书省、枢密院、三司、御史台、开封府等一套完整的官制。中央官员从中书令、宰相、枢密使等以下，党项人和汉人都可以担任。

定兵制　建立领兵权与调兵权相分离的统军机制，在地方上置监军司（后增设经略司、统军司），由部落首领统领；在中央设置枢密院，秉承皇帝的旨意，处理军机。这样，中央枢密院掌调兵权，地方经略司、统军司、监军司等掌带兵权，相互制约，最终听命于皇帝。

更礼乐　李德明时“礼文仪节，律度声音，无不尊依宋制”，元昊认为“蕃俗以忠实为先，战斗为务”。唐宋礼乐特别是宋代礼乐过于繁缛抒情，不足以提振民族精神，于是“裁礼之九拜为三拜，革乐之五音为一音”。

定朝贺　正朔朝贺用唐宋典式，由蕃宰相押班，百官以次序列朝谒，行三拜礼。

别服式　规定文臣服饰为“幞头、靴笏、紫衣、绯衣”；武将的服饰则是根据品级的大小，分别“冠金帖起云镂冠、银帖间金镂冠、黑漆冠”，穿“紫旋襕”，佩戴蹀躞、解结椎、短刀、弓矢韣等，平民百姓则要求穿青绿色的衣服，用来别等级、明贵贱。颁布了秃发令，规定西夏境内的党项人一律不准使用汉人发式，剃去头顶的头发，将前刘海蓄起来，从前额垂至面部两侧，并且耳戴重环（《宋史》卷四八五《夏国传上》）。

做好准备工作后，1038年十月，元昊在兴庆府筑坛祭天，称帝建国。国号为“大夏”，全称“白高大夏国”，年号“天授礼法延祚”。

西夏官员像（黑水城出土）

西夏壁画团龙藻井（莫高窟第 245 窟）

上述无论设官立制、更定礼乐，还是筑坛祭天，其核心是突出皇族和君权，加强以君主为核心的中央集权，处处体现和维护君权的尊严和君臣贵贱等级。换句话说，元昊要建立的是以儒家文化为核心的封建国家，而不是部落联盟基础上的酋长国。因此，以儒治国是西夏社会发展的需要，而不是君王将相个人爱好所决定的。

（二）重用儒臣谋士

元昊建国时西夏本地成长起来的儒臣有杨守素、张陟、张绛、杨廓、徐宗敏、张文显、钟鼎臣等，其中以张陟、张绛、杨廓、徐宗敏、张文显主谋议，以钟鼎臣典文书。

杨守素是一位重要的谋士，元昊称帝建国和宋夏和战都离不开他。1034 年，他上言“建元表岁，以示维新”，元昊乃改元开运，大赦国中（《西夏书事》卷一一）。

1038 年，在杨守素等大臣策划下，元昊正式筑坛称帝，宋朝拒绝承认元昊称帝时，他又建议元昊派人将“嫚书”送到归娘族，公布夏宋争斗原委，争取舆论和沿边蕃部的支持。

1040 年正月的一天，日食。杨守素乘机建言“此吾军胜象也”，力主用兵延州。

1044 年六月，正值夏辽关系紧张，为了避免腹背受敌，尽快和宋朝达成合约，元昊遣近臣杨守素至汴京开封上誓表，力请宋朝颁誓诏。

西夏褐釉剔刻花瓷瓶（鄂尔多斯博物馆藏）

由于西夏重用人才，使得投奔的儒士络绎不绝，其中以张元、吴昊最为典型，他们本是陕西华县的落榜文人，原名并不叫张元、吴昊。张元本名为“源”，吴昊的本名已无从可考。两人自称“侠士”，皆是风流倜傥、才气横溢的有识之士。

张元、吴昊“累举进士不第”，在科场上一再碰壁，落魄不得志，于是决定投笔从戎，希望在战场上为国家效力。当时正值李元昊准备称帝，西北边防吃紧之际，他们来到西北边塞，结果一腔热血遭到了冷遇，一气之下，张元、吴昊二人“径走西夏”，投奔李元昊去了。

张、吴二人偷偷越过边境，历尽艰辛，来到了兴庆府。可是，二人乃一介草民，无法见到李元昊。他们盘算着，如果没有特殊的办法，恐怕是见不着李元昊的。于是想出了一个奇招，要让李元昊来找他们。

一天，他俩来到李元昊宫城附近的一家酒楼，狂饮了一整天。临走时，向店家要来笔墨，在墙壁上写下一行大字：“张元、吴昊，来饮此楼。”这事被告发后，二人在下榻的旅店被抓，并被上报给了李元昊。

李元昊闻听此事后，感觉此事颇为蹊跷，便亲自召见他们。见面后李元昊讯问他们：“你们为什么到夏国来？为何不避名讳(指元昊二字)？难道不怕犯欺君之罪吗？”

西夏文臣头像（西夏陵117号墓出土）

张、吴二人理直气壮地大声说道：“有人连姓都不在乎（指元昊姓氏是由唐、宋朝赐的李、赵姓），还在乎名做什么？”

闻听此言，李元昊顿时大吃一惊，张口结舌竟然说不出话来。他听出这两个人在说自己，感觉这两人来路不凡，立即以礼相待，“尊宠用事”，授以官职。

李元昊重用张、吴二人为谋士，让他们参与国家政事。西夏立国的规模、攻打宋朝的机密，都让他们参与策划。李元昊十分信任他们，出兵征战，要将他们带在身边，随时听取他们的意见。后来张元官至太师、尚书令、国相，受到李元昊的特别重用（《桯史》卷一）。

（三）加强中央集权

元昊即位初期，为了一致对外，他极

天都山元昊离宫遗址（宁夏海原县境内）

力笼络部落大姓，每出兵必先率部落酋长围猎，“有获，则下马环坐饮，割鲜而食，各问所见，择取其长”（《宋史》卷四八五《夏国传上》）。这种军事民主政治，在建国初期取得对外战争的胜利发挥了重要作用。一旦取得对宋辽战争的胜利，新生的封建政权稳固下来后，就不再需要和部落首领称兄道弟了，而是要确立等级分明的君臣关系。为了确立这一关系，元昊不惜诛杀

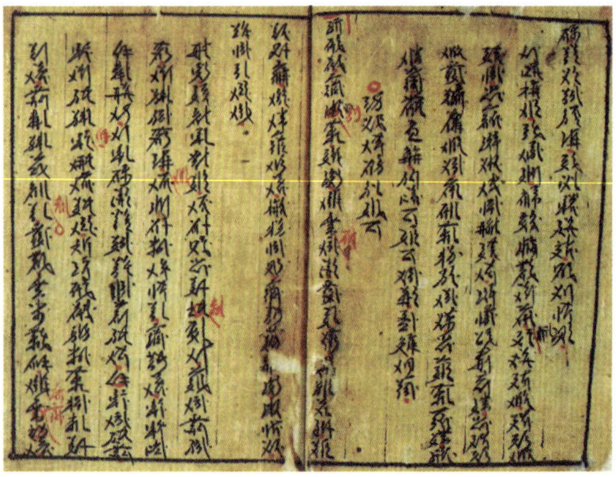

西夏文草书《孝经》

开国功臣，其中诛杀屡立战功的野利兄弟就是典型事例。

野利家族为党项豪门望族，李元昊称帝建国，野利氏被封为皇后，内主后宫；野利旺荣统领明堂左厢兵马，野利遇乞统领天都右厢兵马，外掌兵权，成为西夏东西两大军区的兵马大元帅，分别指挥着横山地区与天都山地区的军事行动，追随元昊攻陷延州的金明寨，生擒宋朝的“铁壁相公”李士彬；大败宋军于三川口，活捉鄜延、环庆副都部署刘平、石元孙；取塞门寨，执寨主高延德；攻三川寨，杀西路都巡检使杨保吉；用兵好水川，斩行营总管任福；用兵定川寨，杀泾原路马步军副都总管葛怀敏。

宋夏战争结束后，元昊认为野利兄弟尾大不掉，遂以叛国投敌罪，先将野利旺

荣诛灭。接着找茬诛杀野利遇乞，将野利遇乞之妻没藏氏藏到寺院，与其私通而生子谅祚。人们以为元昊诛野利遇乞是为了娶没藏氏，或归结为其“性忌刻，多诡计，左右用事之臣，有疑必诛”。其实，“有疑必诛”的实质是巩固和加强中央集权的手段。不过，元昊的手段太过残忍，不像宋太祖“杯酒释兵权”那样温和。

（四）开展儒学教育

治国以教化为先，教化以学校为本。元昊建国之初，就模仿宋朝建立“蕃学”和“汉学”，“于蕃汉官僚子弟中，选俊秀者入学教之”，学习期满后，出题考试，根据成绩，量授官职（《宋史》卷四八五《夏国传上》）。蕃学虽然教授西夏文，但教材是翻译成西夏文的《孝经》《尔雅》《四言杂字》等儒家经典，既学习了西夏文，又传播了儒家文化。汉学教授的是汉文识字读本和儒家经典，更是传播儒家文化的阵地。

三、蕃汉之争的皇族后族

从夏毅宗谅祚到夏惠宗秉常（1048—1086年）年间，是西夏王朝的多事之秋，封建政权极不稳固，先后经历了后族没藏氏和梁氏专权，皇族和后族围绕汉礼（儒学）和蕃礼（蕃学）展开了激烈的斗争。

西夏贵妇像（黑水城出土）

1048年正月，太子宁令哥在没藏讹庞的教唆下，入宫弑父，虽没刺中元昊要害，却割掉了他的鼻子，元昊流血不止，含恨而去。临终前留下遗命，由他的弟弟委哥宁令即位。当时，大多元老重臣主张遵从元昊遗言，身居要位的国相没藏讹庞力排众议，他说：“委哥宁令不是元昊的儿子，又没有功勋，怎么可以让他登基做皇帝呢！”诺移赏都等大臣反问道：“国中不可一日无主，不立委哥宁令，你认为应该怎么样？”讹庞答道：“我朝自祖考以来，父

西夏皇帝与侍从（黑水城出土）

死子及，代代相传，国人乃服。如今没藏皇后有子，正是先王的子嗣，我们将他立为国主，看谁敢不服？”闻听此言，大家一致同意了没藏讹庞的建议，奉年仅一岁的小谅祚为皇帝，尊谅祚母亲没藏氏为宣穆惠文太后，讹庞以国相身份总揽朝政。没藏讹庞的权力越来越大，出入仪卫拟于王者，西夏也从此拉开了母后听政、后族专权的序幕（《续资治通鉴长编》卷一六二）。太后没藏氏和外戚没藏讹庞为了维护其家族执政地位，提倡蕃学，反对儒学。

毅宗谅祚亲政后，为了加强君权，开始大力推行儒家文化，遣使向宋上表：“窃慕中国衣冠，令国人皆不用蕃礼，明年当以此迎朝使。”（《续资治通鉴长编》卷一九五）𢝏都五年（1061年），他又进马五十匹，求《九经》《唐史》《册府元龟》及宋正至朝贺仪，宋仁宗“诏赐《九经》，还所献马”（《宋史》卷四八五《夏国传上》）。除此之外，谅祚还恢复汉姓李氏，一时之间，西夏汉文化又重新占据上风，可惜的是好景不长，谅祚执政没有几年就去世了。

1067年，年仅二十一岁的国主谅祚卒，只有八岁的秉常即位，太后梁氏垂帘听政，西夏进入梁氏掌权的后族时代。梁氏不喜欢用汉礼，就假托国主秉常之名，命令恢复西夏原有蕃礼，党项民族文化又占主导地位（《西夏书事》卷二十二）。

秉常亲政时期，表现出特别慕好中原文化的热情，他“连次犯边，每得汉人，辄访以中国制度，心窃好之。乃下令国中悉去蕃议，复行汉礼。”（《西夏书事》卷二四）他的这种做法，引起了保守派们的不满。

1081年，秉常听从了秦人李清的劝说，准备以河南之地归还宋朝，此事传到

西夏小木桌（武威博物馆藏）

梁太后耳朵后，下令斩杀李清，将秉常监禁在兴庆府木砦，并令梁乙埋聚集人马，控制京畿，封锁消息。秉常亲党拥兵自固，一时间人心惶惶（《续资治通鉴长编》卷三一二）。宋朝趁机发起了规模空前的五路进讨。后来，梁氏为了缓和矛盾，收揽人心，让秉常复位，但依然不放松对政权的控制。这段时间，蕃汉两种文化进入交织状态，经过一番激烈斗争还是后族占据优势。

总之，在这一段时期内，太后和外戚执政时，提倡蕃学，小皇帝长大亲政后，都不约而同地选择儒家文化，利用儒学来加强中央集权，维系统治。

四、走向鼎盛的儒学教育

从夏崇宗乾顺到仁宗仁孝（1085—1193 年），是西夏国家的繁荣昌盛时期，也是西夏儒学大发展和进入鼎盛时期。这一时期里，随着封建经济的繁荣发展和政治制度的完善，在统治者的倡导下，西夏儒学得到了前所未有的发展，无论学校教育，还是政治、法律制度，无不深深打上儒家思想的烙印。

（一）大兴学校

1101 年，夏崇宗乾顺“命于蕃学之外特设国学，置弟子三百，立养贤务以廪食之”（《宋史》卷四八六《夏国传下》）。设立学习儒家经典“国学”，是乾顺转变教育政策的重大举措，对以后儒学教育的繁荣发展具有重要意义。

夏仁宗仁孝进一步扩大教育规模，1144 年，下令各州、县设立学校。同年，又在皇宫内建立小学，凡宗室子孙七岁至

西夏木笔插（武威博物馆藏）

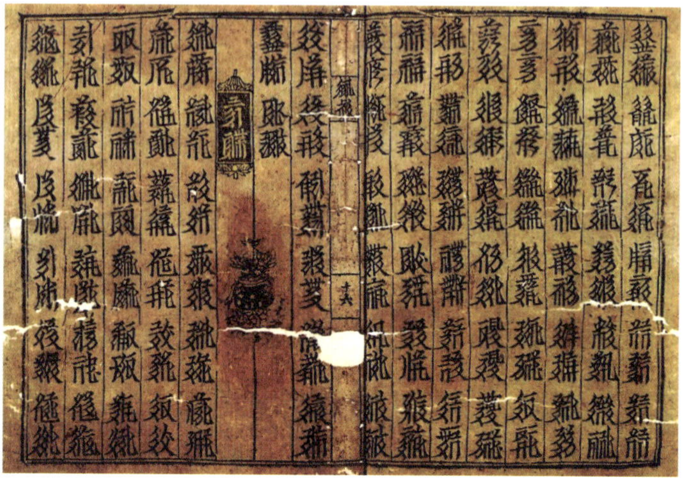

西夏文《三才杂字》

十五岁都可以入学，仁宗和皇后罔氏经常亲自训导。1145年，模仿中原制度，设立太学，仁孝又亲临太学参加典礼，隆重祭祀先圣先师，赏赐教师学生。1148年三月，建立内学，仁孝亲自选拔名儒主持讲授。1161年正月，立翰林学士院，以大学者王佥、焦景颜等为学士（《宋史》卷四八六《夏国传下》）。翰林学士院的设立，表明西夏已经有了储备高级知识人才的场所。

由于统治者的提倡，西夏的学校，特别是太学成为当时最好的建筑之一，“冬暖百树阁，装饰以宝”，“夏凉七级楼，图绘以彩”。

（二）科举取士

1147年，仁宗仁孝“改元天盛，策举人，始立唱名法”，同时复设童子科（《宋史》卷四八六《夏国传下》）。这是西夏开科取士之始，更是西夏儒学教育走向昌盛的重要标志，通过科举为西夏选拔了一批才俊，其中就有中国历史上唯一的“状元皇帝”——神宗李遵顼。遵顼是西夏皇室齐王李彦宗之子，博学多才，天庆十年（1203年）三月，他参加科举考试，以“廷试进士，唱名第一”的成绩，被钦点为状元。不久就被封为齐王，后又擢升为大都督府主，统领军兵，成为当时西夏皇族中颇有威望的人。皇建二年（1211年）七月，遵顼发动了宫廷政变，废黜襄宗安全，自立为帝（《宋史》卷四八六《夏国传下》）。

1226年，高智耀登进士第，成为西夏最后一批科考举子，没来得及报效朝廷，西夏便已亡国，只好隐居贺兰山。复出后，多次劝谏统治者重视儒学和儒生，为元朝的统治做出了重要贡献（《元史》卷一二五《高智耀传》）。

（三）尊孔为帝

人庆三年（1146年），西夏仁宗仁孝“尊孔子为文宣帝”，下令各州郡修建孔庙，要像皇家太庙的规模一样宏伟高大，谓之帝庙（《西夏书事》卷三六）。这位万世师表做梦也不曾想到，自己第一个帝称，册封者竟然是一个地处西北的少数民族政权的统治者，可见西夏对儒学重视的程度。

仁孝不仅封孔子为帝，还封创制西夏文字的野利仁荣为广惠王，将野利仁荣和儒学大师斡道冲的画像挂在文宣帝孔子的两侧，供人们顶礼膜拜。

（四）购买汉籍

随着儒学的推广和教育的发展，原有的典籍已经不能满足儒学的需要，西夏想方设法从占据中原的金朝购买儒、佛典籍。据史料记载和考古发现，流入西夏的汉文典籍有《论语》《孟子》《孝经》《贞观政要》《六韬》《类林》《黄石公三略》《孙子传》《十二国》《德行集》《慈孝集》《尔雅》《易经》《吕观文进庄子外篇义》《刘知远传》《本草》《千金方》等。其中相当部分被翻译成西夏文，在全国推广学习。

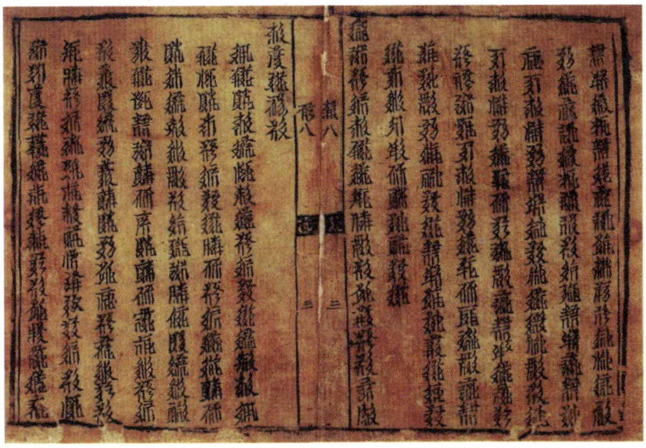

西夏文《论语全解》

（五）阐释儒经

仁宗仁孝时，不仅组织人力翻译大量儒家经典，而且对其中一些著作的义理进行阐释，斡道冲就是其中的典型代表。斡道冲祖籍灵州，出生于史官之家，自小勤奋好学，手不释卷。八岁时，以《尚书》科目中童子举。成年后，熟读五经，精通汉、西夏文字，将汉文《论语注》译成西夏文，又作《解义》20卷，称《论语小解》，还用西夏文著《周易卜筮断》一书。他的这些著作广泛流行于西夏国内。天盛三年（1151年），斡道冲被仁孝任命为番汉教授，斡道冲殚精竭虑，亲自主持讲授，为西夏国培养了一批又一批的人才。1183年，斡道冲劳累而死，他任西夏国相十余年，生活俭朴，死时家里除大量书籍外，没有其他的私

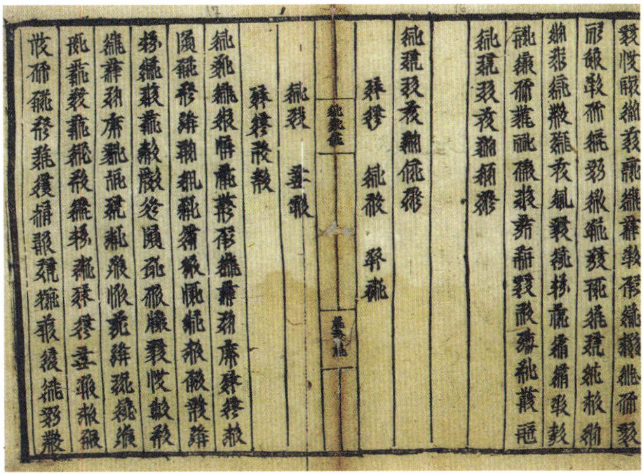

西夏文《德事要文》

蓄。仁宗皇帝闻讯后，十分悲痛，下令太学及各地以其画像从祀庙学之中，从而成为人们敬仰的西夏儒学大师。《西夏相斡公画像赞》记载："夏人尝尊孔子为至圣文宣帝，是以画公象列诸从祀，其国郡县之学率是行之。"（虞集撰《道园学古录》卷四）

五、无处不在的儒家思想

从李继迁"潜设中官，全异羌夷之体；曲延儒士，渐行'中国'之风"开始，西夏儒学发展200多年；若从"虽未称国而王其土"的拓跋思恭建立的夏州政权算起，更长达347年（881—1227年）。经过几百年儒家文化的熏陶和儒学教育，西夏的儒家思想无处不在，渗透到西夏人的政治制度、法律条文、社会观念、行为准则等之中。

（一）仁义礼智信的道德准则

在统治者的大力提倡下，儒家的伦理思想深入民间，深入社会。骨勒茂才编写的夏汉对音对义小词典《番汉合时掌中珠》，就充满了仁者爱人、尊贤敬老的思想，诸如圣人、贤人、智人、愚人、君子、小人和仁义忠信、五常六艺、孝顺父母、六亲和合、学习圣典、立身行道、世间扬名、国人敬爱、万人取则、恤治民庶、君子有礼、小人失道等行为准则都编了进去。

儒家倡导"以孝为大"的传统思想文化也潜移默化地渗透到西夏社会的各个领域，使党项人的心理结构及价值观念产生了巨大变化。如西夏文《德行集》《新集慈孝传》《圣立义海》等著作中，颇多忠孝说教。在《圣立义海》"孝子背母"条记载：从前，有一年天下大旱，颗粒无收，有一名孝子家中无粮，只好背着年迈的母亲到各处亲戚家中借粮。没想到，有一天在借粮的途中遇到了一伙强盗，他们看到这母子二人身无分文，便恼羞成怒，要将他们两人杀了，这个孝子就向强盗求告道："你们杀了我可以，只可怜我年迈的母亲，行动不便，如果没有人背的话，将无法生存了。"强盗们被孝子的一番话所感动，起了怜悯之心，不但放过他母子二人，还赠送了一些财物（《圣立义海研究》卷十四）。

西夏褐釉剔刻花瓷钵（鄂尔多斯博物馆藏）

西夏童子木板画（武威博物馆藏）

西夏人不光注重通过著作对忠孝进行宣传，对现实中的忠孝事例也格外重视。1082年，宋夏之间发生了永乐城之战，宋军中有个女子名叫孟氏，追随父亲戍守永乐城。后因宋军战败，她的父亲战死沙场，孟氏悲痛欲绝，徒步走入城中，历经千辛万苦，终于找到了父亲尸体，遂大哭五日，悲伤而死。西夏人也被她的孝心所感动，于是将孟氏和她父亲都埋葬了（《陕西通志》卷六十六《人物·孝女》）。

（二）明媒正娶的封建婚俗

早期党项族仍然停留在原始社会阶段，在婚姻习俗上仍保持北方民族的收继婚制，“妻其庶母及伯叔母、嫂、子弟之妇，淫秽蒸亵，诸夷中为最甚，然不婚同姓”（《旧唐书》卷一九八《党项传》）。随着党项社会的不断进步，儒学的传播与发展，其婚姻家庭关系也发生了巨大的变化。党项人除继承原始自由性爱的婚俗传统外，更多的则是接受了汉族“明媒正娶”的封建婚俗。如《番汉合时掌中珠》中记载：“男女长大，遣将媒人，诸处为婚，索与妻眷。室女长大，嫁与他人，送与讼房。亲家翁、亲家母，并诸亲戚，皆尽聚集，儿女了毕，方得心定。”

西夏壁画化生童子（榆林窟第3窟）

（三）以民为本的执政思想

仁宗皇帝即位不久，西夏境内发生严重饥荒，米价暴涨，一升米竟然卖到百钱。接着1143年三四月间，兴州和夏州一带又连续发生强烈的地震，大大小小的余震持续了一个多月，造成大面积房屋倒塌，人畜伤亡惨重，死亡数以万计。尤其是夏州地区发生的强烈地震，地面涌出黑沙，高达数丈，就像堤坝一般，将树木埋没，有许多居民陷入黑沙之中，无法逃生。

西夏关公图（黑水城出土）

当饥饿和死亡再次威胁人民的生活，西夏威州等地人民纷纷揭竿而起，规模大的多达万人，少的也有五六千人。此时有的大臣主张调兵镇压，枢密承旨苏执礼主张招安，仁宗说："这些人本来都是些良民，只是因为饥饿才走上起义的道路，不能将他们和盗贼相提并论。如今之计，首先应该赈灾救灾，将他们从饥寒交迫中解救出来，发放一些生活必需品，让他们重拾旧业，那样的话可以救民众于水深火热之中，本来聚集起来的人就会自行散去。这既是救灾的办法，也是平定动乱的方略。如果仅仅依靠军队武力镇压，滥杀无辜，怎么能培养国家的命脉呢？"仁孝根据他的建议，一方面下令各州按灾荒轻重，赈济灾民，命令灾区各州检查灾荒轻重，大量设立井里赈恤灾民；另一方面减免灾区赋税，兴州和夏州地区遭到地震、地陷的人民，造成二人死亡的家庭，免去租税三年；如果造成一人死亡的家庭，免去租税二年，造成人员伤亡的家庭，免去一年租税；如果造成房屋、墙壁坍塌的家庭，命令有关部门及时修补（《西夏书事》卷三五）。

（四）君权神授的天人感应思想

君权至上是古代政治思想的核心，儒家提出的"君权神授"，认为皇帝的权力是神给的，具有天然的合理性，皇帝代表神

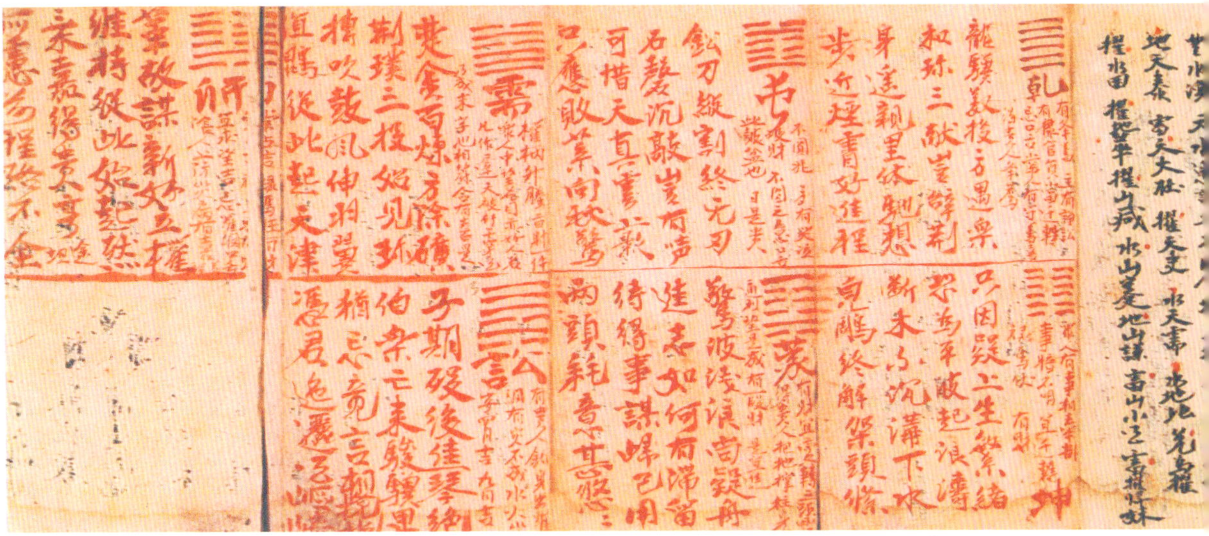

黑水城出土《卜筮要诀》

在人间行使权力，管理人民。元昊称帝建国时，就改元“天授礼法延祚”，自称“兀卒”，“‘兀卒’者，华言青天子，谓中国为黄天子也。”（《西夏书事》卷一二）

西夏统治者还强调天和人相通的“天人感应”，认为政通人和，天就会降下祥瑞。如果天子违背了天意，不仁不义，就会出现灾异进行谴责和警告。李德明时期，在怀远镇的温泉山上有龙显身，德明就向大臣咨询此事，大臣答道：“西平土俗淳厚，然地居四塞，我可以往，彼可以来。不若怀远，西北有贺兰之固，黄河绕其东南，西平为其障蔽，形势利便，洵万世之业也。况屡现休征，神人允协，急宜卜筑新都，以承天命。”于是李德明顺应天意，派遣官员进行祭祀，最终党项政权定都兴州（《西夏书事》卷一〇）。

1139年四月，大臣高守忠家中有灵芝出生，百官认为是一种祥瑞征兆，上表向皇帝祝贺。崇宗乾顺也特别高兴，认为这是大夏国繁荣昌盛的征兆，即兴作了一首诗《灵芝歌》，中书令濮王仁忠等互相作诗唱和，并把歌词刻在石碑上置于学校以资纪念，一时传为佳话（《宋史》卷四八六《夏国传下》）。后来人们在西夏陵区仁孝陵碑亭遗址清理残片时，发现在一些残碑上正好记述了这首诗的部分诗句。

1176年，仁宗仁孝巡游至甘州一带，发现黑河河水泛滥，桥面坍塌，百姓生活疾苦，于是仁孝下令重修黑河桥，亲自祭祀山神、水神、龙神、树神、土地诸神等一切水土之主，希望得到诸神的保佑，最后在黑水河边立了一块碑，历史上称为《西夏告黑水河诸神敕碑》，碑阳为楷书汉文，碑阴为正楷藏文，每面碑铭上各有线刻飞天二身。碑文记录了仁孝皇帝敕令镇夷郡境内黑水河上下所有山神、水神、龙神、树神、土地诸神等，咸听联命，自是之后，水患顿息。

（五）君君臣臣的尊卑关系和封建等级制度

《西夏官阶封号表》所列封号名称分为七个等级，并列有皇后、公主、嫔妃和诸王、国师、大臣、统军等封号，此表大约完成于仁宗统治时期，说明西夏后期封建等级制度已经比较完备。

西夏的封王有晋王察哥、濮王仁忠、舒王仁礼、越王仁友、镇夷郡王安全等，李仁友是仁宗仁孝的族弟，因为平定任得敬擅权篡位有功，被封为越王。等到仁友去世，他的儿子李安全于1196年上表歌颂仁友的种种功绩，要求承袭越王爵位。此事不但没有得到桓宗纯祐的同意，并且将他直接降为镇夷郡王，对此，李安全极为不满，心生怨恨，于是萌生了谋权篡位的心思。终于在1206年，李安全勾结纯祐母亲罗太后，二人合谋，废除了纯祐，自立为帝（《宋史》卷四八六《夏国传下》）。

西夏法典《天盛律令》卷十《司序行文门》中，将中央与地方机构按照品级划

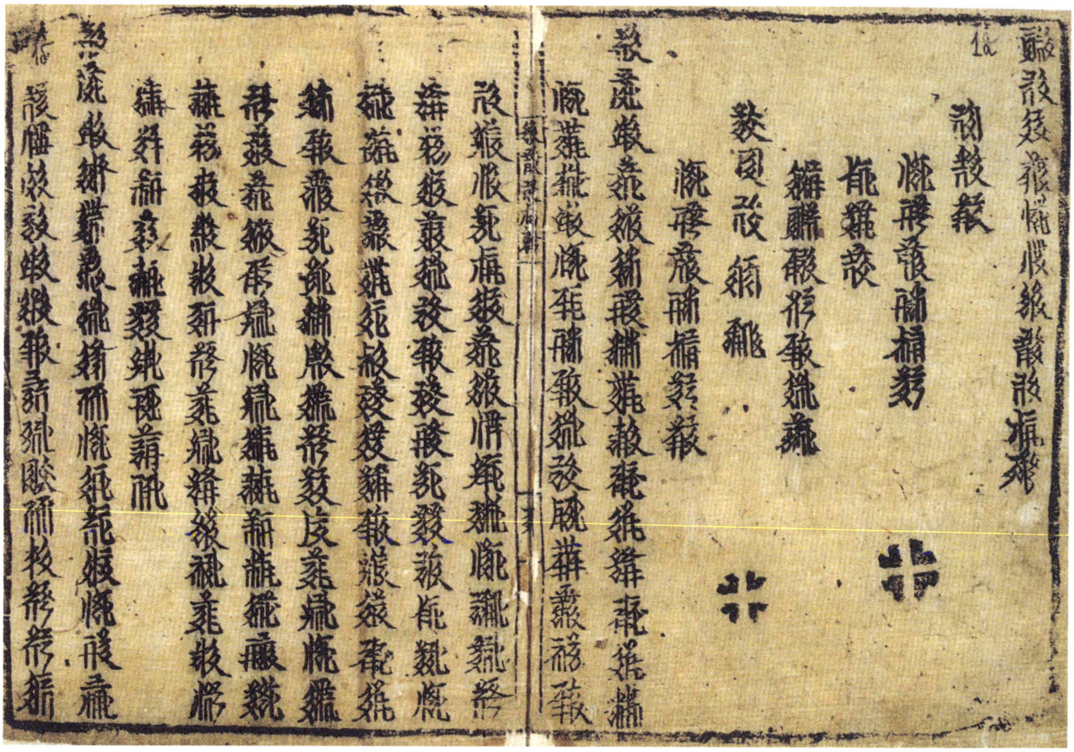

西夏《天盛改旧新定律令》

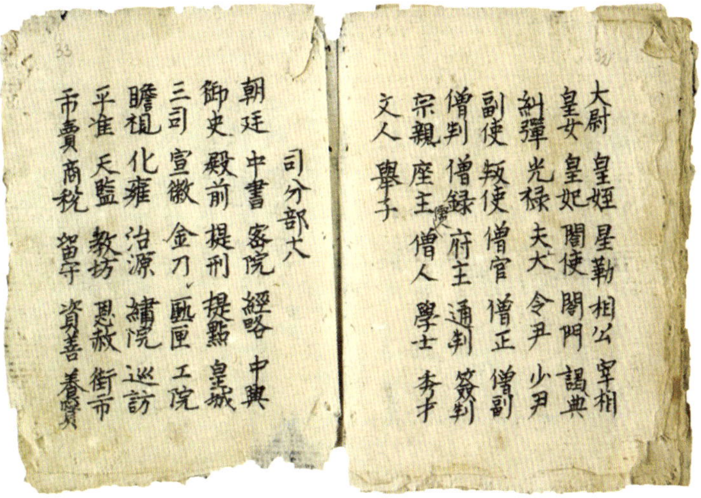

西夏汉文《杂字》司分部

分为上、次、中、下、末五个等级。如上等司有中书、枢密，次等司有殿前司、御史、中兴府、三司、僧人功德司、大都督府、皇城司、内宿司等17个，中等司有都转运司、审刑司、群牧司、农田司、边中监军司等26个，下等司有行宫司、马院司、怀远县、临河县、保静县、永昌城、银州、龙州等47个，末等司有刻字司、制药司、织绢院、番汉乐人院、木工院、纸工院、出车院等22个。另外，还有不在五等的番汉大学院等机构。

（六）以儒为魂的法律思想

西夏文《天盛改旧新定律令》（简称《西夏法典》），共20章1460条，是中国历史上第一部用少数民族文字印行的法典，这部法典如同汉唐法律，是以儒家思想为基本原则，以法律形式推行封建礼教，借以指导和规范国家政治和民事活动。诸如完全继承唐宋以来的“十恶”不赦，维护皇帝绝对权威和封建忠孝思想；龙凤、日月图案和乌足黄（汉语石黄）、乌足赤（汉语石红）、杏黄颜色为帝后御用，亲王、大小官员、僧人、道士等一律禁用，违者严惩，乃至处斩；按照“刑不上大夫”的儒家思想，保护官僚贵族的特权，他们犯罪后，可通过“八议”（议亲、议故、议贤、议能、议功、议贵、议勤、议宾），减免处罚。

可见儒家思想变成了西夏法律的灵魂，伦理道德规范披上了法律的外衣，从而使西夏法律成为推动纲常礼教、巩固宗法等级制度，谋求封建统治长治久安的工具。更值得品味的是，这部明显具有以儒治国倾向的法典，并不是中原王朝强加的，而是在西夏皇帝主持下，西夏政府自己编纂的。这足以说明，儒家思想已深入西夏社会的核心，成为西夏统治者的治国之柄。

（杜建录　尤　桦）

西夏是一个佛的国度，从帝王将相到平民百姓都信仰佛教，正如《大夏国葬舍利碣铭》描述的：舍利闪着金色的光芒，皈依佛门的人如云一样聚集。在西夏文中，“佛”字的构造是左部为“人”，右部三横，以一竖贯穿，西夏文“人贯三界”为佛，汉文“人贯三界”为“王”。在西夏人的心目中，“佛”与“王”一样，或者说“王”是“佛”在人间的化身，蒙古人直呼为西夏皇帝为“不儿罕”，意思就是佛王。西夏人不仅崇佛、信佛，还能够对佛教的各个流派有所包容，西夏积极吸收中原地区、吐蕃地区、回鹘地区与本土河西地区的佛教文化，兼容并蓄，一时间，汉藏佛教盛行西夏。

晨钟暮鼓

——汉藏佛教盛行西夏

第八集

神秘西夏

汉藏佛教盛行西夏

黑水城出土双头佛像

一、西夏佛教历程

宋景德四年（1007 年）十月的一天，乌云蔽日，阴雨连绵，阴霾的天空笼罩着西北苍凉的大地，居住在这里的党项人遇到了一个重大的丧日，党项政权首领西平王李德明的母亲罔氏不幸亡故，德明非常悲痛，为祭奠亡母在天之灵，他决定为其母举行一个特别活动。那就是，前去千里之外的五台山供佛。

五台山是宋朝境内自汉唐以来传承下来的著名佛教名胜，党项人早已耳闻这里“圆光”“圣灯”“金桥”“菩萨仗对”等灵迹与奇观，对那千万僧众聚集于文殊菩萨道场，在袅袅的梵音中诵经礼佛的场景更是仰慕已久。于是德明在为其母下葬时，他向宋朝提出请求，想要在宋佛教中心五台山修建 10 座寺庙，并派致祭使护送供物加以祭祀。德明认为，只有在这里，他母亲的亡灵才能得到真正超度。这件事落成之后，德明非常感激，向宋朝献马 500 匹，以助宋朝修筑真宗章穆皇后的园陵。

这一次五台山祭祀是史书记载西夏最早的一次佛事活动，由此开启西夏佛教近 200 年的发展历程。

（一）德明至乾顺时期的赎经与译经

在李德明五台山供佛的 31 年后的 1038 年，准备称帝建国的李元昊再一次向

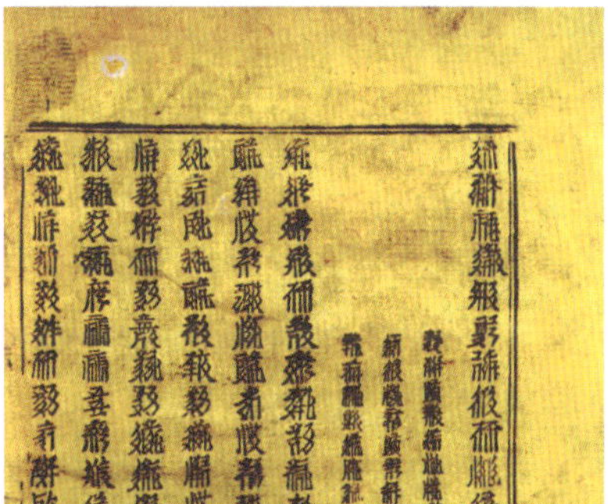

西夏木活字《吉祥遍至口合本续之广义文》
（贺兰山拜寺沟方塔出土）

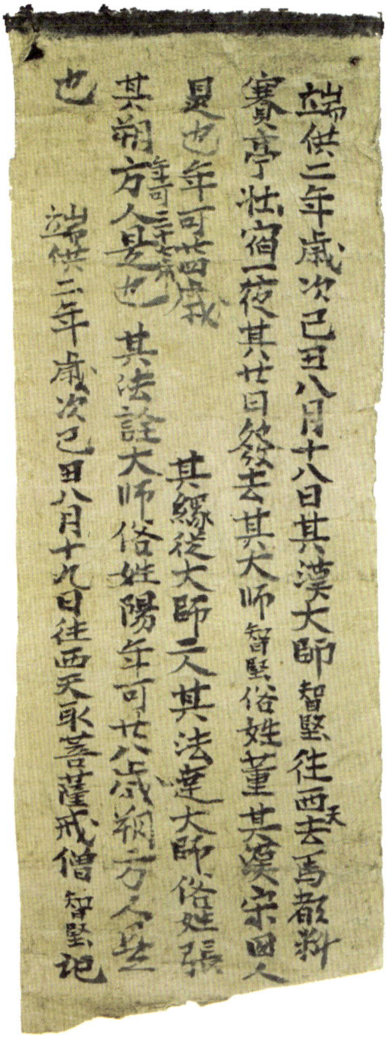

北宋端拱二年（989 年）释智坚等往西天记
（黑水城出土）

宋提出至五台山贡佛的要求，这一次宋朝也答应了他的请求。

当然，西夏人并不满足于去宋朝五台山供佛，而是要打造自己的佛教名胜。西夏在“圣山”——贺兰山中修建了著名的“贺兰山五台山寺”，还在兴庆府建立起多处规模宏大的皇家寺院，供奉从宋朝请来

的《大藏经》。

天圣八年（1030 年）十二月，李德明派使臣出使宋朝，贡献闻名天下的河西骏马 70 匹，请求赐予佛经一藏。这是西夏第一次向宋求赐佛经，宋朝爽快地答应了他的请求。宋景祐元年（1034 年）十二月，西夏开国皇帝李元昊再向宋贡献良马 50 匹，再次请佛经一藏，宋仁宗下诏赐赠，为此，西夏派僧人吉外吉、法正等专程到宋朝致谢。

西夏第二代皇帝毅宗谅祚幼年继位，母后没藏氏专权，这个曾经一度出家为尼的皇太后十分好佛，她主政的短短七年，就先后两次从宋朝求得大藏经，一次是福圣承道三年（1055 年），另一次是䄇都元年（1057 年），献马 70 匹，请赎大藏经及帙、签、牌等，宋朝为其"纯诚""笃信"的态度所感，同意了她的请求，两年后，将新印制的大藏经赐予西夏（《欧阳文忠公集》卷八六《内制卷》）。

西夏菩萨铜像（武威博物馆藏）

西夏译经图

西夏毅宗谅祚在亲政后的第二年，即西夏䄇都六年（1062 年），再次向宋朝赎经，宋朝特地命印经院印造，四年后，经书印成，护送到西夏。惠宗天赐礼盛国庆四年（1072 年），又"遣使进马赎大藏经"，这次宋朝赐赠《大藏经》，但谢绝了西夏所贡马匹。至此，西夏向宋朝一共请了 6 部大藏经。

西夏对佛教典籍极为渴望，除了向宋朝请经外，还想尽一切办法通过其他方式获取佛经，有时甚至到了不择手段的地步。宋仁宗景祐二年（1035 年），印度僧人善称等一行 9 人，长途跋涉至宋京师汴梁，贡献梵经、佛骨及铜牙菩萨像。他们在回国的时候，来到了西夏。元昊非常高兴，把他们请至驿馆之中，热情招待，并向他们提出求取贝页经的要求。但令元昊意想不到的是，善称等人竟然拒绝了他，元昊大怒，将他们关押了起来。

福圣承道三年（1055 年），历时近六年的大寺建成，没藏太后“赐额‘承天’”，并赐给从宋朝请来的《大藏经》，延请回鹘僧人将经卷翻译成西夏文，使之成为西夏人自己的精神财富。没藏太后带着小皇帝前来听讲，一时间，僧众们的热情更加高涨，纷纷合双掌念经，称颂太后功德无量。

国家图书馆藏《现在贤劫千佛名经》卷首有一幅《译经图》，真实再现了 1000 年前西夏的译经盛况。图中，一位形象高大的高僧端坐于正中，内着短袖花衣，外披袈裟，跏趺端坐，高僧面部表情严肃，不怒自威。高僧坐于高位，似乎正在开口讲解，右手以手势相辅助，显示出主尊的身份和神态。其前置一书案，上有经书 1 册，墨砚 1 台，毛笔 2 支。高僧的左右两侧各有僧俗 8 人，分前后两排落座，僧前俗后，共 16 人。图中前排左右每四位僧人面前有长案一条，上置经卷及笔、墨、纸、砚，8 位僧人身穿短袖素衣，比肩而坐。其中 6 人右手执笔，左手有的持经卷，有的将经卷置于案上，另两人两手做不同的手势，毛笔和经卷皆置于案上。16 人老幼不同，形态各异。后排 8 人着世俗衣冠，他们或合十敬礼，或仰视听讲，或凝神思索。图的下部正中前后有两部桌案，后者离译者较近，桌上置经书、经页等物。前者置供品，桌两侧各有人物 4 个。左面一女身坐像较大，头饰别致，手持香炉，雍

西夏壁画国师像（榆林窟第 29 窟）

容华贵。其后立黄门侍从三人较小，手持团扇等物。右面一男身坐像较大，手持鲜花，穿着华美，余三人较小，亦为黄门侍者一类，手持金瓜等物。

黑水城出土佛像

这幅图中以西夏文刻有僧、俗人名 25 个，另有西夏文款识 12 条，标明图中重要人物的身份和名字，其中高僧的款识为“都译勾管作者安全国师白智光”。高僧左右两侧各有僧俗 4 人，僧前俗后，共 16 人。其款识为：北却慧月、赵法光、嵬名广愿、吴法明、曹广智、田善尊、西玉智园、鲁布智云。译经图的下部左边桌案前的女性为：“母梁氏皇太后”，右面桌案前的男性为：“子明盛皇帝”。

译经的场所当是京师皇家寺院，很可能就是承天寺，图中主译、助手款识明确，助手形态、动作各异，表示出各有所司、分工细密，他们大体是笔受、度语、证义、润文等人员，分管记录、翻译、核定译文、润色词句等事；左第三人面前展开的经卷上还能看出笔画曲折，像篆符的文字，左第二人桌案上有一树叶状图形，可能代表

黑水城出土阿弥陀佛来引绢画

了译经时所参照的贝叶经。

与福圣承道三年（1055年）没藏氏与谅祚听经的情况相类似，图中主政的皇太后梁氏也与小皇帝秉常也出席了译场，不仅如此，他们竟然还屈尊于译场的次要地位，而将主角让给了白智光。可见，当时西夏的统治阶级给予了高僧很高的地位，并对他们极度的宠信。

将汉文《大藏经》翻译成西夏文，是中国佛教历史上的一件大事，汉文《大藏经》花费了近1000年翻译了6000余卷，每年译6卷。西夏从毅宗谅祚到崇宗乾顺，前后50多年时间，共翻译了820部3579卷佛经，平均每年70卷。这在中国翻译史上乃至于世界翻译史上，不能不说是一个惊人的创举。

时至今日，我们还能看到这些西夏文佛经，有的首尾完整，有的是残件，包括宝积、般若、华严、涅槃、阿含等重要部类，其中宝积部有《大宝积经》《佛说宝雨经》《维摩诘所说经》等，般若部的《大般若波罗蜜多经》《摩诃般若波罗蜜多经》《金刚般若波罗蜜经》等，华严部的《大方广佛华严经》80卷本、40卷本以及《悲华经》《现在贤劫千佛名经》《过去庄严劫千佛名经》等。

在进行过多次演绎、翻译经文的活动之后，西夏人终于有了一定的积累。

宁夏贺兰县宏佛塔

毅宗拱化五年（1067年）冬十一月壬辰，西夏派使者至辽献了一份大礼，这使辽国上下大为吃惊。原来，在辽国眼中文化落后的西夏，竟然献上了辽国都没有见过的《梵觉经》，还将饱读经书的回鹘僧人及做工精美的金佛一尊作为贺礼献上。崇宗天祐民安六年（1095年），西夏又一次向辽进贡贝多叶佛经。宋朝汉地的佛教滋润着西夏佛教的成长，而当西夏佛教发展壮大之后，也开始向外输出自己的佛教文化了。

这一时期，西夏统治者还大兴土木，修建了许多大型寺庙。元昊兴建高台寺，

“贮中国所赐大藏经，广延回鹘僧居之，演绎经文，易为蕃字”。没藏氏“役兵民数万”，历时五年建成著名的承天寺塔，贮藏宋朝赐赠的《大藏经》，并在此演绎经文。毅宗亲政后，在鸣沙州（今宁夏中宁县）修建了安庆寺。崇宗继位后，天祐民安四年（1093年），其母梁太后重修凉州感通塔及寺庙，第二年完工后立碑赞庆。甘州卧佛寺也是崇宗时期修建的一座大型寺庙，寺内的卧佛身躯伟岸，寺庙规模宏大，为河西所仅见。

赎经、译经和修建寺院三者相辅相成，它们相互支撑，共同推动了西夏佛教的繁荣发展。

黑水城出土金刚亥母唐卡

（二）仁宗时期汉藏并行

西夏第五代皇帝仁宗仁孝在位的50多年中，佛教的发展也渐趋鼎盛。这一时期，已经译出汉传佛教经典得到了广泛的传播，与此同时，藏传佛教也受到了重视并进入西夏。

乾祐二十年（1189年）九月十五日，这一天是仁宗皇帝六十六岁的寿辰，花甲之年的仁宗在大度民寺举办了一次大法事，请来了宗律国师、净戒国师、大乘玄密国师、禅、法师，供养施食，并念佛诵咒，读藏文、西夏文、汉文佛经，散施西夏文、汉文《观弥勒菩萨上生兜天经》10万卷，汉文《金刚经》《普贤行愿经》《观音经》各5万卷，总计25万卷。做各种法事，持续了十昼夜。这次法事真可以说是规模空前。

仁宗仁孝时，从宋朝所赎佛教经典基本上都译成了西夏文，通过法会布施佛经，是这一时期西夏佛教发展的重要特点。

在施经活动的同时，校经、刻经也成为这一时期西夏突出的佛事活动。从现已出土的佛教文献来看，西夏所校经典大都出自这一时期。西夏的雕版印刷事业在仁孝当政时期逐步发展起来，当时政府设刻字司，专主刻印，为佛经的大量刻印和广泛流传创造了极为有利的条件。

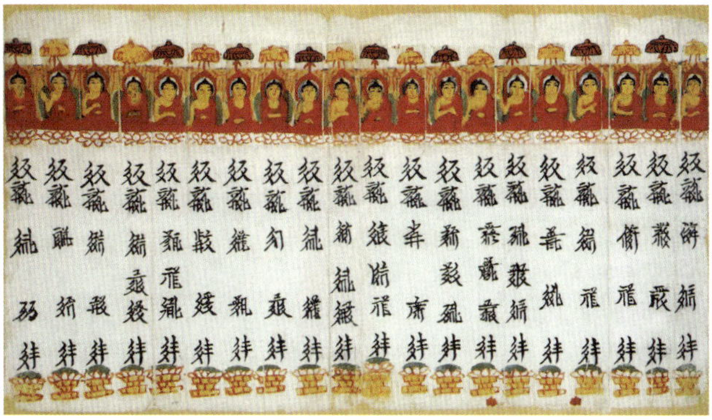

黑水城出土《佛名经》

除了以皇帝、太后的名义刊刻、布施佛经外，其他僧俗也大量刻经施经，如天盛十九年（1167 年），权臣任得敬即曾作发愿文施《金刚般若波罗蜜经》；乾祐十六年（1185 年），比丘智通印施汉文本《六字大明王功德略》。

仁宗死后，桓宗纯祐继位，罗氏被尊为太后。罗太后继承了仁宗的遗志，常举行法会，施印佛经，她于天庆元年（1194 年）印施番、汉《仁王护国般若波罗蜜多经》，于天庆二年（1195 年）印施番、汉文《佛说转女心经》。她还发愿令人抄写全部已译成的西夏文大藏经，并有声有势地开展了起来。在一件仁宗时期校勘过的西夏文《佛说宝雨经》一卷之卷首，捺印了一方牌记，其中的文字可汉译为："大白高国清信弟子皇太后罗氏全部新增写番大藏经，天下庆赞，已入寺内经藏中，当作为永远读诵、供养。"这是我们所能见到的由皇太后罗氏施舍抄写的《西夏文大藏经》中的一件（《夏天庆年间西夏文写本佛说宝雨经卷第十版画及罗太后写经牌记》）。

不过，据史书记载，天庆十三年（1207 年），纯祐被镇夷郡王安全所废，罗氏似乎也参与了其中，她拟表至金为安全请求册封，造成西夏政局神秘变化。世人对此颇多微词，有的认为罗后与安全勾结废子，但有的人认为罗氏是受到了胁迫，但不管怎么样，纯祐被废，罗后也是受害人，从此她便淡出了历史舞台，她抄写全部西夏文大藏经的愿望是否最终完成也不得而知了。

仁宗时期，除汉传佛教得到广泛推广外，藏传佛教也在西夏颇为流行。我们首

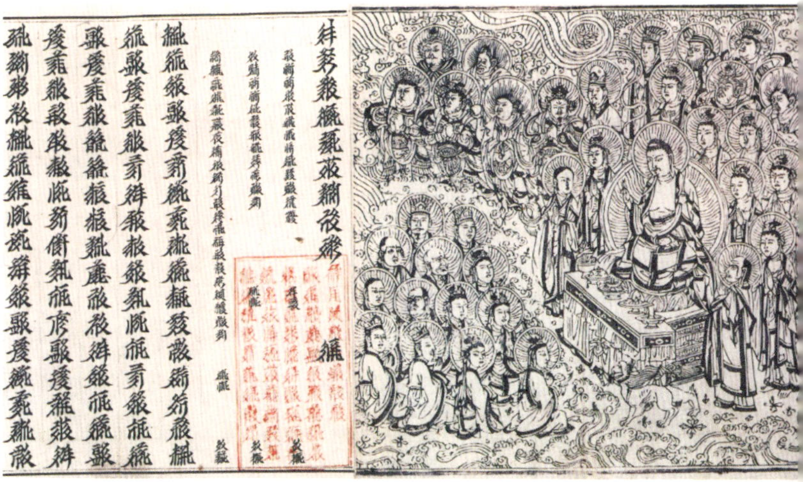

西夏文《佛说宝雨经》

先看到是，这一时期西夏不但有了许多吐蕃僧人，而且地位非常高，仁宗天盛年间颁布法典《天盛旧改新定律令》规定：番、汉、西蕃僧人可以担任僧官，但其人必须会背诵10多种经咒，其中藏文经咒占半数以上，并由西蕃僧人主持考试（《天盛改旧新定律令》卷一一）。前述仁宗乾祐二十年（1189年）举行的盛大法会，念佛诵经，读西蕃、番、汉藏经，竟把藏传佛经列于首位。仁宗去世之后，罗太后举行的法会中，度僧西蕃、番、汉三千员，亦将藏僧置于首位。

党项与吐蕃有着密切的文化交流，西夏统治境内还存在着大量的吐蕃民众，这些客观条件，使得藏传佛教在西夏的传播发展非常顺利。仁宗皇帝曾经遣使入藏专程迎请西藏噶玛噶举派的初祖法王都松钦巴。都松钦巴未能前来，派遣弟子藏索格西来到西夏，被尊为“上师”。藏索格西开始在西夏广泛传播藏传佛教的经义和仪轨，并组织力量大规模翻译佛经，很受宠信。后来，都松钦巴所创有名的楚布寺建白登哲蚌宝塔时，西夏仁宗献赤金瓔珞及幢盖诸种饰物。都松钦巴圆寂后，在其焚化处建造吉祥聚米塔，藏索又自西夏做贡献，以金铜包饰此塔（《贤者喜宴》）。

西夏从宋朝所赎大藏经，在西夏前期基本都已译为西夏文，但仁孝时期，译经活动仍在继续。而与前期不同的是，这时，西夏已经开始了藏文佛经的翻译。《西夏译经图》反映的只是西夏佛教翻译的一个方面，它展现的是西夏前期将汉文佛经翻译成西夏文的这段历史。事实上，西夏的佛经翻译还有更大的作为，他们还将大量的藏文佛典翻译成了西夏文，甚至是汉文。如北京房山云居寺藏一件藏汉合璧的佛教文献《圣胜慧到彼岸功德宝集偈》，其中最引人注目的是经文前面的一段汉文题记。题记中除仁宗皇帝之外还涉及5位人物，经学术界考定他们分别是贤觉帝师波罗显胜、五明显密国师啰也阿难捺、演义法师遏啊难捺吃哩底、显密法师周慧海、诠教法师鲜卑宝源。他们共同组成了西夏佛教翻译史上另一个团队。与《西夏译经图》中白智光团队不同的是，他们承担的是从梵文到藏文，再由藏文到西夏文和汉文的翻译。他们各有分工，颇为考究，鲜卑宝源为汉译，显密法师周慧海为夏译，遏啊难捺吃哩底为梵译，啰也阿难捺则为“执梵本证义”。

现存译自藏文的西夏文佛经基本上是西夏中后期翻译的，有的在传译题款中明确写有“羌本翻译”“羌译”的字样，有的在序或发愿文中记载“羌文已译，刻印流行”等字样，有的佛经卷首效法藏文佛经的形式，在西夏文音译的梵语经名前冠

张掖马蹄寺石窟千佛洞

有“梵语”二字。

现存西夏文藏传佛教经典很多，如西夏文《圣大乘守护大千国土经》《佛母大孔雀明王经》《大寒林经》《圣大明王随求皆得经》《大密咒受持经》《圣八千颂般若波罗蜜多经》《佛说圣大乘三归依经》《圣大乘胜意菩萨经》《圣胜慧到彼岸八千颂经》《圣胜慧到彼岸功德宝集偈》《圣观自在大悲心总持功德依经录》《圣摩利天母总持》《出有坏母胜慧到彼岸心经》《不动总持》《大印究竟要集》《吉有金刚王空行文》《圣金刚王能断胜慧到彼岸大乘经》《无量寿宗要经》《圣柔吉祥之名真实诵》《呼金刚王本续之记》《秘密供养典》《呼王九佛中绕随五佛亥母随略供养典》《不动佛随广大供养典》《六幼母供养典》《吉有令净恶趣本续干》《十五天母加赞》等。在黑水城发现的汉文经典中，还有不少佛经由藏文佛经转译成汉文，如《密咒圆因往生集》《六字大明王陀罗尼》《仪轨后记》《金刚剂门》《念一切如来百字忏悔剂门仪轨》《佛眼母仪轨》《梦幻身要门》《甘露中流中有身要门》《舍寿要门》《金刚亥母禅定》《圆融忏悔法门》《密教念颂集》《黑色天母求修次第仪》等。

仁宗还将西夏僧人的最高封号——“帝师”先后授予了3位吐蕃高僧。前述译经的“贤觉帝师波罗显胜”就是其中的1位。

他曾一度被认为是西夏的第一位帝师，但经研究，很多学者提出在他之前有一位妙觉寂照帝师；在他之后，还有一位“大乘玄密帝师”。

藏传佛教在西夏日益兴盛，我们从西夏的艺术品中也可以看出来。位于沙州的莫高窟和瓜州的榆林窟中，有众多的西夏洞窟，其中早期各窟显然承袭了五代、宋初的风格，而到了中期以后洞窟则开始带有浓厚的藏传密宗色彩，到了晚期这种色彩更加浓烈，其中莫高窟有206、491、395窟，4号塔楼，榆林窟有29、2、3窟，东千佛洞有2、5窟，5个庙石窟有1、3、4窟。

榆林窟在第19窟的汉文题记中记录了西夏时期绘制“秘密堂”。贺兰县宏佛塔内发现了比较多的藏传佛教的佛画，如《上乐金刚图》《千佛图》《千手观世音图》《坐佛图》《大日如来图》《护法力士图》《八相塔图》等。青铜峡市黄河岸边的一百零八塔，都是受藏传佛教影响的宝瓶式白塔，同时在其附近也发现了西夏时期藏传佛教的佛画。

仁宗时期汉藏佛教盛行西夏，同时，儒学的发展也到了极致。但西夏儒学与佛

西夏壁画弟子像（莫高窟第65窟）

西夏壁画普贤变（榆林窟第3窟）

教的发展并行不悖，相得益彰。仁宗时期儒佛并举，汉藏并行，体现这一时期西夏文化的开放与包容；而仁宗皇帝以儒治国，以佛治心，显示了他广阔的胸怀与高超的政治智慧。

（三）西夏末期兴佛佑国

西夏光定四年（1214 年），是西夏灭亡的前夕，此时的西夏已被蒙古入侵了 3 次，13 年后西夏灭亡。这一时期西夏政局恶化、战争频仍、经济衰败，处于日薄西山、风雨飘摇之中。而就是在这样的艰难喘息之际，神宗遵顼还举办了一场奢侈的佛事活动，他以皇帝的名义重译《金光明最胜王经》，并用昂贵的泥金，缮写于优质的绀色纸之上。这部佛经的部分残页流传了下来，使我们今天有幸得以了解 700 年前的这一次法事。

在这部金泥缮写的《金光明最胜王经》残存发愿文中，明确写明此次写经是为了求得佛力的保佑。原来，《金光明最胜王经》号称为众经之王，它在弘扬佛法、护国利民等方面具有无比殊胜的功德。若能有大德高僧开演这部号称诸经之王的经典，能止息暴行，保护国家免受侵凌，为众生带来平和快乐。可见，西夏末期，统治者已经预感到了国家的危机，缮写《金光明最胜王经》，就是仰赖佛祖的保佑以挽救他们行将灭亡的命运。

黑水城出土木舍利塔

襄宗应天四年（1209 年），兴庆府内的某一座大型寺庙内，僧众聚集，香雾遮天，攒动的僧人一眼望不到边，诵经之声昼夜不息。原来继神宗缮写经文之后，襄宗安全又举行了一场法事。法事对于西夏人并不陌生，自中期以来，西夏的法事就连绵不断，甚至有的法会可以集结七千僧众，但这次法会规模则大得惊人，安全集结各级僧众共 67193 员做斋会，烧施道场等作 1758 次。读诵各类经文，大藏经番、西番、汉108藏，诸大部及余杂经等共20056部，剃度僧人324员，斋会上，放幡56条，散施番汉《金刚经》《般若经》《华严普贤行愿品》及《阿弥陀经》等共5万卷，消演番汉大乘忏悔180遍，饭囚8次，设贫8次，放生羊343口，大赦2次，每次3日（俄藏编号5423）。

西夏晚期，藏传佛教进一步发展，大有压过汉传佛教之势。藏传佛教的仪轨法事也在西夏流行了起来，现存的西夏佛经中，就有不少是藏传佛教的法事仪轨，如《聚轮供养作次第》《胜令住顺法事》《菩提勇识之业中入顺》《菩提心及应常作法事》《离世七道法事》《心习顺次》《金刚王亥母随净瓶以亲诵作顺》《圣顶尊相胜母供顺》《金刚王默有母之思定为顺》《番言圣观自在千眼千手之供顺》《吉祥上乐轮随耶稀鸠稀字诵以前尊习为识过定入顺要论》《风气心上入顺》《风气心上入顺》等。

黑水城出土佛顶尊胜木板画

据藏文文献记载，西夏的末代帝师热巴就曾在蒙古入侵西夏时，主持过修持《遮止军队》的仪轨，在蒙古第一次入侵西夏时，热巴还是国师，他与当时的帝师藏波巴一同参加，而第二次与第三次入侵时，他则以帝师的身份亲自主持仪轨。蒙古前三次入侵未能拿下西夏，在西夏统治者眼中，他自然有着盖世的功劳。但就在蒙古即将第四次入侵西夏，西夏统治者准备再次进行仪轨时，帝师热巴却突然失踪，杳无踪迹。

原来，这位在西夏待了27年的高僧，已经率领他的弟子离开西夏，返回康区。据称，他在一次净观中突然体悟到西夏由于过去业力的关系，将摆脱不了灭亡命运，这不是他个人的修持所能扭转的，因此他选择了不辞而别。但他仍认为，如果他继续修持，会令蒙古军队一次次败退下去，而拿不下西夏。显然，这是不科学的，蒙

黑水城出土佛顶尊胜曼荼罗木板画

古军队第四次进攻时他已经逃离了，但西夏照样还是让蒙古军队败退了。

西夏晚期，统治者希望能够通过以抄写经文、做大规模法事来取得佛祖的护祐，使其免除灭亡的命运。但结果适得其反，大肆铺张浪费，使国家财政更加窘迫，1227年，西夏终为蒙古所灭。

（四）西夏文大藏经刊行于蒙元

元大德六年（1302年），虽然西夏灭亡已达70余年，但就在此时，著名的大万寿寺本西夏文《大藏经》面世了，这一大部头的西夏文《大藏经》由鲜卑土情和知觉和尚慧中主持雕刻而成，从大德六年至皇庆元年先后印刷5次，共190部。松江府僧录、广福大师管主八也参与了这批佛经的施印。可是，时至今日，这批西夏文《大藏经》的实物资料已经七零八散，流失于世界各地，国家图书馆、敦煌研究院、山西省图书馆等单位收藏有一部分，日本、法国等地的图书馆也保存了一部分，其他的均已亡佚。

元代西夏文《大藏经》（又称《河西藏》）的刊印，说明西夏虽然灭亡了，但西夏遗民的佛事活动并没有终结，他们仍在积极地做着刊印西夏文佛经的工作，经过他们的努力，西夏佛教广泛地传播开来，就连自认为文化先进的中原，也深深受到了西夏佛教的影响。

西夏遗僧很多，他们在元代的重大佛教活动中还占据着比较重要的地位，为传播西夏大藏经不遗余力，僧人一行

西夏擦擦（内蒙古额济纳旗绿城出土）

西夏鎏金佛像（内蒙古博物院藏）

慧觉就是一个典型的代表。在大万寿寺本之前，一行慧觉就主持过一藏西夏文大藏经的雕刊。一行慧觉俗姓杨，姑臧（今甘肃武威）人，西夏亡国后于贺兰山云岩谷慈恩寺出家，既修藏密，又习显教，主张显密圆融，后入洛阳白马寺拜龙川行育和尚为师，学习华严，并随行育参编《至元法宝勘同总录》，获赐“宗密圆融大师”之号。后应永昌王之邀赴凉州传法，并创建“寿光”和“觉海”两座寺院。1302 年，慧觉奉诏为第三任释源宗主管理白马寺，皇庆二年（1313 年）圆寂。一行觉慧留下的作品有《大方广佛华严经海印道场十重行愿常遍礼忏仪》42 卷以及西夏文《涤罪礼忏要门》《金光明经流传序》等。

二、塔寺佛影

“名存异代唐渠古，云锁空山夏寺多。”（《嘉靖宁夏新志》卷七）这是明人游历西夏故都兴庆府的印象。事实上，不仅兴庆府，如果回到 700 年以前的西夏，其统治境内，都是一片“佛图梵刹，遍满天下”（《重修护国寺感通塔汉文碑铭》）的景象。即使到了今天，我们在西夏故地依然可以见到多处高耸的佛塔以及各种或大或小的寺庙遗址。

（一）“连云之塔”与“戒坛寺”

元昊立国之初，就开始大兴土木，建佛舍利塔。据《大夏国葬舍利碣铭》记载，东土名流，西天达士，进舍利一百九十皓，并中指骨一节，献佛手一枝及顶骨一方。罄以银椁、金棺、铁匣、石匮，衣以宝物，“下通掘地之泉，上构连云之塔”。碣铭虽没有说明“连云之塔”坐落地点，但推测当在京畿无疑，此塔早已不存，我们只能从铭文中的“连云之塔”和偈文中的“五百尺修兮，号曰塔形”等词语中，想象当年塔身的雄伟瑰丽（《嘉靖宁夏新志》卷二）。

此外，元昊在位时，西夏都城兴庆府内至少已有一座比丘尼寺庙，名叫戒坛寺。西夏的戒坛寺堪比唐代的感业寺。一

永昌县圣容寺全景

代女皇武则天曾在感业寺为尼，而西夏的戒坛寺则是西夏历史上赫赫有名的垂帘女主没藏太后的清修之地。据史籍记载，没藏氏原为大臣野利遇乞的妻子，皇帝元昊爱其貌美而与之私通。遇乞被处死后，元昊把没藏氏接入内宫，打算纳其为妃。皇后野利氏知道后，对没藏氏无比忌恨，遂将她放逐到戒坛寺为尼。可是这位名义上的"没藏大师"，暗地里却是戴发修行。迷恋酒色的元昊借口听讲佛法，曾经多次来到戒坛寺与其幽会。后来，在外出打猎途中，她为元昊诞下龙儿谅祚，也就是后来的夏毅宗。元昊被刺之后，谅祚以幼冲之年登基，子贵母显，没藏氏及其家族就成为西夏很长一段时间实际的最高统治者。和"连云之塔"一样，戒坛寺也由于史载不详，加之年深日久，早已踪迹难寻了（《续资治通鉴长编》卷一六二）。

贺兰山山嘴沟西夏石窟

（二）高台寺

高台寺，极有可能与"大度民寺"是同一座寺庙，据史书记载，元昊于天授礼法延祚十年（1047年）"建高台寺及诸浮居”，它位于西夏兴庆府城东15里。台高3丈，因名为高台寺，“下有大湖千顷，山光湖色，一望豁然”。高台寺占据着风水宝地，规模宏大，是西夏皇亲国戚举行佛事活动的重要场所，元昊不仅将宋朝所赠大藏经贮藏在这里处，还请回鹘高僧“演绎经文，易为蕃字”。

不过自元、明之后，沧海桑田，寺院被毁，杳无踪迹，高台寺及其方位成为西夏史研究中的一个悬案。

1987年8月初，银川市东郊掌政乡农民在平整土地时，发现一条用砖砌成的长约30米的下水道。考古人员通过试掘，又在1米多深的地下发现了单砖砌成的墙基和方砖铺设的地面，并出土大量绿色琉璃兽面瓦当、脊兽、鸱吻及槽形瓦、板瓦（白瓷）等建筑材料残件，以及白瓷碗、白瓷盆等生活器皿残件。经比对，这些出土的建筑材料及生活用品与西夏3号帝陵出土文物的时代特征完全相同。该遗址位于隆起的高地上，东临黄河古道，正是明代志书所说的大湖万顷之畔。“失踪”400余年的西夏皇家寺院高台寺得以重见天日。

西夏佛头像（宁夏贺兰县宏佛塔出土）

（三）承天寺

西夏天祐垂圣元年（1050年），开国皇帝元昊英年暴崩，其子谅祚以周岁之龄登位，皇太后没藏氏为了祈求上天保佑新君“圣寿无疆”和江山永保，征发兵民数万，建造了这座“承天顾命”的承天寺。承天寺在兴建之时，“崇基垒于瑊玞，峻级增乎瓴甋。金棺银椁瘞其下，佛顶舍利闷其中”（《嘉靖宁夏新志》卷二）。福圣承道三年（1055年），佛寺建成后，西夏正好于此时获得了宋朝赐予的第三部经书。承天寺便自然而然地成为了贮存与演绎这部佛经的最佳场所。一时之间，东土名流、西天达士纷至沓来，香火旺盛。

西夏灭亡以后，承天寺迭遭地震摧残、兵火涂炭，日渐荒废，明初仅剩“一塔独存”。明代庆王朱旃增创殿宇、怀王增昆卢阁，使承天寺恢复了塔寺并存的面貌。但不幸的是，清乾隆三年（1738年），宁夏府大地震，塔、寺尽毁。现存的承天寺是清嘉庆二十五年（1820年）在旧址基础上重建。今日的承天寺，殿宇整齐，古树参天，肃穆宁静，但规模与气势比起西夏时期，则相去甚远。

（四）五台山寺

清代张鉴所著《西夏纪事本末》中卷首所附《西夏地形图》中，在贺兰山中赫然标有“北五台山寺”。在俄藏黑水城文献中，竟也有一幅与之几乎一模一样的《西夏地形图》，其中也标有“五台山寺”，比起前者，仅缺“北”字。传世史书对于这一名胜只字不提，我们无法知道它在什么时候修建。

出土的西夏文献中，有许多来自北五台山的僧人留下的题记，如“北山大清凉寺沙门慧忠”（《大乘要道密集》篇六《解释道果语录金刚句记》），“北五台山大清凉寺出家提点沙门慧真”（《密咒圆因往生集》卷一）。甚至在敦煌莫高窟第444窟檐门还有墨书“北五台山大清凉寺僧”等字样。

贺兰山拜寺口双塔

西夏的五台山寺去了哪里呢？据专家考证，今日的拜寺口很有可能就是昔日的五台山寺。拜寺口位于贺兰山东麓，这里

张掖大佛寺卧佛像

张掖大佛寺卧佛大殿

三面环山，东向开口，沟内有山泉流水。拜寺口中，至今屹立着两座高塔，双塔之间及其周围的地表布满残砖碎瓦；附近还有60余座实心喇嘛塔残基，说明这里原来应该佛塔成群、规模宏大的寺院建筑所在。明代安庆王朱秩炅曾来此游历并作《拜寺口》一诗："文殊有殿存遗址，拜寺无僧话旧游。"可见，明初这里就是佛寺已毁、佛塔独在的废墟了。但也说明，这里曾供养着文殊菩萨，这正与传说中五台山为文殊菩萨显灵的道场相合。

（五）甘州卧佛寺

西夏甘州建有卧佛寺，这座寺庙前身原是迦叶如来寺，僧人掘得卧佛，并在原寺院基础上新建寺院，赐额"卧佛寺"。卧佛寺是如何修建的呢？至今流传着两种说法。一说西夏乾顺永安元年（1098年）时，有沙门嵬名思能，早先从燕丹国师学成佛理，受境内人崇敬，号为国师。他掘得古涅槃佛像后，在甘州兴建大寺（《敕赐宝觉寺碑记》）。一说贞观三年（1103年），乾顺母亲梁氏死后，常供佛为母祈福。当时甘州僧人法净声称，自己于张掖县西南甘浚山下夜望有光，掘得古佛三身，皆卧像，献于乾顺。乾顺遂于贞观三年（1103年）在甘州建宏仁寺，即卧佛寺。

甘州大佛寺历史上虽然经过多次重修和维护，但大殿的形制一直延续下来，卧佛更是没有改变。释迦牟尼彩塑卧像身长34.5米，肩宽7.5米，造像神态自若，丰满端秀，面部贴金，金装彩绘，比例匀称，两眼半睁半闭，面容恬静安详，庄严高超。著名的旅行家马可·波罗和古哈烈国沙哈鲁王使者在元明时期来我国途径张掖，游览大佛寺时不仅为之感叹，曾著文记述和描写过该寺当时的规模和胜境。

（六）凉州护国寺

崇宗母梁氏专权，天祐民安四年（1093 年），为了给刚满十岁的小皇帝祈福，由皇帝、皇太后发愿，动用了大量人力、物力和财力，重修凉州感通塔及寺庙。第二年完工后，立碑纪念，该碑即著名的《重修护国寺感通塔碑》，记载阿育王建此塔后，中间几度兴废。夏国建立后，此塔祥瑞感应的故事很多，崇宗继位后，会集工匠，修饰佛塔，使之焕然一新。

西夏壁画观音曼荼罗（榆林窟第 3 窟）

三、壁画中的佛教信徒

西夏时期的壁画可谓绚丽多彩，它们分布于今天甘肃、宁夏、内蒙古广大区域的石窟之中，其中河西走廊的敦煌莫高窟，东、西千佛洞，瓜州榆林窟最为集中。西夏时期的壁画规模巨大，技艺精湛，内容丰富，实可谓中华民族的伟大艺术瑰宝。西夏壁画多系佛教内容，但题材却多种多样，有许多佛传故事、佛祖事迹、经变故事、供养人故事、高僧故事等情节性的题材，也有许多非情节性人物、佛祖、菩萨的肖像。壁画中所展现的人物形态多样、形象生动，使我们得以通过他们，了解西夏时期善男信女的群体面貌。

那些为修建石窟、塑绘圣像的捐资者被称为“供养人”，他们为表示信仰虔诚祈求“冥福”，希望自己往生之后可以留记功德，世世代代供养，以示功德延续不绝，就让工匠将他们画在了石窟中。最终，他们的画像历经近千年而保存了下来。据统计，敦煌石窟中共存有 177 身西夏时期供养人画像，这些画像有帝王嫔妃、达官显贵、地方豪族，也有奴仆侍从。

莫高窟第 409 窟南侧就绘有一幅西夏皇帝的供养象，皇帝身材魁梧，面容饱满，头戴高冠，额头秃发，身穿团龙袍，显得

西夏壁画皇帝供养人像（莫高窟第 409 窟）

雍容华贵，气度非凡，皇帝身后有众多仆人簇拥，为皇帝张伞、执扇、举宝剑、执金瓜、背盾牌。该窟北侧还绘有西夏后妃的供养像，与南侧的黄帝对称，后妃们脸型圆润饱满，体型略肥，颇有唐代遗风，他们头戴凤冠并镶有绿色宝石，身穿翻领长袍，手持供养花，华美端庄。

榆林窟第 29 窟中还有一幅《西夏男供养人像》，画中并排绘有三身男供养人像，皆侧身而立，三人头戴云镂冠，垂结绶，着圆领窄袖袍，腰围绣花护髀，足穿黑靿靴，为武官的打扮。通过供养人的题记，我们可以得知，为首者“沙州监军使赵麻玉一”系家长，第二、三人为其子。在第三人的身下，还有一孩童，身长过膝，题记为：孙没力玉一心归依。原来，这是西夏武官世家的祖孙三代都至此供养。

该窟还有一幅《西夏女供养人像》，图中共有 7 位妇女，主眷属 6 身，最前为比丘尼先导，一字排列。有西夏文题记，分别表示窟主的女主人、儿媳，儿媳有党项人也有汉人。比丘尼前有西夏文榜题，汉译为“出家和尚庵梵亦一心归依，行愿者……正月成一心归依”。西夏贵族妇女梳高髻戴花冠，穿右衽绣花衫，内着裙，足穿尖钩圆口鞋。这一列供养人由比丘尼引导，为当时所规定的礼佛仪式。供养人生前专心礼佛，死后往生西方净土。

壁画中还常常出现下层民众的形象，如前述西夏皇帝的供养画像中，服侍皇帝的 8 名侍从均秃必戴冠，着青绿色衣服，符合西夏“民庶青绿，以别贵贱”的规定。而在榆林窟第 29 窟三身武官男供养人身后也有三位仆从，二人秃发，一人扎头巾，两人穿麻鞋裹绑腿，一个穿圆领长袍着黑靴。他们的衣着打扮不同，说明他们做仆从工作的分工不同。壁画中仆从们处于供养人像的从属地位，形象渺小，构图简单，表情刻板，但他们以仆从的身份出现于供养人的壁画中，十分难得，这反映了下层民众参与佛事的情形。

俄藏黑水城出土金刚坐佛唐卡

西夏壁画唐僧取经图（榆林窟第 3 窟）

佛经里讲，往生净土的人分三辈，即三个等级：上辈为出家僧侣，临死由阿弥陀佛来迎领；中辈为官贵等，出钱修庙造像并供养僧尼，临死化佛来领；下辈穷苦人家，一心念佛，可梦中见佛，也可往生极乐世界。供养人行列即严格按照此等级绘制人物，最前边引领的僧侣可以率先成佛，随后的达官贵人多身躯高大，着装华丽。最后跟随的仆从经常不出现，即使出现也只以最简单的构图占有画面的边角。

除了供养人外，敦煌壁画还通过其他的形式展现信徒的形象。

榆林窟第 2 窟西壁北侧有一幅西夏壁画《水月观音图》，这幅壁画绘制精美，是西夏壁画中的上乘之作，其笔法之柔丽、形象之端庄、意境之深邃，自唐代大画家周舫首创“水月观音之体”以来都是首屈一指的。壁画中，月光如注，玉宇清澈，观音菩萨居于画面的正中，这幅壁画的右下角，也就是那位仙童的脚下，绘有著名的唐僧取经图，师徒二人，唐僧在前合掌礼拜观音，后跟一猴行者牵马。壁画中唐僧取经的这一局部，已被认定是现存最早的唐僧取经题材的绘画作品，同时作品里出现的猴行者也是目前世界已知的最早的孙悟空的艺术形象。

西夏壁画唐僧取经图（东千佛洞第 2 窟）

玄奘与猴行者在西王母蟠桃林偷桃的情节。但近年来，借助计算机技术的帮助，这幅图像的神秘面貌终于被整理和复原了出来。图中并无唐僧师徒，而主体仍为观音菩萨，图中观音的脚下，却有诸多人等，西面一组全为世俗人物，而东面一组则为出家人。两组人物由东西两个不同方向朝着画面中央即同一目标而行，表示他们来自不同地方而向着同一目的地行进，即向着观音菩萨道场行进。这幅“横卷式”的画面上出现的所有人物，都是不畏艰辛、一心一意赴观音道场的朝圣者。这种两拨人马一东一西共同集结于菩萨足下的场景，正是当年西夏佛教繁荣局面的若干折射：在西夏，上自官员贵族，下至黎民百姓，都对佛教怀有无比崇敬的感情。

唐僧、孙悟空题材的壁画在敦煌洞窟中很多。据文献记载，玄奘的伊吾道之行历尽艰险困苦，有很多次在危亡时，以念诵观音菩萨名号得以转危为安。玄奘就曾在瓜州其地，为瓠颅河所阻，而当地人利用这一素材借题发挥：师徒二人路遇大河，难以渡过，菩萨在此时及时显灵，乘坐祥云在仙境中降临，为玄奘、猴行者二人指点了迷津。这类壁画固然是在宣扬佛法无边，但玄奘毕恭毕敬的礼拜，正是西夏无数虔诚僧侣形象的真实写照。

榆林窟第 29 窟西侧的一幅壁画更加直接地反映各个阶层的西夏民众的虔诚信仰。这幅图破损严重，学者们曾对这幅壁画的内容做过许多种推测，甚至一度被认作是

四、帝王之师

西夏佛教在沿袭前代封号制度的基础上，形成了一套复杂的封号体系，赐予在西夏国家机构任职的高僧各种封号，以示荣耀。

前文所述北京房山云居寺《圣胜慧到

彼岸功德宝集偈》的题记中，各位高僧就各有不同的封号。鲜卑宝源、周慧海、遏啊难捺吃哩底三人都是法师；嘚也阿难捺比鲜卑宝源三人略高，封为国师；波罗显胜最高，封为帝师。除此之外，各种文献所见的西夏封号，还有德师、禅师、仁师、忠师等。

法师、国师、德师、禅师、仁师、忠师这些称呼都不足为奇，但封僧人为帝师在此前的各朝各代不曾有过。以前以为，封藏族高僧为帝师的制度是从元世祖忽必烈封八思巴为帝师开始的，此后元代累朝皇帝都供奉帝师，作为全国佛教的最高领袖。帝师的地位极高，在处理中央和吐蕃的关系方面起到了重要作用。现在的资料让人们意识到，原来在元朝封设帝师一个世纪之前，西夏已有了帝师之设，并且西夏帝师也都是吐蕃高僧。

题记中的贤觉帝师波罗显胜为西夏仁孝皇帝的帝师，他参加许多的佛事活动，并传著了多部经典，并且从黑水城出土的很多佛经中，我们都能看到“贤觉菩萨传”或“贤觉菩萨作”的题款。贤觉帝师之前有一位“妙觉寂照帝师”，而之后还“大乘玄密帝师”，在著名的清宫秘本《大乘要道密集》中，就收录“大乘玄密帝师”的译著。“慧宣帝师”与“新圆真证帝师”也是西夏帝师，并且“妙觉寂照帝师”与“新圆真证帝师”二位帝师在西夏华严宗中还有前后传承的关系。

藏文史料中还提到了西夏的最后两位帝师，他们是藏波巴和热巴。

藏波巴，意为“宝狮子”，他是藏传佛教噶玛派的创始人，都松钦巴的弟子。仁孝皇帝曾召请都松钦巴从拉萨西北的粗朴寺到西夏去，都松钦巴本人未能前往，便派弟子藏波巴前往。藏波巴后在西夏被奉为帝师，他在仁宗皇帝去世后不久离职。

藏波巴离职后，前述修持《遮止军队》仪轨的热巴继任了西夏帝师。“热巴”是一个绰号，意为“身着棉布的皇帝的老师”，他原名为霍扎，生于藏北牧区巴察地区四大部落之一的达雪那尔摩，1188年受戒后得法名喜饶森格，从小多接触吐蕃高僧，十三岁见到上师宝八融巴，十五岁在蔡巴拜见了香仁波切，受香仁波切加持，在叶巴谒见桑杰贡巴，桑杰贡巴为其赐名“谢惹桑波”，意为“慧狮子”，后来又拜见过达隆塘巴、止贡仁波切等多位高僧，并受沙弥戒、受近圆戒，最终成为拔绒噶举的创始人达玛旺秋的弟子。

一天，有一位身着披肩，头戴高氊帽，名叫色香的老人与茶商结伴来到西藏，他告诉热巴，在西藏的东北方向，有一个强大的西夏王国，西夏皇帝供养着多位来自卫藏地区的喇嘛。热巴听后，怦然心动，

西夏帝师像（黑水城出土）

于西夏天庆七年（1200年），当他三十七岁时，来到西夏境内的甘州，遇到帝师藏波巴。西夏应天元年（1206年），他被任命为国师。光定七年（1217年），热巴至临洮主持了帝师藏波巴的丧礼。光定八年（1218年），回到首府，在为皇帝灌顶后，皇帝赠予他“帝师”的头衔。他本人还称，唯有替皇帝灌顶者方受“帝师”之名。

西夏封设帝师明显地借鉴和发展了藏族地区佛教与政权的关系，这一政教关系的重大调整，不仅对西夏佛教的发展，而且对中国佛教制度的发展产生了重大影响。可以说，西夏封设帝师改写了中国佛教史的重要一页，是一件大事。

五、铺就藏传佛教东传之路

西夏佛教从初期以翻译汉文佛典为主，发展到中期汉藏兼修，藏密之风渐浓，到了西夏末期，藏传佛教大盛，大有压过汉传佛教之势。而到了西夏灭亡后，西夏遗僧在蒙元时期继续发挥着影响。这样看来，元代藏传佛教在中原地区貌似突然兴起也就顺理成章了，因为西夏架起了藏传佛教东传的桥梁。其中，萨迦派与西夏的联系需要特别提起。

前述西夏封设过多位帝师，但这些帝师都是噶举派的代表人物，一直以来，人们以为西夏与藏传佛教的联系更多是与噶举派之间的联系。但随着研究的深入，越来越多的文献证明，萨迦派的弟子们同样活动于西夏。

乾隆二十五年（1750年），一本名为《大乘要道密集》书籍从清代宫廷内流传出来，一时成为京城内外民间秘修藏传佛教者争相竞逐的稀世珍宝，在今天的港台地区，它仍是密行者常用的法本。此书原传为元朝帝师八思巴辑著，实则相当一部分是在西夏时期翻译而成。书中的相当部分内容讲的是萨迦派的道果之法，如《依吉祥上乐轮方便智慧双运道玄义卷》《解释道果语录金刚句记》《解释道果逐难记》等，它们分别由西夏僧人慧信、慧忠、宝昌三人所辑或翻译，在俄藏黑水城文献中，我们还可以看到《解释道果语录金刚句记》的西夏文译本。《大乘要道密集》中还有一系列有关“大手印法”的文本，其相应的西夏文译本也见于俄藏黑水城西夏文文献中，但它们与早期噶举派上师所传的“大手印”文献不相符合，经过学者们仔细的甄别，这些“大手印法”的文本应该是萨迦派上师所传，属于萨迦派的传统。

此外，在宁夏拜寺沟方塔中出土的著名的木活字西夏文印本《吉祥遍至口合本续》，这也是萨迦派道果法所依赖的一个重要作品。

事实上，萨迦派很早就与西夏有联系，萨迦初祖贡噶宁波有很多弟子，而他的弟子中，有一位“智纲法师”，他即来自“弥药”，也就是西夏。而萨迦三祖扎巴坚赞的一位弟子迥巴瓦国师觉本曾当过西夏皇帝的上师，这位上师后来还当过四祖萨班的老师，萨班专为他造《上师瑜伽》。

所以，萨迦派的教法在蒙古兴起以前就早已在西夏地区广泛传播了。这样看来，1247年萨班与蒙古汗国西凉王阔端的成功会谈实际上早已有前人做好了铺垫。二十多年前帝师热巴离开西夏是审时度势，如今，萨班以年迈之躯跋涉万里赴凉州之约，既是审时度势，同时也更为自信，因为他的教法早已遍布凉州大地，他的信众也早已在等待他的召唤。他带上年轻的八思巴，既是希望自己的教法传播得更远，同时也可能希望藏地与中央统一的关系由年轻人继续承接下去。无疑，西夏不仅架起了藏传佛教东传的桥梁，而且为凉州会盟做好了铺垫，为西藏和中原地区走向统一做好了准备工作。

米拉日巴像（武威亥母洞出土）

（段玉泉　高　仁）

提起西夏，人们脑海中首先出现的概念就是神秘。那么，它最神秘的地方在哪里呢？在那些帝王将相的传奇故事中吗？在那些红墙碧瓦的巍峨宫殿中吗？西夏人是如何生活的？西夏人有什么风俗习惯？西夏人的精神气质是怎样的？

神秘西夏

第九集

众生百态

——西夏人的日常生活

众生百态

——西夏人的日常生活

在中国的著述传统中，凡是赫赫有名的人多多少少总会被记录，凡是默默无闻的人大大小小总会被忽略。这一点在缺乏历史记载的国度中表现得更为明显。由此看来，由人民群众和土屋泥舍构成的西夏社会才是最值得深入探索和研究的。在这个被正统历史有意识地剔除和遗忘的地带，埋藏最多的是真实，出土最少的是假象。这里既是开拓人生境界的平凡道理的集散地，更是改变时代面貌的伟大力量的聚合处。

西夏人是如何生活的？西夏人有什么风俗习惯？西夏人的精神气质是怎样的？

由于保存下来的文献和图像资料并不连贯，我们很难为这个多民族组成的、多重社会形态并存的多元文化社会勾勒出一个完整的图像。我们只能像盲人摸象一般，通过一个又一个零碎的片段来猜想它那一刻的容颜，来感知它那一刻的心情。以下仅仅是西夏不同时期的不同人群的一些生活场景。

一、户口里的秘密

《汉书》中有这样一则故事，讲的是沛公刘邦占领秦朝都城咸阳，他手下的将领都争相跑到储存金帛财物的府库去瓜分，唯独萧何卓尔不群，他并没有加入抢掠的

西夏墨绘五男侍木板画（武威博物馆藏）

行列，而是前往丞相和御史所在的官衙收集图书。大家伙当时都觉得萧何太傻了，认为书呆子爱书成癖也不至于此。

那么萧何真的很傻吗？他真的不知道珍宝和竹简的天壤之别吗？事实上，萧何从来都不傻的，要不然他也不会在后来汉朝建立的时候，获得天下第一功臣的封号。就拿汉军闯进咸阳这件事来说，如果把其比喻为寻宝的话，其他人在仓库里寻到的不过是宅地置屋的朝夕之利，而萧何在竹简里寻到的却是体国经野的百世之利。那么这所谓的“百世之利”到底是什么呢？《汉书》的作者班固继续写道，汉王之所以能够详尽地知道天下的要塞所系、人口多寡、地方强弱、民众疾苦，就是因为萧何得到了这批图书的缘故。

原来萧何找到的宝物主要有两类：一类记载形胜要害的地图，另一类记载户口赋税的籍账。这的确是古代国家赖以存在的两大基石：一个代表版图和权力，一个代表人口和财富。在中国历史上，当一个君王宣告投降的时候，除了模拟性的负荆请罪之外，通常的仪式中还有一项，就是向战胜者奉献地图和户籍。1227年六月的某一天，西夏的最后一位皇帝李晛也是以这样的卑微姿态永远地告别了历史舞台。

不仅如此，在蒙古人攻城拔寨者的队伍中，也不乏像萧何一样有见识的人物，最著名的就是耶律楚材。《元史》记载说：

攻陷灵州之后，诸将都忙于争取子女金帛，而楚材却只收遗书及大黄药材。之后士兵中疫病流行，全靠大黄才得以治愈。

关于这批遗书的种类，史书上并没有交代。从萧何的事例来看，楚材的遗书当中

西夏小木椅（武威博物馆藏）

应该包括了地图和户籍之类的文档。因为在楚材和萧何这样的“治天下匠”眼里，这些密密麻麻写满名目和数字的账册才是真正的财富，它们既是旧政权治国的经验与成就，也是新朝代施政的基础和根据。

中国自古以来就有编制户籍的传统。战国、秦朝有计书，两汉有计簿，隋唐有手实、籍账，宋代有版籍、丁籍，明清有鱼鳞、黄册。然而，这些重要的国家档案在历史的烟尘中大多数已经不知去向，能够留存到今天的实物原件少之又少，可以说是凤毛麟角。除了很近的时代之外，这些幸运儿要么来自尘封千年的石室，要么来自久未开启的墓葬。现在需要追问的是，西夏王朝的户籍资料，也就是所谓的“楚材遗书”和“夏国图籍”之类，有没有逃脱灰飞烟灭的命运呢？如果有，那么它们今天又踪迹何在呢？

直到20世纪末，随着“俄藏黑水城文献”大规模的整理和陆续刊布，这个人们久已不抱希望的问题才有了积极的进展。在总共8000多份编号的文书海洋中，专家们惊喜地发现其中居然还隐藏着100多件（号）有关西夏黑水城地区户籍和人口的原始档案。尽管多半残损，但是这些西夏文书写的珍贵文献，对于探索和研究七八百年前的西夏基层社会有着无可替代的史料价值。

那么西夏时期的户籍到底是一个什么样子呢？它里面究竟包含哪些内容呢？让我们徐徐展开几份颇具典型意义的户籍文卷吧。

俄藏黑水城文书中，存一户籍残卷，长达3米，上面密密麻麻书写了将近200行的草书文字。它主要记录的迁溜饶尚般百管区的人口状况，包括每一户的人口状况和迁溜总人口状况两部分。

“迁溜”是西夏农村的一级管理组织，相当于当时中原地区的“里”，或现在的居委会或村委会。大约可以管理100户。迁溜的职能范围很宽，除了负责户籍登记外，也要负责对“抄”的登记和管理，还要编制申报乡里的籍账，负责催缴租税，组织开渠、修渠等。饶尚般百所管79户人家中共有居民220人，比规定的人数要少了许多，这或许表明连年的战争使西夏人口在逐渐减少。这一部分首先登记迁溜所管辖的总户数和总人数，接着登记大小人口数量；其次是将以前的人口状况抄录在前，按照总人数、男总人数、男大小人数、女总人数、女大小人数进行登记；再次登记单身人口总数、男单身总人数、男单身大小人数、女单身总人数、女单身大小人数；最后登记新增加（或减少）的总户数、总人口数、男人口总数及男大小人口数、女总人口数及女大小人口数。由此文书可知，西夏户籍中有新户和旧户的区别。这17户新户共计39人，是三年一次的户籍普查时登记在册的，他们的来历可能是逃荒或战争掠夺或其他因素，因为古代人口的流动是比较大的。

每家人口登记的主要内容有：一是户主姓名。户主即家主，一般由男性直系尊长担任，如第三户梁瑞犬、第四户律移十月盛、第十户明祖老房盛等，但也有女性户主，如第二户平尚氏阿明、第五户杨氏福有宝、第十三户浑氏宝乐等。二是户主之下则按照人口大小从男到女的顺序登记家庭成员，其内容包括人口数量、男子数量、大小姓名及亲属关系、年龄等。

这两份文书长度只有50厘米多一点，后者恰好是前者的誊写本。它们一般被称为手实或者手状，是一种民间向官府申报户口、资产的牒状类文书。编号8203主要记录的是移合讹千男一家的人口与财产状况，包括土地、物品和牲畜三部分。千男家有地4块，其中3块能够播撒粮食各7石，一块6石。他家共有8口人，除户主外，成年男人和小孩各2人，年龄分别是

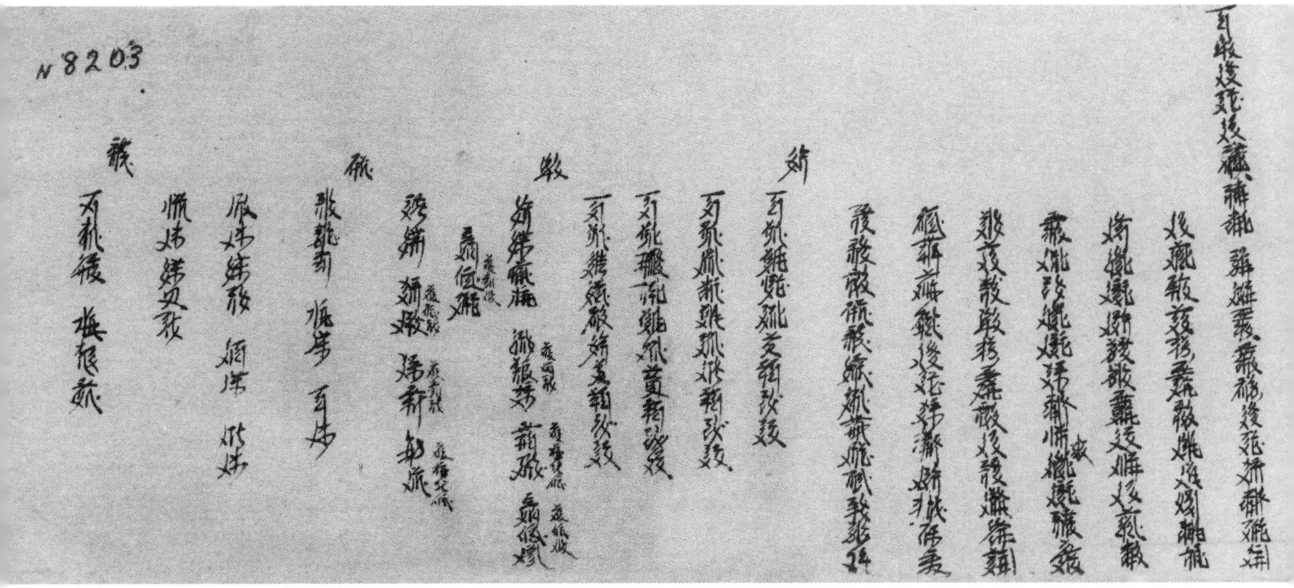

西夏手实文书（黑水城出土）

40岁、25岁、5岁、3岁；成年女人3人，年龄分别为50岁、30岁、25岁。文书没有注明家庭成员之间的关系。除土地外，他们还有骆驼3只，其中两大一小；牛10头，其中大4头、小6头；羊大小80只。另外，千男家值钱的物品一条毯、二卷纡也进行了登记。

编号4991-5户籍文书中，人口税账从开头至“一户梁吉祥势”之前，为这一农迁溜“梁肃寂”所管辖的人口纳税的统计总账，其总账内容包括迁溜负责人、总户数、单身人数、总人口数及总纳粮数情况；又分别统计男女大小的人口数和缴纳粮食数；然后再统计59户男女大小的人数和纳粮数，39人单身男女的人数和纳粮数；从“一户梁吉祥势”开始到末尾都是诸户人口及纳粮登记，包括户主姓名、人口数、每户缴纳粮食总数、男女大小各自缴纳粮食数。从人口总数和纳粮总账以及后部分的每户人家的大人小孩各自纳粮数来推算，黑水城地区纳税标准不论男女，只区分大小，每个大人纳粮3斗，小孩纳粮1.5斗。这个记载第一次揭示出西夏征收人口税的事实，弥补了已知西夏法律记载的不足。

西夏壁画菩萨像（东千佛洞第2窟）

以上所举三种文书，也许是片段。其实是西夏户籍的三种不同类型，分别记录了某迁溜人口数目、某家庭财产状况和某迁溜的人头粮食税。还需要指出的是，迁溜管区的人口、税收信息来自于各个家庭申报的手实。可以想见，迁溜饶尚般百负责的户籍工作的流程为，先是以每年对有所变化的家主所报上来的手状为开始，由小甲进行补充登记，上报小监，小监可参考原有户籍并汇总后报农迁溜。农迁溜在西夏官府每三年进行一次的人口大普查中，将自己所辖的二小监即一百户家主的户口情况核校后整理汇总上报郡县，郡县据此可以编定出所属郡县新的户籍册子。

这些西夏文户籍文书的意义远不止于此，它们还透露出了西夏时期一些重要的家庭现象和社会问题。如社会基层结构中小家庭为主要形式，没有户籍的人口可能是那些完全丧失人身自由的使军和奴仆。再如户主以男性为主，但也不乏女户主。成为女户主是要有前提条件的，即要有男性子女。因为根据西夏法律规定，女子并无独立的财产继承权，一户中没有男性，便“人根已断”，家庭财产并不完全属于家主的妻子，这样的家庭，女子只有谋求改嫁了。如黑水城地区住户已经摆脱了以部落、氏族单一姓氏为社会基层单位的束缚，形成了不同姓氏、不同民族的杂居社区，党项族与汉族通婚已不是个别现象；一夫多妻和姑表婚姻在普通平民中也同样存在；男女人口比例失衡等问题。

二、尚巫崇鬼之风

干旱的自然环境、农牧兼营的社会经济、多元的民族文化，使得西夏的社会风俗总体上呈现出复杂的形态和质朴的风格。

（一）鬼神巫术

在西夏人的意识世界中，既流行着儒、释、道等高级层次的思想活动，也充斥着万物有灵和神鬼皆在等较为原始的精神信仰。西夏《黑水河建桥碑》就反映了这种多元并存的信仰体系。碑文这样写道：

镇夷郡内黑水河上下所有隐显一切水土之主、山神、水神、龙神、树神、土地诸神等，咸听朕命。昔贤觉圣光菩萨哀愍此河年年暴涨，漂荡人畜；故以大慈悲兴建此桥，普令一切往返有情，咸免徒涉之患，皆沾安济之福。斯诚利国便民之大端也。朕昔已曾亲临此桥，嘉美贤觉兴造之功，仍罄虔恳，躬祭汝诸神等。自是之后，水患顿息，固知诸神之所致也。今朕载启精虔，幸冀汝等诸多灵神，廓慈悲之心，恢济渡之德，重加神力，密运威灵，庶几水患永息，桥道久长；令此诸方有情俱蒙利益，佑我邦家。则岂惟上契十方诸圣之心，抑亦可副朕之弘愿也。诸神鉴之，勿替朕命。

以大迁徙为界，党项人的民俗信仰可以分为两个阶段。迁徙之前，他们主要拜“天”，即崇拜各种自然现象。他们有“三年一聚会，杀牛羊以祭天”的习俗。迁徙之后，党项人主要拜“鬼”，即崇拜各路神仙鬼怪。《宋史》明确指出西夏的党项人“笃信机鬼，尚诅咒，每出兵先卜”。在他们的心目中，鬼神无所不在、主宰一切，并且有着不同的分工。鬼主恶，谓之“损

西夏丧葬乐舞图（黑水城出土）

甚至影响到了西夏陵的布局，“西夏陵区所有的西夏帝陵及陪葬墓，其墓室皆置位于陵园或墓园后首右上方，即置于偏离子午线右上方，这种既脱离陵园或墓园中心，又脱离子午线的葬式，也是西夏墓的特点之一”。皇帝也是肉身凡胎，虽死亦不葬于陵园之中轴线上，而将其留给神祇所居，以便继续在阴间守护皇帝。

害”；神主善，谓之“守护”。不过无论鬼或神，党项人都是顶礼膜拜、敬畏有加。《梦溪笔谈》卷十八记载：

盖西戎之俗，所居正寝，常留中一间，以奉鬼神，不敢居之，谓之神明，主人乃坐其傍。

在正中设置神位，是羌民族在构建房屋、院落时普遍遵循的理念。古羌人史诗有云“雪山顶上捧白石，白石供在房顶正中间”；如今羌族尚有在主室屋角神龛上供“角角神”，在主室火塘中供火神，以及将主室内的支撑柱供为中柱神，称“中央皇帝”等习俗 。党项人将正中主室腾出不住，供奉神明，并在此进行祭祀、祈禳、占卜等活动，是“神人共栖”思想较为突出的表现，他们希望神明在家长驻，成为保佑整个家族兴旺繁荣的家神。这种民俗

党项人认为生病和战败都是恶鬼作祟的结果，要想去除病魔和获得胜利，必须“送鬼”和“驱鬼”。生病一般不用医药，而是请巫师来作法送鬼，他们通过舞蹈跳跃，来迷惑观众。有时，病人也可能被转移到他处，以躲避病魔的骚扰。这被形象地叫作“闪病”。因为卫生环境的改善，闪避的结果有时也会促成病情的好转。

打败仗对党项人来说，并不是多大的耻辱。他们通常会在战后第三天回到败地，抓住个别敌方人马之后，立刻乱箭射死；有时没有俘获，则用绳子捆扎的草人草马代替，一边诅咒，一边放箭，以达到压制和伤害所厌恶的人物或魔怪的目的。大安十一年（1085 年），西夏军攻宋，监军嵬名理直中伏战死，败绩。夏方俟宋朝

防务松懈，出兵在城四周大掠，俘得之人即射杀之。党项人把这叫作“杀鬼招魂”或“射鬼箭”（《宋史》卷四八六《夏国传下》）。这和汉族民间流行的“厌胜”巫术十分相像。在13世纪中，在河西瓜沙地区的葬俗中，这种巫术思想也时有体现：

君等应知世界之一切偶像教徒皆有焚尸之俗。焚前，死者之亲属在丧柩经过之道中，建一木屋，覆以金锦绸绢。柩过此屋时，屋中人呈献酒肉及其他食物于尸前，盖以死者在彼世享受如同生时。迨至焚尸之所，亲属等先行预备纸扎之人、马、骆驼、钱币，与尸共焚。据云，死者在彼世因此得有奴婢。牲畜、钱财等若所焚之数。柩行时，鸣一切乐器。①

（二）占卜相面

除了驱鬼招魂、替人看病之外，西夏的巫师还能占卜战斗胜负、五谷丰歉、六畜灾祥、买卖输赢等。他们的占卜方式主要有四种：其一为“死跋焦”或“炙勃焦”，即用艾草灼炙羊脾骨，视其裂纹以定吉凶；其二称为“擗算”，即在地上摔打竹子，根据竹端裂开后出现的竹签之数定祸福；其三为“咒羊”，即“生跋焦”，于夜间牵一只羊，焚香祷咒，再于僻静之处燃烧谷草，次日清晨，杀羊剖腹，视其内脏以定用兵胜负，若羊心有血则以为用兵不利；其四叫“弓弦卜”，以沙柳箭杆敲击弓弦，凭所发声响推断敌军到达之时和交战的胜负，以及六畜灾祥、五谷丰歉等灾异之事。

卜羊是西夏占卜最显著的特点，“祭神有羊番地梁”“设宴祭神宰羔羊”等谚语说明党项人自古以来就以羊来敬奉神明的习俗。宋人沈括记载：

西夏壁画五十一面观音（榆林窟第3窟）

西戎用羊卜，谓之“跋焦”；卜师谓之“厮乩”。以艾灼羊髀骨，视其兆，谓之“死跋焦”，其法：兆之上为“神明”；近脊处为“坐位”。“坐位”者，主位也。近傍处为“客位”，盖西戎之俗，所居正寝常留中一间，以奉鬼神，不敢居之，谓之“神明”，主人乃坐其傍，以此占主客胜负。又有先咒粟以食羊，羊食其粟则自摇其首，乃杀羊视其五藏，谓之“生跋焦”，其言极

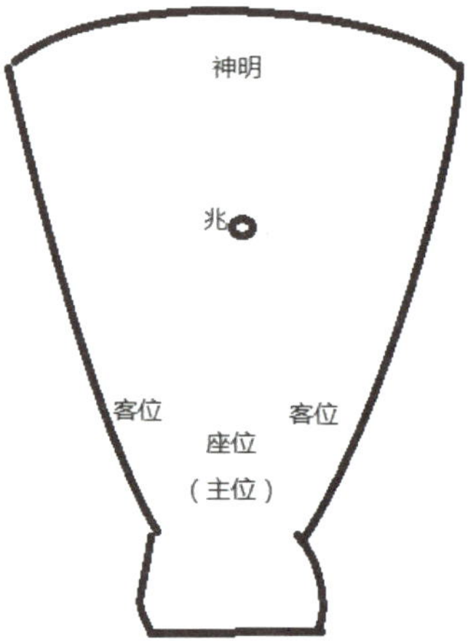

羊胛骨占卜释兆示意图

有验，委细之事皆能言之。“生跋焦”，土人尤神。（《梦溪笔谈》卷十八《技艺》）

关于炙羊骨的“死跋焦”占卜，其法不知起源于何时，武威齐家文化遗址中就曾发现过以羊肩胛骨来占卜的实物。罗振玉在《殷墟书契考释》中提及“凡卜祀者用龟卜，他事皆以骨，田猎则专用胫骨，其用胛骨者则疆理征伐之事为多”，商代与西方羌族先民之部落、方国多有征伐，商人以肩胛骨卜战事或借此传入羌族部落，至西夏时终发扬光大，成为民间占卜的主要手段之一。陕北靖边县白城子夏州故城遗址以及武威的石城山均出土过西夏时期的卜骨。②

西夏军队中也流行羊骨占卜。史载宋将张亢欲袭琉璃堡，“使谍伏敌砦旁草中，见老羌方炙羊髀占吉凶，惊曰：‘明当有急兵，且趣避之。’皆笑曰：‘汉儿皆藏头膝间，何敢！’亢知无备，夜引兵袭击，大破之。”（《宋史》卷三二四《张亢传》）“老羌”能从骨卜中窥探出宋军将至的军事

黑水城出土佛顶尊胜曼荼罗木板画供养人耶和松柏山

情报，很可能是倚仗其丰富的战场经验，并试图以占卜的形式让将士接受并做好防备，可惜其意见被忽略，没能避免一场大败仗。

“生跋焦”的程序为：先将粟放在神位前念咒和祈祷，然后将粟喂于羊食用，待羊吃完，摇头时将其宰杀，检视五脏以辨吉凶。当时人们似乎更看重“生跋焦”的结果。羊无故缘何摇头？必是有外界刺激之故。西夏都城故地（今宁夏银川市郊区）的汉族葬俗包括羊祭一项，在祭祀过程中，要“给羊的口、鼻、耳中灌入水和少许白酒，并将羊身上的毛用水淋湿，称为‘净洗’……直到‘领牲’的羊摇头摆耳，抖动身躯将毛上的水抖去，人们便应和着说：‘领了’！”③西夏行“生跋焦”时欲使羊摇头，想必也有类似往其身上泼水的步骤。距西夏灭亡不久的元朝初年，“生跋焦”仍在羌人间流传，元将张庭瑞曾镇压碉门羌，“遂从数骑，抵羌界。羌陈兵以待……其酋长弃枪弩罗拜曰：‘我近者生裂羊脾卜之，视肉之文理何如，则吉其兆，曰：‘有白马将军来，可不劳兵而罢。’今公马果白，敢不从命”（《元史》卷一六七《张庭瑞传》）。羊脾随机显出的纹理又如何能反映敌将马匹之颜色？显然，这里的羌酋也是将自己的主观想象融入了占卜结果之中，以图给自己的归降寻找一个体面的借口。

“弓弦卜”是有科学道理的。西夏的弓弩用“柳干皮弦”制成，晴天的弓弦干燥而声音清脆，挽来强劲有力；阴雨天弓弦受潮而声音相对沉闷，拉起来也松软无力，弓弩的射程和威力也相对较弱，即所谓“雨雪则不能施”，这对战争胜负有一定影响；晴天军队行进速度较快，恶劣天气行军较为困难，因此能推知敌人的行军速度和到达日期；同样的原理还能够预知气候是否风调雨顺和适合农牧业生产。

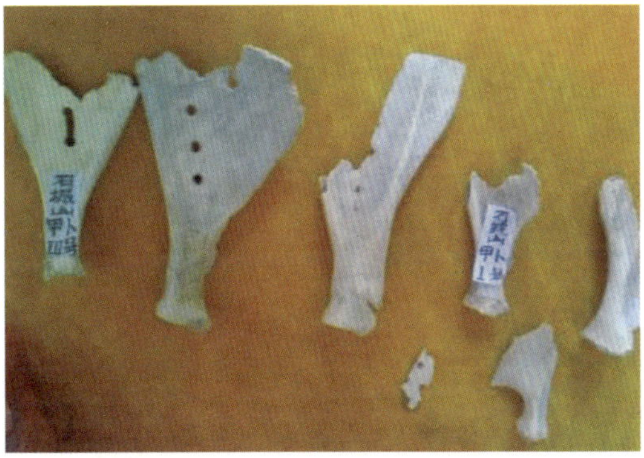

西夏羊胛骨卜骨（武威石城山出土）

黑水城发现的西夏文献中，有很多种占卜类文书，诸如易占、测字、六壬、星占、相面、看阴阳宅、择日、算命、事项占等，应有尽有。其中星占和相面术的资料较为完整清晰。

“星占”就是根据气象变化预测趋势、决定方向。西夏百科全书《圣立义海》中讲说“冬中观云，云色黄则大安；青则来年多虫；白则有病亡；赤则有兵；黑则有水灾也”。黑水城发现的《大轮七年星占书残页》更是西夏人星占术的实物。这份关于生于癸丑年某男子的星算卜辞中一段文字这样写道：

……命男癸丑岁十月二十四夜丑时承庆也，三命依本根四柱

年癸丑木　自身成柱

月癸亥水苗　日戊午火花

时癸丑木果　胎甲寅水才民

大轮七年权巨蟹今记酉木宫住

根据文书中的历学信息，可以推知这个癸丑年为西夏乾祐二十四年（1193年）。其中提到的“四柱”是以年、月、日、时的干支为八字排成的四柱，即年柱、月柱、日柱、时柱，用以推断人的命运，称为

西夏壁画供养菩萨（榆林窟第3窟）

八字推命术或四柱推命术。这种占卜方法，显然也是受到了汉文化的影响。和中原王朝一样，西夏的皇帝也接受了天人感应的思想。1097年，出现彗星，夏崇宗李乾顺下诏责己，大赦天下，死罪从流，流罪减免，同时改年号为“永安”。

现藏于俄罗斯圣彼得堡艾尔米塔什博物馆的西夏文《相面图》，是黑水城文献中唯一的相书残卷。图中用黑墨线描绘了一位男人的半身侧面像，脸部大体露出左侧脸颊及面部，头上以高冠系住头发。西夏文题记写在图像的左右两侧，标明该部位的名称和在相面中代表的含义。面部亦有西夏文标记名称，有的还记有形状及其在相面中的含义。题记共有18处，如“若天庭骨（前额中间）不直而且一直连到耳朵，则此人卓越非凡”，“若天庭骨高挺，这意味着长寿、显贵、自信”，“若龙角骨上抬，则有显贵之位”，“若天仓骨突出饱满，则此人富有智慧、忠诚可靠、有力而安乐”等，总之大体以面部骨像来判断人的性格、贫富、贵贱、寿命长短以及命中注定将拥有之物。与中原及敦煌等地流行的相书相比，西夏相面书面部部位的名称基本沿用汉文典籍，但却不完全拘泥于其中，通过将一些部位的名称合并和省略，将汉文相书中140至150不等的部位名称，简化为17个。将骨相放在相面的首要地

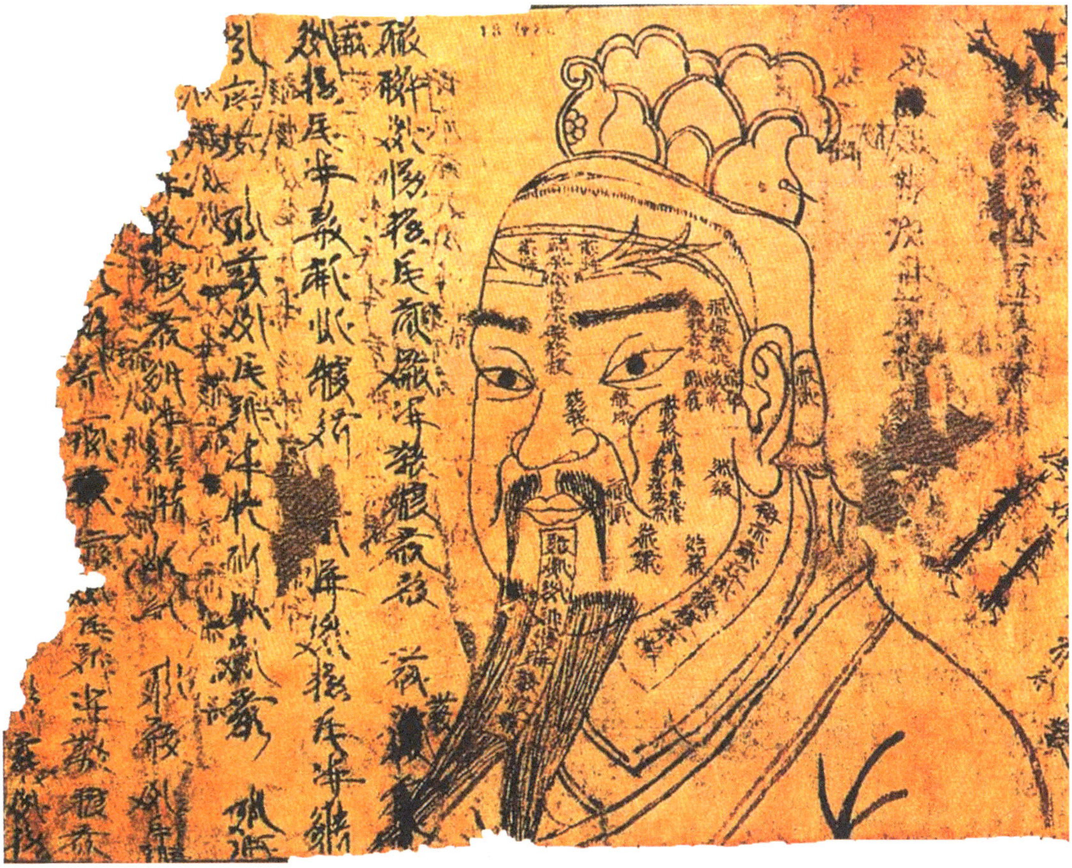

西夏相面图

位，也是西夏相书的突出特点。以上反映西夏的相学家在编辑相书、吸收汉文相书时，着眼于实用，化繁为简地创造了独特的西夏相面术。

西夏巫卜之术的盛行，也给周边民族留下了深刻的印象。他们在自己的史书中对此曾大书特书：

兹言汉土王都陷于木雅之始末。据传木雅疆土原为汉族所辖……北方有一神妪，复教之口："今月十五日汝等急整军马，以马鞭马粪投入黄河，如此则汉地皇帝之玉玺，必入于汝等之矣。"迨至十四日，老妪复登城头，捶胸大哭。帝使人问之。妪答言："天帝告我，已授大命于木雅为王，我等若不归顺，则汉族子孙将无遗类矣。明日即有难以计量之大军将至。"问有何征验答："汝等明日往观黄河，则可亲睹马鞭马粪将使河水变色。"翌晨往验黄河，果如所言。皇帝震惊异常，问何以处。妪答云："降之可免。"于是王率臣下七人，奉玺请降，途遇毒龙子及其骑

西夏连珠纹执壶（乌海市博物馆藏）

队，收玺杀毛，复次第戮其臣宰，汉族疆土遂尽为弭约所有。毒龙之子名木雅王，亦承袭其父名称西胡王。此王传统逾六世，则亨木稚甲郭王出世。从木雅西胡王至甲郭间木雅王统嬗递，历时约二百六十年云。④

至唐古特地方，将图尔默格依城围困三层，有善法术之哈喇刚噶老媪，在女墙上摇动青旗，施镇压之术，倒毙骟马二群。苏伯格特依巴图尔奏汗曰："吾主，今军中骟马将尽，试令哈萨尔出，射之。"汗以为然，将备用之淡黄马给哈萨尔乘骑，令其发矢，哈萨尔即指老媪之膝盖射之，应弦而毙。（《蒙古源流》卷四）

然而，无论这些巫术在人们的心中曾经是多么的神奇和强大，但在蒙古水到渠成的统一潮流中，终究还是故弄玄虚的说辞，它当然是无法拯救王朝覆灭的命运。

（三）礼佛朝圣

敬畏于自然，虔诚于宗教，是西夏普通民众劳作和困顿之余精神领域的一大慰藉。在莫高窟、榆林窟的佛教洞窟中留下了不少西夏人的题记和发愿文，其中有些明显是来自外地的香客。莫高窟第 65 窟西龛南侧边饰上有一则西夏文发愿文，译作：

甲丑年五月一日税院中多乙搜寻治，我沙州地界上来，城圣宫沙满，为得福还利，已弃二座寺庙中沙，我法界有情，当皆共欢聚，遇于西方净土。（莫高窟第 65 窟西龛南侧边饰发愿文）

"甲丑"，纪年法中无此干支，甲或为乙之误。⑤"多乙"可能是到敦煌莫高窟寺庙礼佛的人，他可能从凉州旅行到沙州莫高窟，做修行善事，清理洞窟中的积沙。又榆林窟第 25 窟外室甬道北侧第一身供养人女像榜题上有西夏文发愿文。可译为：

雍宁甲午初三月一日昼寺院出家众行善者酩布觉弃除榆林寺庙中沙，以此善报，利诸生故，回敬菩提方。（榆林窟第 25 窟

外室甬道北侧发愿文）

这是党项族僧人酩布党为首的旅团到榆林窟清除洞窟积沙的记录。西夏普通的僧俗平民无力妆孞石窟，仅能旅游来此顶礼膜拜。莫高窟第285窟北壁西面第一禅窟内有一幅粗犷简朴的壁画以及墨书西夏文10行，它们真实生动地描绘了西夏平民礼佛朝圣的情景：

雍宁乙未二年九月二十三日麻尼则子兰、嵬立盛山、酩布子夏园、麻尼则子乐、麻尼则瑞盛。一〇八人，同来行愿，当来山寺庙中烧香。当使生生见各佛面，司者案头酩布子夏国。（莫高窟第285窟北壁西第一禅洞题记）

黑水城出土普贤菩萨绢画女供养人

此为西夏崇宗时题记，墨书上画一浮屠，旁画一列4人，手持供养花，对浮屠朝拜。

看着这些墙壁上的文字，我们的眼中出现了这些礼佛朝圣的信众们的样子：他们风尘仆仆，他们汗流浃背，他们五体投地。他们在题刻时的心情绝不是现代人们涂鸦“××到此一游”时的兴奋，而是来自灵魂深处的最虔诚的敬仰和愿望；他们要清扫的绝不限于洞窟中的积沙，还有一个个在俗世中不断沾染的心灵。

三、巾帼不让须眉

（一）麻魁的传奇

一个月明星稀的夜晚，一群身体强壮的妇人。她们环坐而饮，割鲜而食，划拳行令，一时间好不热闹。待到酒足饭饱之后，只见这些女人们抄起身边的锄头、斧头、擀面杖、杀鸡刀、打狗棒，大步流星地就往一户人家奔去。她们这是要去打架吗？对，准确地说，她们是替别人报仇！

原来是宴席的主人与人结下了仇怨。按照党项人的传统风尚，一个人如果有仇不报，那么就会被人们耻笑。由于宴席主人自己力量弱小打不过人家，他为了能在部落里抬起头来，只好雇些打手来复仇。按理说，打手应该由彪悍魁梧的男人来充当，可是为什么他要选择一些作风泼辣的女人呢？

原来在党项人的意识里，凡是悍妇经过的地方，家族都不会兴旺；凡是和女兵战斗，人生就不会吉祥。因为害怕仇家反过来再报复，于是力气小的人就派出被人们视为不祥之兆的悍妇前去挑衅。可以想象，在浓烟冲天、火光缭绕之下，这些披头散发、亦醉亦狂的女人们目若无人地扬长而去；而被损害到的人家只能远远地躲着一边哀叹不已。（《隆平集》卷二〇《夏国赵保吉传》）。

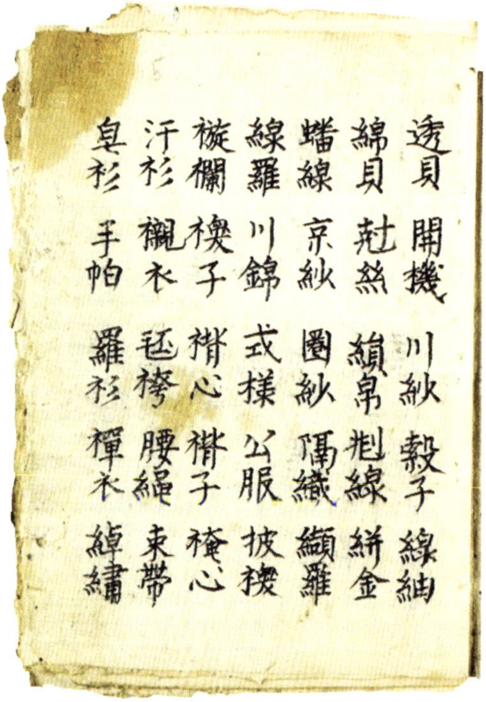
透貝 開機 川紗 縠子 線紬
綿貝 尅絲 纈帛 剋線 絣金
蠟線 京紗 圈紗 隔織 纈羅
線羅 川錦 式樣 公服 披襖
旋襴 襖子 褙心 褙子 襠心
汗衫 襯衣 毡袴 腰繩 束帶
皂衫 手帕 羅衫 襌衣 綽繡

西夏汉文《杂字》衣物部

当然，这些敢于战斗的女人可不是普通的女人。在文献记载中，她们的名号叫作“麻魁”！在西夏语中，“妇”音为“麻”，“大”音为“魁”，“麻魁”的意思其实就是“壮妇”。因为身体强壮、勇敢无畏、武艺高强，麻魁们也就成为了西夏战地前沿的一道独特风景。史载“元昊倾国入寇，不过四五万”，而“老弱妇女举族而行”。1040年九月，宋环庆副都部署任福率军攻破西夏白豹城，“擒伪张团练并蕃官四人，麻魁七人”（《续资治通鉴长编》卷一二八）。

西夏为何会以妇女为士兵呢？西夏统治者有他们自己的想法，利用敌军“敌女兵不祥”的迷信心里，与“好男不和女斗”性别心里，可以取得胜利。还有西夏人口稀少，兵源不足，粮饷匮乏，使用女兵可以有效地缓解这些问题。但最重要的是西夏妇女骁勇、尚武，完全能够胜任士兵这一职业。

《天盛律令》就记载西夏妇女在军中承担守卫营垒、站岗放哨等任务。如“守大城者，当使军士、正军、辅主、寨妇等众人依所定聚集而往……”其中寨妇就是指城中担任防守职责的女兵。律令对她们诸如缺勤、渎职等违纪行为都有详细的处罚规定。西夏妇女复仇、参战的现象显然为中原妇女所望尘莫及。

西夏民俗强梗尚气，民多勇武，全民皆兵，身处下层之妇女也能参加战斗。在这种环境中，社会上涌现了一批乐于政事、喜好战斗的巾帼英雄。她们在复杂的政治旋涡中心娴韬略，运筹帷幄，在战火纷飞的疆场更是冲锋陷阵，指挥若定。其中代表性的人物就是赫赫有名的大、小两位梁太后。

大梁太后为惠宗秉常母，以能征惯战而著称。秉常钦慕汉礼，为梁氏所恶，遂发动政变，幽禁秉持常，既“自主国事”，又“自主兵戎”。在她统治的17年（1068—1085年）中，先后策动和指挥的对宋战争有40余次。1069年八月，梁太后曾点集境内七十岁以下、十五岁以上民众，号30万，“赍百日粮，攻沿边五路”，致使“陇右大震”。1081年，宋神宗赵顼发兵来攻，五路并进，梁氏家族梁乙埋等领兵抵御，尽皆溃败，形势危急。梁太后改行坚壁清野、引敌深入、抄绝饷道、聚兵歼灭的战略，击退宋军。次年，夏军又与宋发生永乐城之战，大获全胜，宋方死将校数百人，士卒、役夫20余万，主帅徐禧也死于乱兵之中。从此以后，神宗再无言兵之志。

崇宗乾顺母亲小梁太后更是一员虎虎生威的猛将。她常以国母之尊亲临前线，不惧锋镝，可谓是一位飒爽英武的女中豪杰。西夏天祐民安七年（1096年）十月，夏人“忽自长城一日驰至金明，列营环城”，且“纵骑四掠”。而此次抄略宋境不仅梁太后亲临战阵，竟还“亲督桴鼓”。之后西夏军队攻克了金明寨，“守兵二千八百人惟五人得脱”，得到“城中粮五万石、草千万束”。得胜之后还“留一书置汉人颈上，曰：‘贷汝命，为我投于经略使处。’”（《宋史》卷四八六《夏国传下》）梁太后这样的丈夫气概，直教须眉汗颜。

西夏摩利支天唐卡供养人（黑水城出土）

永安元年（1098年），这位梁太后又发动了一次亲征。这一次，她亲自率兵40万，与宋争夺平夏城，“昼夜疾攻”，“自

黑水城出土阿弥陀佛绢画男女供养人

己卯至壬辰凡十四日"，平夏城久攻不下，西夏制造了一种称为"对垒"的攻城工具，"俯其上以临城，载数百人填壕而进"。而就在攻城时，"俄有大风震折之"，西夏惜败，"戎母惭哭，裂面而还"。其刚韧可见一斑。

西夏后妃所具有的智勇双全和胆识过人，在中国古代历朝后妃之中实属罕见。虽然中原王朝也多次出现过母后专权的政治局面，但专权的太后却从来没有亲征的举动，更不要说亲临前线了。在某种意义上，这些走上前线的太后就是西夏最大的麻魁，就是激励西夏战士奋勇杀敌的精神象征。

（二）爱情的悲歌

婚姻家庭是反映妇女风尚的最佳载体。宋朝建国以来，对妇女的束缚日益加强，尤其是随着理学的兴盛，"饿死事小，失节事大"成为了判别妇女品行的道德标准。与之相较，尽管在儒家思想的影响下，西夏统治阶级也大力提倡三从四德的家庭伦理和从一而终的贞洁观念，但是在社会制度和传统风俗的制约下，西夏妇女则保留着较多的个人自由和较高的社会地位。

西夏俗语称"后生相爱恋，每日十往还。不恋自己家，远远奔天涯"。这显然是近乎自由恋爱的大胆行为。党项女子不像中原女子，将婚姻大事交与父母决定，相反，私奔现象经常发生，并为社会所接受。《天盛律令》规定，妇女可随便同其他男子出逃生活，若一段时期后不再喜欢，可伺机与另一相悦者一起逃出，再组家庭；若返家生活，则原夫不可阻拦，不许追问。尤为独特的是，为了爱情而死的殉情现象在西夏人看来是美好的事情。宋人上官融在《友会谈丛》记载了这样一种奇异的风俗：

俗重死轻生，侮法忘义。凡育女稍长，靡有媒妁，暗有期会，家不之问。情之至者，必相挈奔逸于山石掩映之处，并首而卧，绳带置头，各悉力紧之，倏忽双毙。二族方率亲属寻焉。见而不哭，谓男女之乐，何足悲悼？用缯彩都包其身外，裹之以毡。椎牛设祭，乃条其革，密加缠束。然后择峻岭，架木高丈余，呼为“女棚”。迁尸于上，云于飞升天也。二族于其下击鼓饮酒，数日而散。

（三）风流的时代

非婚性行为在西夏是较为常见的，俗谚有“贱女帐内客来睡”之语。在宫廷政治中，女色与权力的斗争往往是结伴而行的。如元昊妃卫慕氏，与元昊不睦，被囚之别宫，后生子，野利皇后密告所生子貌类他人，元昊大怒，将卫慕氏母子并杀。元昊曾“纳没啰皆山女，营天都山以居之”。这位没啰氏本身是元昊为太子宁令哥所纳的新妻，但“见其美，自取之，号为新皇后”。（《续资治通鉴长编》卷一六二）当然，最终也就是以这位美丽的“新皇后”为起因，引发了一场激烈的宫廷斗争，元昊也在这场斗争中丧失了性命。又元昊诬杀大臣野利遇乞后，与其妻没藏氏私通，并有非婚生子谅祚。后来在宫廷政变中，没藏氏取得胜利，成为了西夏历史上第一位专权的太后，谅祚也被立为皇帝。没藏氏成为太后，但其风流成性，与近臣李守贵、补细吃多巳私通，后两位“男宠”争风吃醋，李守贵将补细吃多巳与没藏氏一齐杀掉。而谅祚刚刚成年便与权势滔天的外戚没藏讹庞的儿媳梁氏私通，并利用梁氏为内应，杀死讹庞父子，夺取权秉，迎梁氏入宫为皇后。谅祚其人“凶忍好淫，过酋豪大家辄乱其妇女，故臣下胥怨，而身以羸死”（《西夏书事》卷二一）。梁氏被尊为太后，绯闻更多，她的绯闻远播千里，连宋朝人都知道这些传闻，如鄜延路经略使沈括、副将种谔即曾上言：“梁氏与（罔）萌讹首为悖乱，使一国之民肝脑涂地，彼宁不猜怨？”（《续资治通鉴长编》卷三二六）梁氏的绯闻还被带入了宋夏战

黑水城出土四美人图

争。天赐礼盛国庆二年（1070年）西夏进围顺宁寨，“城中娼李姓得梁氏阴事甚悉，自请退兵，登陴掀衣抗骂，尽发梁氏私，城下丛射之，莫能中，李氏言愈丑，兵士悉掩耳，恐得罪，托言粮匮，解围退。”（《西夏书事》卷二三）。

此外，西夏还有僧人娶妻的风俗。元人马祖常在《河西歌》中写道：“贺兰山下河西地，女郎十八梳高髻。茜根染衣光如霞，却召瞿昙做夫婿。”（马祖常《石田文集》卷五）西夏崇佛之风很盛，嫁僧的习俗也很流行。西夏藏传佛教备受统治者的推崇，可能受藏传佛教宁玛派的影响，僧人可以娶妻生子，即所谓不离世而出世，不离家而出家。加之西夏僧人地位很高，其主以下，皆敬事国师，凡有女子，必先以荐国师，而后敢适人”[⑥]。党项女子以身先荐国师，也算是一大殊荣了。

西夏壁画杂耍图（榆林窟第3窟）

总的说来，西夏社会的婚恋风俗呈现出了多元的特点，也正是在这种较为开放的社会婚恋观念下，而使得西夏的诸多婚俗交相辉映、异彩纷呈。

四、众人拾柴火焰高

党项民族性格质朴，崇尚义气，流行有无相共、友爱互助之风。每每与人谈起这样的家国旧风，元末西夏遗裔余阙就会感怀不已。他说：

予家合肥，合肥之戍，一军皆夏人。人面多黧黑，善骑射，有身长至八九尺者。其性大抵质直而上义，平居相与，虽异姓如亲姻，凡有所得，虽箪食豆羹不以自私，必招其朋友。朋友之间有无相共，有余即以予人；无即以取诸，亦不少以属意。百斛之粟，数千百缗之钱，可一语而致具也。岁时往来，以相劳问，少长相坐，以齿不以爵。献寿拜舞，上下之情怡然相欢。醉即相与道其乡邻亲戚，各相持涕泣以为常。予初以为比异乡相视乃尔，及以问夏人，凡国中之俗，莫不皆然。(余阙《青阳先生文集》卷四《送归彦温赴河西廉使序)

事实上，这种济困救弱、互相援助的作用主要是通过基层社会的民间组织“蘒䌰”（众会）来实现的。所谓众会，其实就是敦煌文书中常常见到的“社邑”。它是一种以经济和生活互助为主或者佛教活动为主的社会基层组织。已发现的黑水城出土的两件西夏“众会”契约都属于经济和生活互助类型，其中保存比较完整的是编号5949－31西夏光定八年（1218年）十一月十五日众会契。其主要内容可归纳为四项：

一是定期聚会，每月一次，通过聚会可联络感情，交流各社户情况。

二是对有危困者给予精神上的抚慰，会众生病、死亡时，其他人前往看望，以示关怀。这种专列条款强调精神关怀的做法，显示出西夏众会组织不仅是物质方面的帮衬，更注重亲情的交流，感情的慰藉。

三是对有困难者给予物质上的帮助，特别是会众家中妻子死亡、本人死亡，其他会众要分别送一斗、二斗杂粮。家有丧事，不但心情悲痛，筹办丧事还要一笔花销。此时能得到会众的粮食补助，不仅感到心灵的安慰，丧葬的开销上也能得到补贴。这件文书中，妻子死亡至少能得到一石七斗杂粮，会众本人死亡至少能得到三石四斗杂粮。

四是对众会中的成员有违法犯罪者，从众会的角度给予惩罚，令其缴纳一定数量的粮食。这种措施不仅是罚粮，而是通过给违法者的处罚在众会中起到警示作用。这种以政府的法律为准则的处事原则，无疑使该民间的结社组织具有了辅助政府维护封建社会秩序的功能。

西夏众会契中，会众每人每月缴纳粮食3升，17人一年缴纳6石多粮食，此外

黑水城出土金刚坐佛唐卡中的舞蹈图

西夏蒿里老人木板画（武威博物馆藏）

还有罚交的粮食。这些由会众缴纳的粮食是归会首所有，还是作为众会的公用积聚，未予明载，不得而知，也不能完全排除会首通过众会聚敛财物的可能性。

此外，西夏民间也有为解决临时困难，请亲戚朋友、街坊邻里集资入会的借贷方法。武威小西沟岘山洞出土一份西夏文集资单。其译文为：

天庆虎年（1194 年）正月十五日，于讹命犬宝处汇集，集出者数：讹老娘娘出一百五十钱，袜墨阿辛记出一百，令介小屋玉出一百五十，讹命小宝出五十，苏小狗铁出五十，酩布小屋宝出五十，讹六氏舅金出五十，讹劳氏舅导出五十，吴氏狗牛宝出五十，讹命娘娘出五十，共计七百五十钱，入众钱中。（武威小西沟岘山洞西夏文会款单）

参与集资的一共 10 人，他们有女有男，有番有汉，贡献不一，数额不多，应该属于普通百姓的经济行为。这也反映了

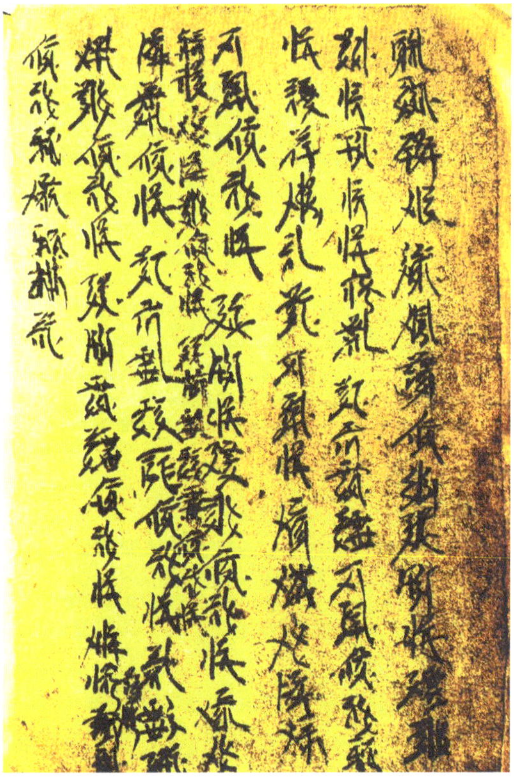

西夏天庆寅年（1194 年）会款单（甘肃博物馆藏）

同舟共济的风俗在西夏社会中深入人心。

五、李春狗的扑买

光定二年（1212年）正月二十一日，黑水城的天空刚刚放出鱼肚白，住在额济纳河边的农民李春狗一行就急匆匆出了家门。以猪、狗之类起贱名，是地处偏远的西夏人的习俗，西夏文书中还出现过许多类似的名字，如《西夏乾定申年典糜契》中的“没水何狗狗”“李膻使狗”等，《乾祐年间材料文书》中的“孙猪狗”“白伴狗”“李猪儿”等。

走了约三个小时的路程，他们终于到了黑水城的西街集市上。这里十分热闹。放眼望去，各种店铺临街而立，各式幌子随风飘动，各类行人川流不息。侧耳听去，各种声音交织在一起，最为响亮的是商家们的叫卖声，最为低沉的是驮马的喘气声，最为缠绵的则是歌女们口中的《雨霖铃》：

念去去、千里烟波，暮霭沉沉楚天阔。多情自古伤离别，更那堪，冷落清秋节。今宵酒醒何处？杨柳岸，晓风残月。

这是南边朝廷最著名的词人柳永的新作。宋叶梦得《避暑录话》记载：

柳永为举子时，多游狭邪，善为歌辞。教坊乐工每得新腔，必求永为辞，始行于世，于是声传一时。……余仕丹徒，尝见一西夏归朝官云：“凡有井水饮处，即能歌柳词。”

市场上除了柴米油盐、碗钵罐壶等生活物资之外，百姓们还可以买到一些罕见的外贸商品，有宋朝的蜀绢、纸张，契丹的镔铁、马鞍，回鹘的珠玉、乳香等。当然也少不了兴庆府的毡毯。元朝初年，马可·波罗还对此赞不绝口：

额里合牙（兴庆府）城中制造驼毛毡不少，是为世界最丽之毡，亦有白毡，为世界最良之毡也。所制甚多，商人以之运销契丹及世界各地。

热闹归热闹，可李春狗一行并没有停下脚步，他们径直来到一家幌子上写着“王元化烧饼”的店铺前。这里早已是摩肩接踵、人声鼎沸。大家都在翘首等待着店主人王元受的出现。是什么为这家小店带来了高人气？是那香酥可口的烧饼吗？不是的。原来这里将要举行一场别开生面的“扑买会”。

什么叫“扑买”呢？所谓“扑买”，是指中国古代一种通过竞价购买获取经营权的制度，也叫买扑、承买，和今天的“拍卖”概念差不多。这种制度最早出现在唐代后期，北宋时得到普遍推广，不仅在经济发达的东南实行，而且扩大到西北沿边。真宗大中祥符五年（1012年）六月，“泾原路都辖曹玮言，沿边诸寨许令人户买扑酒店，直于寨外边上开沽，恐隐藏奸恶，乞行停废。从之。”仁宗天圣年间（1023—1031年）扑买（承包）期限由一年延长至三年，扑买方式也日渐完备，采取了类似今天竞标时的“实封投状法”，其步骤如下：

官府提前半年“于要闹处出榜，限两个月招人承赁”；申请承租人户写好扑买状，也就是今天说的标书，交由专门机构“接收对掌”；期限一满，就“据状开验，著价最高者方得承买”。如果出价相同，则给那个先投标书的人。再如果后投标的人愿意加价，则询问先投标书的人愿不愿意添钱，不愿的话就把承租权给后面那个人。依次询问投标者，不让租赁的事情落空。随后张榜公示，晓谕百姓。

关于王元受的这次扑买是如何进行的，是否采取了“实封投状法”，我们不得而知。历史留下的只是这次活动的最终结果《西夏光定年间扑买饼房契》——一份用西夏文书写的租赁契约。根据专家的释读与研究，这份契约的格式和内容如下：

订立时间：光定十二年正月廿一日

租赁对象：王元受处面北烧饼房舍一间。里面经营设施齐全，具体有炉一副，重四十斤，无底。大小铮二口，重廿五斤。铁匙一张，糊饼铲一张，大小木桶两个，大小岸三面，升房斗二面，大小口袋二个，外加小麦本柒石五斗。

租赁条件：每月租价一石五斗（小麦），必须每月准时缴纳。如果拖欠，每欠一石，就罚两倍还予王元受；租期为五十天，期限满的那天，所用设施和小麦柒石五斗，需如数归还。如果小麦斤数短少一石，就按两倍返还；如果设施短缺一件，也需两倍返还。如果本人拒绝偿还或者赖账，则由契约所载担保人偿还。口说无凭，立约为证。

租赁者：李春狗、刘番家

担保人：李来狗、郝老生、李喜狗

见证人：王三宝、郝黑儿

显然，李春狗一行是这次扑买的最后赢家，其中刘番家似乎应该是李春狗的老婆。李来狗、李喜狗显然是李春狗的家门弟兄，郝老生则可能是李春狗的邻里或亲戚。那么，李春狗夫妇为什么要租下这间烧饼房呢？我们也无从得知，或许这也是西夏时代农闲之余人们从事的一种副业吧。在农夫李春狗一家的眼中，仅凭田间地头

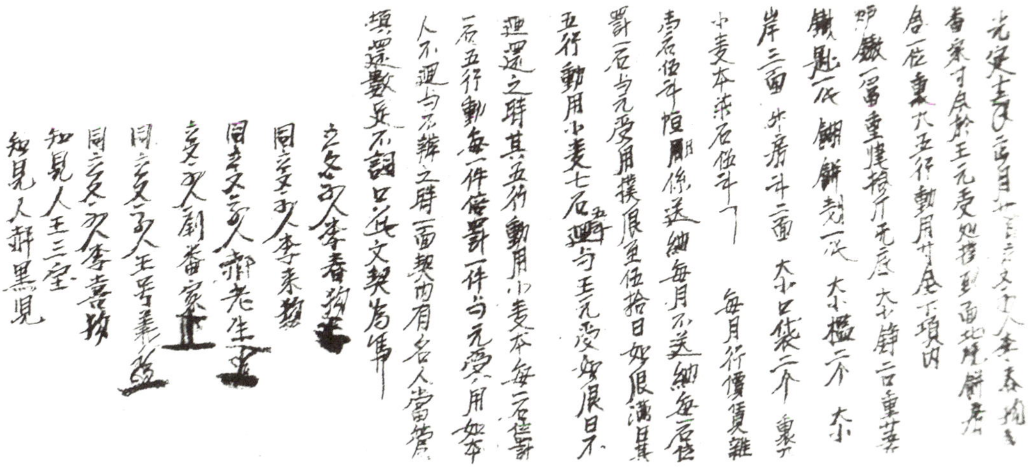

西夏光定十二年（1222 年）李春狗等扑卖饼房契（黑水城出土）

的劳作想要过上好日子，还不知道要挨到哪个猴年马月了，只有城里集市上那川流不息的人群才是真正的钱袋袋。也许在额济纳河畔的这个渠社里，就数李春狗的烧饼味道做得最香。

与前后朝代的租赁契约相比，这份文书还有两个与众不同之处。第一，文书所载的租赁对象是店铺。这与已知出土的隋唐至宋元的租赁契约绝大部分为租田契，租赁房屋的不仅数量少，而且均为残件不同。西夏这份店铺租赁契约不仅是独特的，也是最完整的。第二，文书所载西夏光定十二年李春狗等于王元受处“扑到面北饼房”是一种民间经济行为。这与宋元时期的扑买是政府向商人、民户出卖某种征税权或其他权力的制度不同。李春狗的“扑”，只是王元受个人将烧饼房出租给出价较高的李春狗，没有宋朝政府推行的一套完备的竞标扑买制度。

尽管如此，李春狗扑到烧饼房一事，在西夏乃至中国古代经济发展史上是有意义的。我们从中可以看出西夏末期黑水城

西夏壁画商人遇盗图（榆林窟第 2 窟）

地区社会生活和经济关系的一些情况和变化，如居民的饮食品种与生活用品、租赁借贷的利息、合同签订者的条件等。它填补了我国古代租赁史、社会史等诸多研究领域的空白，具有重要的历史文献价值。[⑦]

六、寡妇耶和卖地

乾祐元年（1170年）夏季之前的某一天，寡妇耶和氏宝引望着前方一大片绿油油的麦田禁不住思绪万千、潸然泪下。今天她就要与这块自己曾经拥有并且亲自耕耘过的土地告别了。因为她决定要把这块可以撒两石种子的土地，连同院落、三间草房、两株树等一并卖给邻居。他们议定的地价是包括两峰成年骆驼、一头老牛在内的四只大牲畜。也许耶和氏得到的正是她近期所急需的东西，不过她仍然无法抑制内心的伤感。她的脑海里浮现了在这里每一天快乐生活的场景，每一个和善邻里的音容。可是面对已经签字画押的契约，她是不能反悔这笔交易的，那样做的话，不仅要依《律令》承担罪责，而且还要接受30石麦的处罚。这是短期内她无法承受的。根据丈量，这块土地大小面积为22西夏亩（约合8.8宋亩），其范围是北与耶和回鹘茂为界，东、南与耶和写为界，西与梁嵬名山为界。[⑧]

眼前的一幕只是西夏中晚期黑水城地区土地买卖中的寻常一例。它并没有告诉我们寡妇耶和氏宝引为什么要出卖自己的土地。事实上，黑水城地区更多的人变卖土地主要是因为生活困苦，饥寒交迫所致。编号为5124的文书是西夏天庆寅年（1194

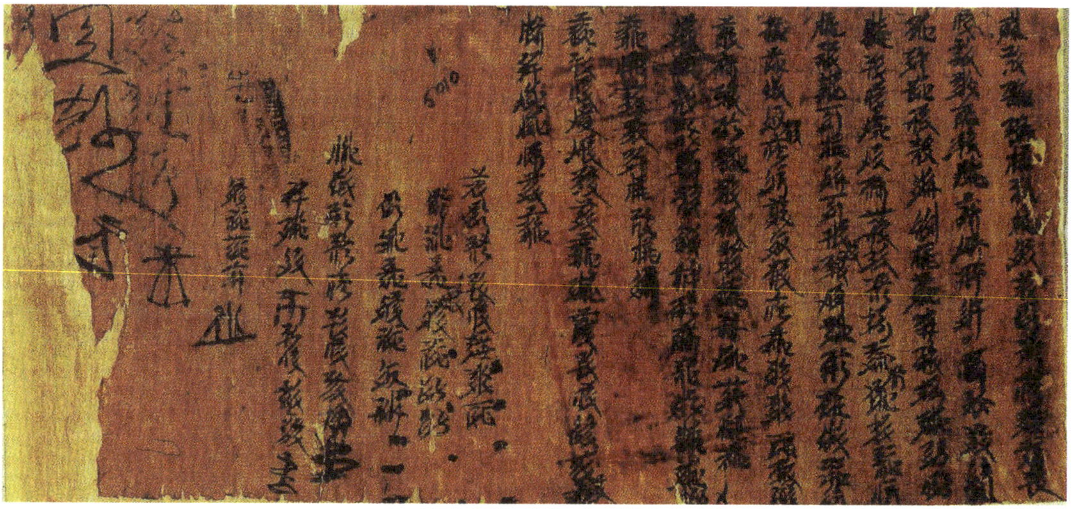

西夏天盛二十一年（1169年）耶和寡妇卖地契约（黑水城出土）

年）正月末至二月初的 23 件契约组成的长卷，有卖地契、租地契、卖畜契、雇畜契以及贷粮契，其中卖地契 8 件。

卖地者姓名和卖地数量为：邱娱犬卖撒 20 石种子的地及宅舍，梁老房酉卖撒 15 石种子的地及房屋，恧恧显令盛卖撒 8 石种子的地以及房、树，梁势乐酉卖撒 10 石种子的地及房舍，庆现罗成卖撒 10 石种子的地及房屋和农具、树园等，梁势乐娱卖撒 5 石种子的地，每乃宣主卖撒 5 石种子的地，平尚岁岁有卖撒 3 石种子的地及房舍。

买地者皆为普渡寺粮食经手者梁那征茂和梁喇嘛。他们二人很可能是代表普渡寺来收购土地的。这样的话，这份契约长卷就表明西夏后期黑水城地区普渡寺在天庆元年春不到一个月的时间中就买进了 760 西夏亩土地，约合 190 宋亩。

在这样小的范围、这样短的时间内有这样多的卖地者，可以推想当地农民生活严重贫困的状况。黑水城地区耕地较多，又有黑水灌溉之利，粮食生产有一定保障。而这些卖地契显示出当地在一二月份便有不少农户乏粮。也可能在前一年有特殊的天灾等异常情况发生，使粮食减产，从而导致农民秋收后不到半年便断粮，不得已卖地换粮。

卖地的农民一旦失掉土地，便失掉了赖以生存的基础。上述卖地者一种可能是

西夏木筷（武威博物馆藏）

有多块土地，卖掉一块，还有其他耕地可以耕种，但耕地毕竟减少了，对生活有影响；另一种是卖掉土地后成为无地农户，再租种土地，成为佃农。契约长卷中就有卖掉土地的农民再从买主手中租种土地的契约，有的租种的土地就是别人刚刚卖掉的土地。如梁老房酉卖掉了自己撒 15 石种子的地，当天又从普渡寺租种了撒 8 石种子的地。

将耕地卖掉又不得不租种土地的农户由自耕农变为佃农，他们在卖地、租地过程中受到两次盘剥。卖地时因缺粮处于不利地位，一般会受到买主的压价；而租地时地主人又会抬高租价。通过卖地和租地契约可知，有的不到两年的租地租金，比这块耕地的卖价还要高。

上述契约长卷表明，黑水城地区的普渡寺在西夏末期趁冬春青黄不接之时，大量兼并土地。契约长卷系残卷，原卷还有多少土地买卖契约不得而知。普渡寺除天庆元年外，其他年份购进多少土地也属未知。但可以推想，上述普渡寺买进的土地应该仅是西夏后期该寺购进土地的一部分，

寺庙收买土地由来已久。

特别引人注意的是，在契约长卷中的8件土地买卖契中，竟有几件地界相连，可以大致看到几个地块的方位与灌渠的位置。以下是根据相关的5件契约绘制的大致土地方位图：

<table>
<tr><td rowspan="2">翟师犬</td><td rowspan="2">翟师犬</td><td rowspan="3">灌渠
普刀梁</td><td>翟师犬</td><td></td></tr>
<tr><td>梁势乐娱卖地</td><td>恧恧吉祥讹</td></tr>
<tr><td rowspan="2">庆现
罗成
卖地</td><td>梁老
房有</td><td>梁老房西卖地</td><td>梁吉祥成</td></tr>
<tr><td colspan="2">梁老房西</td><td>恧恧显令盛卖地</td><td>官地</td></tr>
<tr><td rowspan="2">梁老
房有</td><td colspan="2" rowspan="3">梁宝盛</td><td>恧恧吉讹</td><td rowspan="2">嵬移</td></tr>
<tr><td>梁势乐娱卖地</td></tr>
<tr><td></td><td>梁宝盛</td><td>官地</td></tr>
</table>

上图只是示意图，当时的耕地不大可能这样方正、整齐。除农户的个人土地外，还有官府土地。从其他契约的土地四至看还有寺地。古代土地买卖契约存世的非常稀见，能根据多块相互连接的土地买卖契约将土地系连成片，将私地、官地、灌渠等展示出来，更凸显了这些契约珍贵的史料价值。

从这些契约可以看到，西夏晚期黑水城地区，相当一部分农民生活困苦，一二月即乏粮，难以度日，不得不出卖土地换取口粮，并导致寺庙和地主兼并土地的现象。中国历史上这种现象往往出现在王朝没落时期，西夏也不例外。

西夏壁画男供养人及僮仆（榆林窟第29窟）

七、何狗狗的借贷

1224年二月二十五日，和李春狗扑买烧饼店的季节差不多，这一天也是寒风凛冽、大雪纷飞，没水何狗狗（又译没水隐藏犬）迈着艰难的步伐来到了瓦国师所在的地方。这应该是一座高大宏伟的皇家寺院。因为瓦是一名为皇帝翻译和校勘佛经的“国师”，所以他享受着国家赐予的荣华富贵。

在这个青黄不接的时间，何狗狗来这里不是为了讨取遁入空门的度牒，而是要向

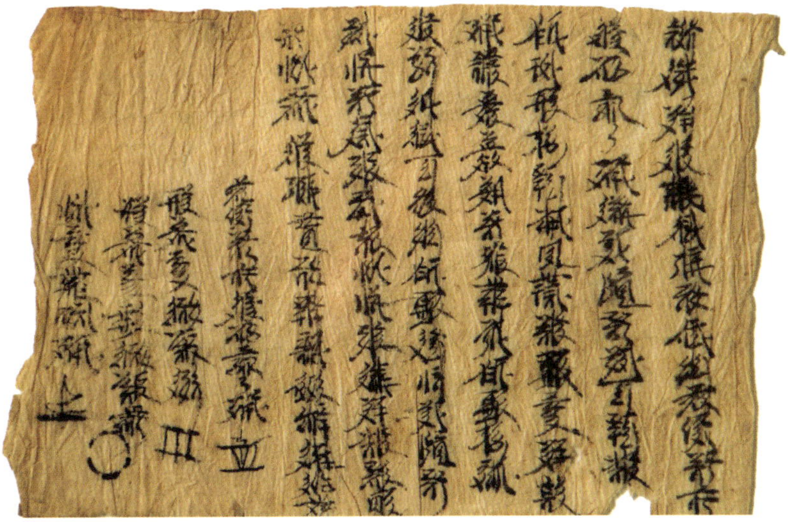
西夏何狗狗典糜契（武威亥母洞出土）

受人尊敬的瓦国师借贷一些可以度日的谷物。那么，瓦国师到底给他借没借粮食呢?

1989 年，在甘肃武威亥母寺洞遗址发现了何狗狗当年这笔借贷的契约。看来瓦国师似乎真是一位扶困济贫、乐善好施的高僧大德。可是当这份西夏文契约被翻译成汉文的时候，人们就会在瓦国师的名号前加上“伪善人”三个字，因为这份契约是这样写的：

乾定申年二月二十五日，立文约人没水何狗狗，向瓦国师处典一斛糜，还于一斛，从中获利八斗。请李讹布狗、老冉尚尼责为寺院主法。利一，同年九月一日，本利皆缴瓦国师处，应为定日。糜不来时，应判定赎给，为不惩打，罚七十贯钱作为奉献，使众人心服。

立文约人没水何狗狗

娶亲李善娃夏（押）

娶亲李氏夏娃乐（押）

知见李膻使狗（押）

二月二十五日借糜子一斛，并在当年九月一日连本带利一次还清，中间只有 7 个月零 5 天，就算按 8 个月计算，瓦国师从中获利 8 斗，那么 8 个月的剥削率也就是利息率已高达 80%。如果不能及时偿还，为了免去皮肉之苦，本利之外再加罚 70 贯钱。

原来何狗狗背上的是一份彻头彻尾的高利贷，原来瓦国师也并非视钱财如身外之物的圣人，他和西夏境内那些放债逐利的富商大贾也没什么本质上的区别。对何狗狗而言，唯一值得他庆幸的是，这份来自僧侣的契约中并没有把抵押物作为放贷的必要条件。虽然如此，和一般粮食放贷者一样，寺院的放贷高峰也总是出现在青黄不接的季节。

1194 年正月二十九日，梁岁铁向普渡寺僧人梁喇嘛借了10石小麦、10石大麦，约定的利息是竟然高达每月一斗二升！

这么明火执仗的剥削与掠夺，显然是看准了长期战争和饥荒年馑带给劳苦民众的窘迫和无奈。

史载：“西北少五谷，军兴，粮馈止于大麦、荜豆、青麻子之类。其民则春食鼓子蔓、碱蓬子，夏食苁蓉苗、小芜荑，秋食席鸡子、地黄叶、登厢草，冬则畜沙葱、野韭、拒霜、灰条子、白蒿、碱松子，以为岁计。”（《隆平集》卷二〇《夏国赵保吉传》）

西夏壁画弟子像（东千佛洞第2窟）

在西夏的黑水城地区，“以抵换贷”是借贷契约中最正常不过的现象，因此它们又被称为典当契约。下面是三份来自同一商人的被视为底账性质的汉文典当文契。

01（天庆十一年）五月初一日立文人（□□□□今将）（自己）马毯（一条，皮裘一领，于裴松寿处典）到小麦五斗（加四利，大麦一石加三利），共本利（大麦二）石。其（典不充，限至八月一日赎不来）时，（一任出卖，不词。）

立文字人（□□□□）（书契□□□）

02〔天庆十一年五月〕初三日，立文人兀女浪粟，今〔将自己〕□□袄子裘一领，于裴处〔典到大麦五〕斗加三利，小麦五斗加四利，共本利大麦〔一石三〕斗五升。其典不充。限至来八月〔一日不赎来时，一〕任出卖，不词。

立文人兀女〔浪粟〕（押）知见人讹静□□（押）⑨

从短期内连续放贷的情况来看，文书中的商人裴松寿是个不折不扣依靠高利贷获取高额收益的家伙。他在短短3个月的放贷期限里，“小麦加四利，大麦加三利”，获取了高达30%~40%的利息收入。更有甚者，还有一份典当文契反映裴松寿出租同期的剥削率高达70%。

据史籍记载，西夏时期高利贷剥削非常盛行的。如《太平治迹统类》卷十五记载："牙头吏史屈子者，狡猾，为众贷谅祚息钱，累岁不能偿。"又如《续资治通鉴长编》卷一六二记载，西夏谅祚近臣高怀正"贷银于国人"。再如《乾定申年典糜契约》记载西夏国最上层的国师瓦国师也放高利贷从中获利。又从天庆年间典当契可知，像裴松寿这样的民间富商同样在放高利贷，残酷压榨和剥削从事畜牧生产的劳动者。从这三则材料可知，西夏皇帝、大臣和国师、下层富商等都公开放高利贷，西夏的高利贷剥削是非常普遍的。

那么，西夏的典当为什么会如此盛行呢？这与西夏国家的保护政策有直接的关系。西夏统治者为了维护高利贷者的利益，用法律的形式进行了规定，任何人不得违反。《天盛改旧新定律令·催索债利门》规定：

全国中诸人放官私钱、粮食本者，一缗收利五钱以下，及一斛收利一斛以下等，依情愿使有利，不准比其增加。其本利相等仍不还，则应告于有司，当催促借债者使还。

由此可知，西夏放贷者不仅有官府，也有私贷经营者，所以高利贷的典当形式遍及西夏全境。而且还规定，典当钱谷等时，要书写典当契约，以示双方共同遵守，如"诸人买卖及借债以及其他类似与别人有各种事牵连时，各自自愿，可立文据，上有相关语，与买价、钱量及语情等当计量，自相等数至全部所定为多少，官私交取者当令明白，记于文书上。以后有悔语者时，罚交于官有名则当交官，交私人有名则当交私人取。承者有官罚马一，庶人

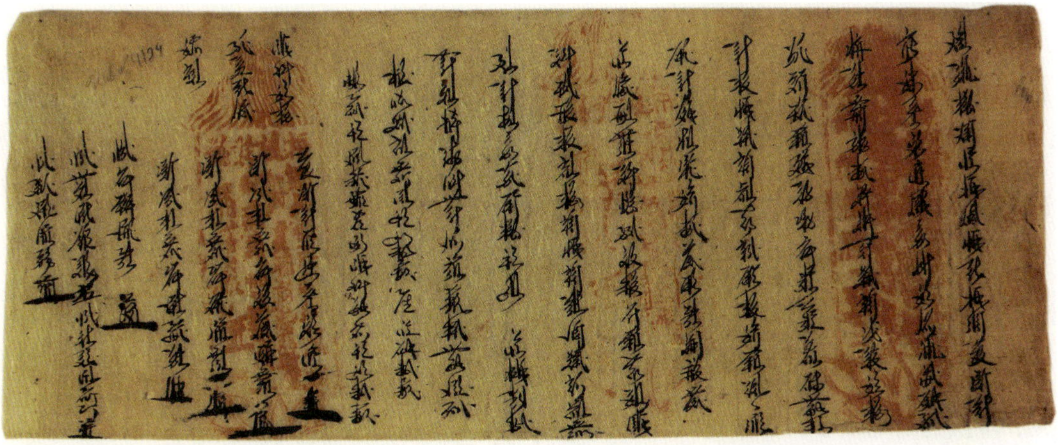

西夏天庆申年（1200 年）卖地契约（黑水城出土）

十三杖”。

总之，西夏时期典当借贷也就是俗称的高利贷非常盛行，它在封建官府的庇护下拼命压榨贫困的农牧民，使这些小生产者只能重复简单的再生产。更有甚者，他们中间的一部分甚至连简单再生产也不能维持，仅有的土地、牲畜、房舍被剥夺之后，变成高利贷控制下的债务奴隶。典当借贷这一经济力量转化成为超经济的强制力量，对西夏社会长期保留奴隶制残余起到了杠杆作用。

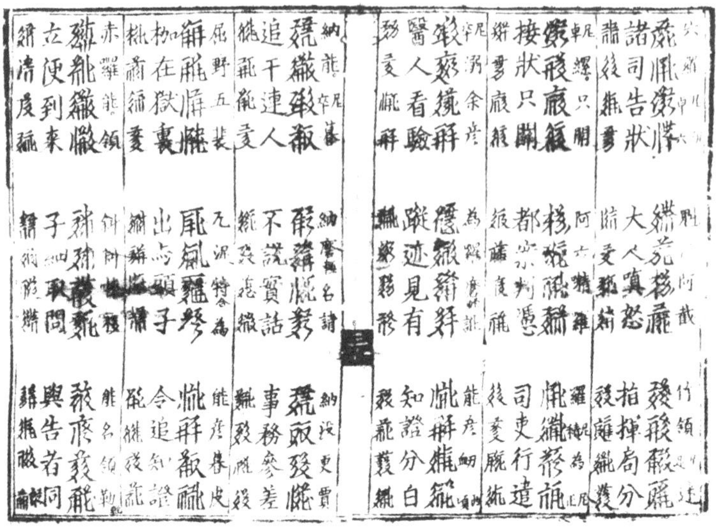

《番汉合时掌中珠》中的审判案程序

八、瓜州审判案

天赐礼盛国庆元年（1069年），瓜州地界发生了一系列互有关联的牲畜、财物纠纷案件。

这是西夏时期的一宗大案、要案。审讯的过程至少延续了8个月之久（腊月起到第二年七月），参与审判的机构有监军司、农田司。牵涉的原告、被告有数人，来自不同民族，身份也不同，有奴隶和主人，争执的财物众多，有银近万（两），还有马、骡等牲畜，以及缯等物品，从断断续续的残存文字中，大体看出一名叫耶和西讹成的人，在其舅舅家目击铁吉和郭来之子盗窃其舅舅家的牛并不归还的事实。

由于文书的残缺，我们并不知道这宗案件审理的最终结果。目前能够清晰的是西夏官衙审案的过程，这个过程在西夏时期的双语词典《番汉合时掌中珠》中有着生动的描述：

诸司告状，大人嗔怒，指挥扃分，接状只关，都案判凭，司吏行遣，医人看验，踪迹见有。知证分白，追干连人，不说实话，事务参差，枷在狱里，出与头子。令追知证，立便到来，子细取问，与告者同。不肯招承，凌持打拷，大人指挥。愚蒙小人，听我之言，《孝经》中说，父母发身，不敢毁伤也，如此拷打，心不思惟，可谓孝乎？彼人分析，我乃愚人，不晓世事，心下思惟。我闻此言，罪在我身，谋知情人，此后不为。服罪入状，立便断止。

九、边城的落日

1224年七月的一个夜晚，营房内黯淡的烛光下，黑水城守城管勾没年仁勇顿了顿笔，含着热泪写道：

卑职是仁勇，科举出身，老家在遥远的鸣沙。先后在尚那皆、监军司、肃州、黑水城等四地辗转为官，至今已经九个年头。家中尚有老母妻儿，我与她们天各一方，迄今未曾相聚。由于母亲年老病重，所以我多次申请返家供职，但是从未获得批准。仁勇自从出任黑水城守城管勾以来，夜以继日，恪尽职守，先后筹措了军粮、战戟、大小五十六炮及四面大鼓、兵甲等物资；督造了十九座连绵不绝的烽燧，保障了黑水城到肃州的边界安宁。现如今，司院不准调运鸣沙储粮，远比之人，贫穷无助，只能依靠官府拨给的一点点钱粮生存。黑水城官钱谷物向来寡少，分发到官吏手里，则一月之入尚不到二斛。粮食紧缺的问题日益严峻，这种状况如果不能改善，到时我恐怕也会羸瘦而死。请求大人开恩促成我们母子团圆，守城管勾的空缺可以由讹张力铁补上。仁勇请求调往母亲所在的司院工作，尽心供职，是否允当，一并请宰相大人父母慈鉴。[10]

这件禀帖言辞恳切，文字朴实，感

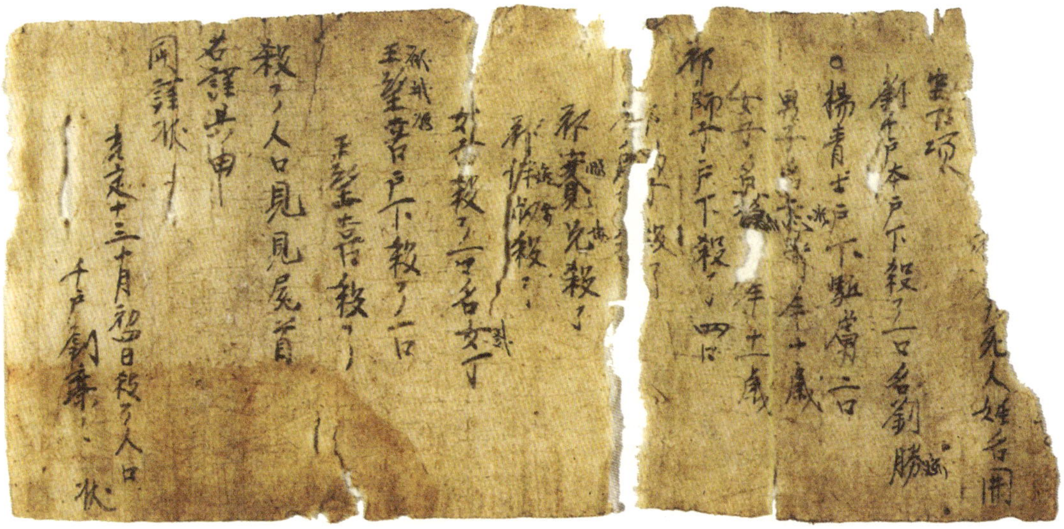

西夏光定十三年（1223年）千户刘寨杀了人口状（黑水城出土）

人至深，一方面反映了戍边将士忠孝难两全的道德困惑，另一方面也反映了黑水城日益窘迫的经济状况。这两种困境都源于西夏末年国势衰微、大敌压境的严峻形势。

这里是帝国的西北边境，最近曾接二连三地受到蒙古军队的入侵，犹如沙漠中被隔绝的孤岛。尽管守城管勾仁勇的言辞之间隐隐透露着不安惶恐的情绪，但是为了防备蒙古军队的再次来犯，他还是努力修缮城郭，维修传递信息的烽燧系统。

从文书结尾处推荐继任者的口气猜测，仁勇在正式呈交这份告贴之前似乎已经得到了宰相大人某种程度的默许。事实上他也很快就如愿以偿调走了，只不过他对讹张力铁的推荐没有得到批准，因为7个月以后有一批境外的投诚者要来到黑水城，而向上级禀报这一重大事件的并不是讹张力铁，而是副将苏浮屠铁。

风雨飘摇之中，借酒消愁的人希望看到故乡，借刀杀人的人希望看到人头。1224年十月四日，很可能是在西夏的东南前线，刘寨千户带领着他的士兵跨境开始了一次残酷的杀戮。

刘寨杀了一口名叫刘胜，手下人共杀了六口，均有尸首可验，俘虏两名儿童男

黑水城

十岁，女十一岁。从带着孩子的情形来看，这些被杀的人们似乎都是平民。刘千户杀人的目的是什么呢？应该是为了邀功请赏。这其实是一份战利品的呈状！光定十三年（1223 年），为夏神宗遵顼在位的最后一年，距西夏灭亡还有四年，时值夏金十年战争的后期。时年二月，蒙古与西夏联兵数十万围攻凤翔，这件文书反映的就是这场战争杀伐的惨烈。这一时期，西夏开始按照首级的多寡奖励军功，也许正是为了朝廷悬赏的钱财，他们才举起了杀害平民的屠刀，并且杀红了眼。

1225 年二月，黑水城副将苏浮屠铁接到肃州边事管勾大人的谕令，说外交使团准备在回国途中招诱一批鞑靼边民近期来黑水城入籍，要求他做好接应的准备。苏浮屠铁为了保证不出岔子，事先派手下嵬奴山通知边界沿途驿站准备接待，同时又派耶和双山持文书到边民入境处伺候，随后自己也要前去迎接，希望上级能批准这个计划。

不知道苏浮屠铁是否顺利实现了他的计划，但是从他的上书中我们似乎听到了草原深处传来的战鼓声，愈来愈近，愈来愈急。

（杨　浣）

注：

①马可·波罗.马可波罗行纪[M].冯承钧，译.上海：上海书店出版社.2001.

②⑤史金波.西夏社会[M].上海：上海人民出版社，2007.

③银川市郊区志编纂委员会. 银川市郊区志[M].北京：方志出版社，2002.

④索南坚赞.西藏王统记[M].刘立千，译注.北京：民族出版社，2000.

⑥彭大雅.黑鞑事略[M].徐霆，疏正.北京：商务印书馆，1937.

⑦杜建录，史金波.西夏社会文书研究[M].上海：上海古籍出版社，2010.

⑧史金波.黑水城出土西夏文卖地契研究[J].历史研究，2012(2)；黄振华.西夏天盛廿二年卖地文契考释[C]//白滨.西夏史论文集.银川：宁夏人民出版社，1984.

⑨陈国灿.西夏天庆间典当残契的复原[J].中国史研究，1980(1).

⑩聂鸿音.关于黑水城的两件西夏文书[J].中华文史论丛献论稿，2001(63).

贺兰山下古冢稠，高下有如浮水沤。
道逢古老向我告，云是昔时王与侯。
当年拓地广千里，舞榭歌楼竞华侈。
强兵健卒长养成，眇视中原谋不轨。
岂知瞑目都成梦，百万衣冠为祖送。
……

这首明代安塞王朱秩炅的诗《古冢谣》（见《嘉靖宁夏新志》卷七），描述的就是中国现存规模最大、地面遗迹保存最完整的帝王陵园之一，被誉为“东方金字塔”的西夏陵。

风雨千年

——西夏陵的秘密

第十集

神秘西夏

风雨千年
——西夏陵的秘密

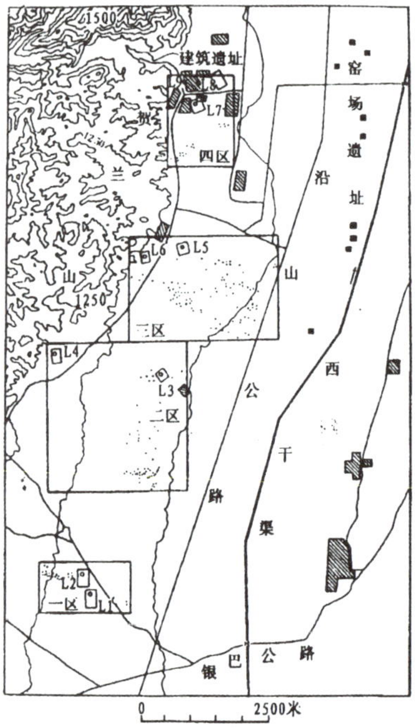

西夏陵区陵墓分布示意图

一、陵园鸟瞰

西夏陵位于贺兰山中部东南麓，在长10公里、宽5公里、面积50余平方公里的洪积扇带上，从南到北依次排列着9座帝陵，260余座陪葬墓，它是现存规模最大的西夏历史文化遗址，在中国古代帝王陵园建筑史上有着重要的地位。

规模宏大的西夏陵在千年风雨、雷电、地震的洗礼中，傲立贺兰山麓，等待着一个亲近它的伟大时代到来。

赫赫的北宋永昌陵，巍巍的大辽祖陵、庆陵，曾与西夏陵一样，庄严壮丽，但现

西夏陵1、2号陵（张爱华拍摄）

在处在一片荒漠废墟之中，而面积50平方公里的西夏帝陵，却由于上风上水和国家保护，而成为目前我国保存最大、最完整的帝王陵园遗址之一，其规模可与北京明“十三陵”相媲美，列入申报世界文化遗产预备名单。

建立西夏陵的党项民族，虽然原是青藏高原的游牧民族，但自从归附大唐以来，在唐宋文明的熏陶下，尽染“华风”，在陵园制度上，不断汲取和发展我国传统的“堪舆”文化。

一是选址大气，背靠巍巍贺兰，面对滔滔黄河，山环水抱，大气雄伟，十分符合“龙绕东南”，“虎踞西北”，“背山面水”，“山高水来”，“前有饮马塘，后有跑马岗”的传统“堪舆”风水理论，也符合“左青龙，右白虎，前朱雀，后玄武”的天文四象特点，所谓“山长西北云藏寺，河曲东南水接天”（《嘉靖宁夏新志》卷一）。

二是地形高平、视野开阔，层峦叠嶂、藏风聚气，冲积扇面、洪水不浸，彰显西夏皇族“居高临下”“君权神授”的尊贵气派。

三是山关险阻、秀谷林苑，尽显陵园与都城战略地位的重要。西夏陵修建的初步格局与西夏都城的修建定格，都是在赵德明时期完成的。因此，西夏把帝陵的建设、都城的建设及其护卫放在十分重要的战略位置。西夏陵所处的地带，既是山水形胜宝地，又是护卫都城的战略要地。李元昊开国时，贺兰驻兵5万，兴庆驻兵7万，凭借黄河御宋，凭借贺兰防辽，形成了一个护卫“天府都城”“祖宗陵园”的天然屏障。作为“见龙”的圣山，统治者陆续在有流水的谷口建立离宫、林苑、寺

西夏红陶妙音鸟（西夏陵出土）

庙、兵站、作坊等，从而形成了都城、陵园、离宫寺庙的三维文化关系。

关于西夏 9 座帝陵的葬法排列，目前还没有完全统一的意见，大多人认为是按照唐宋以来“左昭右穆”制度排列，最南端 1 号陵处于昭位，应为太祖李继迁裕陵，2号陵处于穆位，应为太宗李德明嘉陵。依此类推，3 号陵为景宗李元昊泰陵，4 号陵为毅宗李谅祚安陵，5 号陵为惠宗李秉常献陵，6 号陵为崇宗李乾顺显陵，7 号陵为仁宗李仁孝寿陵，8 号陵和 9 号陵应是桓宗李纯佑庄陵和襄宗李安全康陵。因为他们二人是兄弟关系，故两陵并列，同属穆位。据此，现在西夏陵管理处北侧的 3 号陵，应当是西夏开国皇帝李元昊的泰陵。这样 9 座陵墓就与《宋史·夏国传》记载的 9 个帝陵吻合，且考古发现的 7 号仁孝寿陵，也恰好证明了这一点。

也有人认为，若以“左昭右穆”制度排列，那么，在确定 7 号陵为仁宗寿陵，

西夏陵 6 号陵

西夏陵4号陵（李燕妮拍摄）

按左组“平原起冢”的一、三、五、七、九单数排列，与右组“依山起冢”的二、四、六、八双数排列，则有5座排列顺序与第一种意见不同。有的学者根据6号陵的发掘资料研究，论证出6号陵是太宗李德明的嘉陵，从而提出西夏陵是“五行葬法”，否定了“左昭右穆”的说法。①

最早记录研究西夏陵是明代主政宁夏的朱元璋十六子庆王朱㮵，明建文三年（1401年），朱㮵从韦州（今同心韦州）迁到宁夏府城，他在修撰的《宁夏志》中第一次记载：贺兰之东，数冢巍然，传说是西夏的嘉陵、裕陵者。并明确指出“其制度、规模仿巩县宋陵而作”。从此，西夏陵的地望、形制第一次面世社会。到明嘉靖年间胡汝励撰修《嘉靖宁夏新志》时，又补记为“李王墓，贺兰山之东，数冢巍然…… 人有掘之者，无一物”，记载了西夏陵被盗的情况。同时，收录了安塞王朱秩炅“贺兰山下古冢稠，高下有如浮水沤”的《古冢谣》诗，第一次形象地描述了西夏陵坟塚众多的特点。后来，随着时间的推移，西夏陵渐渐淡出官方视野，“昊王陵”只在当地民间传说着。新中国成立初，宁夏省级区划几经变易，也没有引起文物部门重视，列为重点文物保护单位。直到20世纪70年代，随着宁夏文物考古专家的考古发掘，才揭开了西夏陵的神秘面纱。

西夏人像石碑座（西夏陵出土）

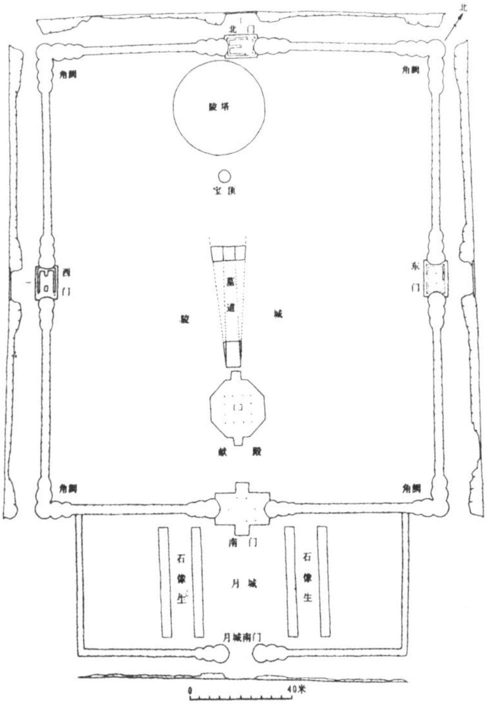

西夏陵 3 号陵园平面图

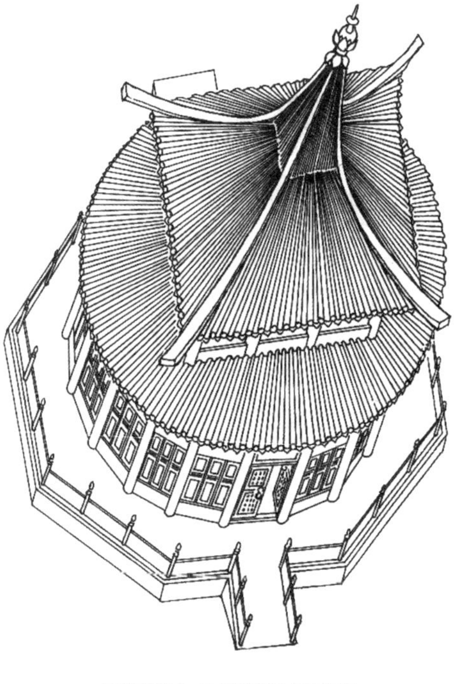

西夏陵 3 号陵献殿复原图

二、独具特色的形制

西夏陵的形制在李德明修建李继迁陵时就已确定下来，以后历代陵园虽大小有别，但基本形制没有大的变化。

那么如何理解“模仿巩县宋陵而作”？是完全模仿，还是在模仿中创造呢？我们以 3 号陵为例，来回答这个问题。

鸟瞰 3 号陵，可以直接看出陵城外由四部分组成，即南部双鹊台、双碑亭、月城与外四角较远的角台组成，其中月城内左右御道两旁是石像生群。内城由神墙(包括四角角阙、城门)、献殿、墓道、宝顶、陵塔五部分组成，陵园除四角台为南宽北窄的梯形形状外，其总体呈东南至西北方向的长方形，陵城又是正方形形制，月城相当于瓮城。其形制布局既体现了中国古代“事死如事生”“生死如一”的帝王陵寝文化，陵城与宫城的形制大体一样，又具有党项民族的特点。

陵城外远处的四角角台呈锥形，上建小楼，相当于守卫的岗哨与烽燧。位于南面的鹊台，是承接东南紫气、招凤引鹊“凤凰来仪”的吉祥建筑；碑亭是陵主功德牌坊，是对墓主人的一生的评价；月城相当于为宫城的瓮城，是守卫宫城的重要军事设施，其中左右御道的石像生，就是陵主生前的文武大臣。

陵城内的献殿象征陵主处理公务和接受大臣朝拜的地方，陵城内的献殿是祭祀大行皇帝的地方，位于陵城南门入口中轴线西偏处，皇帝生前的御容像挂在殿堂正中尊贵的地方。每到规定的祭祀之日，墓主人的子孙率文武大臣来颂经、上香、拜叩、献祭。由于西夏的献殿遗址破坏严重，现不知具体的建筑结构形制，有人经过多次潜心研究，将3号陵的献殿实验复制成功，认为西夏陵园献殿一反传统建筑形制，将原来的“天圆地方”建筑形制，改为“天方地圆”。“这种形式的柱网布局，在中国古代建筑史上，可谓‘前无古人后无来者’”[②]。这是西夏陵园献殿建筑艺术的一个重要特点。但这种观点尚未得到西夏学界大多专家的认可。

地宫是象征起居的后宫，巨大的陵塔，彰显墓主人的尊贵、庄严。

西夏陵的布局虽然体现了中国古代“事死如事生”“生死如一”的帝陵文化特点，也即“仿巩县宋陵而作”，同时，在模仿中创造，又具有鲜明的党项民族特点。换言之，西夏陵“制度规模仿巩县宋陵而作”，主要是指西夏陵的建制符合唐宋以来帝王陵寝的常规制度，而不是指西夏陵的

西夏陵3号陵鸟瞰（董宏征拍摄）

西夏鎏金大铜牛（西夏陵177号墓出土）

全部。西夏陵是中原帝陵文化、党项文化与佛教文化的多元融合体，其“建筑形制有鲜明的自身特点”：

（1）西夏陵增筑了平面呈凸字形月城，而宋陵没有。

（2）宋陵在阙台位置不设碑亭，而西夏则在此设碑亭。

（3）唐、宋陵列石像生于阙台到南神门两侧一字排开，而西夏陵则改变唐宋之法，在月城御道两侧各排放2~3列石像生。

（4）西夏陵的月城门、南门、北门形成一条直线，而与献殿、墓道、宝顶陵塔之间不在一个平行线上，而形成一个特殊的夹角，这种特殊的布局，是唐、宋陵没有的。

（5）西夏陵将“方上”封土台，改为不起土冢作用的塔式建筑，并将陵塔修建于陵城内西北部，一反唐宋之制，偏离中轴线。这是将中国帝王葬制、佛家仪轨的完美结合。③

与此同时，西夏陵使用的人面像石坐、海狮兽、妙音鸟、鸱吻、龙柱等，也反映出多元文化的特点，其中憨态可人的鎏金铜牛，体现了西夏先进的农业文明和高超铸造技术。

西夏琉璃鸱吻（西夏陵出土）

大气豪放的“琉璃鸱吻”象征着皇家陵园的辉煌，鸱吻源于“黄帝治宫室，陶蚩尤象置栋上，名曰鸱吻”，后发展为龙的九子，一般装饰在殿堂建筑的正脊两端，起防火辟邪作用。西夏时期，这种来自中

西夏人像石碑座（西夏陵出土）

原的殿堂建筑构件，已经没有原来的小巧灵秀，而是龙头鱼尾，双目怒睁，张口吞脊，威猛神异。

妙音鸟，佛教“极乐世界”之鸟，梵语“迦陵频伽”，有琉璃和灰陶两种，人身鸟翼，头戴花冠，顶束发髻；长眉凤眼，高准厚唇，大耳下垂；脸颊丰腴，面带微笑，双手合十，手腿饰镯；有的平胸，有的丰乳，背生双翼，振翅欲飞。

憨丑怪异的人像石碑座，圆角四方体，曲膝跪坐，瞪目獠牙，头肩平齐，颏贴胸部，全身裸露，两乳下垂，肚皮丰圆，手臂粗壮，腕饰圆环，赤足趾尖。

三、规模浩大的工程

西夏陵是目前我国现存的规模最大的陵园遗址之一，每个帝陵面积大都在10多万平方米，其中3号陵最大，达16万平方米。9座帝陵和我们目前看到的260余座陪葬陵（也许实际情况远比这个数字大），到底要耗费多少人力、财力、物力和时间呢？他们到底是如何规划、建造和使用的呢？

某年的一天，贺兰山下春光明媚，六号陵一片叮叮当当的凿石声，雕石匠高世昌和他的团队正在雕凿神态怪异的人像力士碑座。高世昌雕凿的人像石座引来众匠们的啧啧称赞，高世昌也高兴而郑重地竖凿上“砌垒匠高世昌”六个见证历史的大字，并与匠工将凿成的力士碑座置放在6号陵的东碑亭中。

西夏龙形套首（西夏陵出土）

（一）修建鹊台、角台（3号陵）

鹊台位于陵园南端左右两侧，呈二阶层圆柱体，由远处移来的细黄土夯筑而成。3号陵东西两鹊台相距110米。西鹊台总高10米以上，台基也为圆柱形，直径为

西夏文残碑（西夏陵出土）

14.3~14.7 米……

角台是陵园外部较远的东南西北四角建筑，3 号陵南面的角台东西相距 400 米，北面的角台东西相距 290 米，角台南北相距约 490 米。角台圆锥形，基面直径 6~7 米，高约 5 米，上有角楼。

筑台的民工忙碌着，西边的一个鹊台已成，东边的鹊台半成，有的人在夯筑，有人在运土（男人担土、麻魁背土、也有用牛车拉的），一片无语的繁忙……远处的四角台，也传来夯筑的声音。

（二） 修建碑亭（3 号陵）

碑亭建在鹊台以北大约 50 米的地方，东西两座碑亭遥遥相对，3 号陵碑亭东西相距 120 米。东碑亭夯土筑的台基是方形的，边长 21.5 米，台基四周用粗绳纹长方形砖砌成，由下而上，呈三级渐缩台阶，台面为圆角方形，台面中部是一圆形基址，外为墙基，内铺方砖（包括花纹砖）。中部放置着 4 个人像石座，每个人像石座上横驮着西夏文石碑。碑亭上有砖木结构的攒顶式建筑，特殊美观，下面发现有铜铃、甲片等遗物。中室南面开门，门内有方形花纹砖，门外延伸出一条斜坡踏道。

（三） 修建月城、陵城（3 号陵）

月城遗址概况：月城在碑亭以北、陵城的南面，是参照宫城的瓮城形制而建的，3 号陵月城东西长约 130 米，南北宽约 50 米，占地约 10 亩。月城南墙正中有门，北面与内城南墙相贴。月城内的神道两侧摆放着两排石像生，石像生有文臣、武将。月城的南门与陵城南门相对，但月城的门简单，而陵城的门较为复杂庄严，上有门楼。

月城基本已修成，但仍有匠工在修修补补。一些人在摆放石像生，一些人在修月城门。

陵城遗址概况：陵城是陵园的主体建筑，主要由四面神墙、城门、城门楼、城四角角楼以及御道、献殿、鱼梁、墓室、塔台等组成。

四面神墙呈南北长方形，3 号陵南北长 180 米，东西宽 160 米，占地约 40 亩。神墙用黄沙土分段夯筑而成，中间部分较窄，高约 3 米。门与转角逐渐宽大，神墙各段呈须弥座形状，故称之为

西夏灰陶妙音鸟（西夏陵出土）

须弥座式神墙。神墙四处转角皆高大如圆柱，从各转角往神墙两侧伸延，连体圆柱越来越矮小，南面的东西转角各有连墩5个，北面的东西转角各有连墩7个，高6米以上。

神墙四角有角楼，四面正中辟门，门址宽约12米，门墙为圆墩体，其上建有过梁式门楼。神墙四周恍如宫城，四门大开，城台角楼高耸，气象非凡。

（四）修建献殿

献殿遗址概况：献殿是陵园祭祀的地方，是陵城内的第一个重要建筑。3号陵献殿的地面砖木建筑损毁殆尽，只有台基遗址可见。台基由黄土筑成，在南门内25米偏西处。台基为正方形，台面周长65米，直径约20米。台基上的献殿殿基为八面形，南北有台阶道。八面形内第一圈为圆状形，有圆木柱孔18处，第二圈为正方形，有圆木柱孔12个，中间是中心。有人认为3号陵献殿下面一层是八角形圆柱体建筑，上面是一种方形攒顶式建筑体，是受佛教影响的结果。

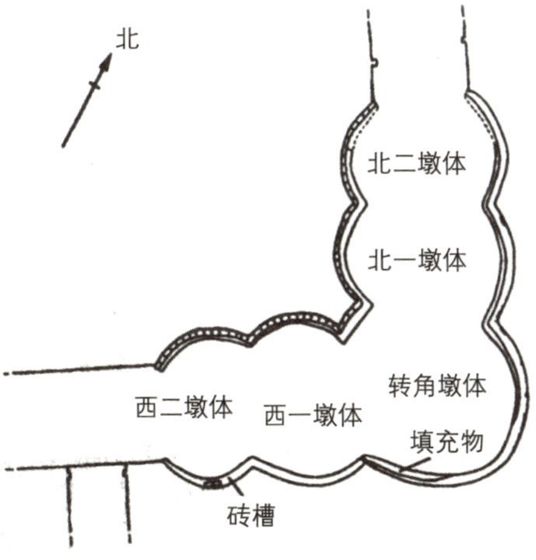

西夏陵3号陵南部五连墩转角墙

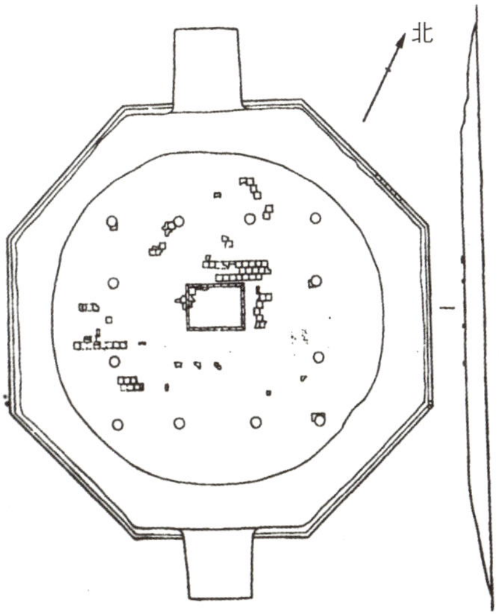

西夏陵3号陵献殿基址平面图

20 世纪 30 年代德国飞行员航拍西夏陵 3 号陵

献殿台基已成，很多匠工忙碌着，有的夯筑，有的搬砖运瓦，有的修整木料。

（五）修建地宫、陵台

地宫遗址概况：地宫由墓道、耳室、墓室组成。3 号陵墓道在献殿之后约 6 米处，墓道上面是鱼梁，是由墓道等挖出的余土堆成。还有一些土与远处运来的黄土一起，堆在鱼梁、墓室北端的西北偏处，夯筑成八角塔形陵台。陵台是陵园的标志性建筑，先夯筑为八面麦垛式土堆，后砌造为八角密檐式佛塔状，高约 20 米，分七级，每级向内收分。

陵台是西夏一反中原传统而崇尚佛教的特殊产物，象征着墓主人死后成佛而进入佛的极乐世界。陵塔巍峨壮观，既显示着墓主人的高贵与尊严，又与巍巍的贺兰山形成了一种和谐的壮美，是党项王族“山水共乐”“天人合一”“人佛如一”“生死如一”思想观念的妙然体现。

民工在开挖地宫，他们把一块块木板，正、竖直角形的固夹下挖的地道台阶上，然后将挖掘的土运出，夯筑八面麦垛式陵塔。几个穿着紫衣的高僧在合着掌，喃喃着“阿弥陀佛”，远处的寺庙里还断断续续地飘来木鱼声……

西夏陵的修建与西夏都城兴庆府的修建一样，都是西夏国最浩大的工程。从“王薨七月而葬”的礼制看，要在帝王去世到埋葬的 7 个月中，完成这样大的一个陵园建设工程，以当时较为落后的生产力与技术看，是多么的不容易，那需要多少人工，多少材料，多少财力，多少技术文化

西夏陵5号陵

的含量来支撑？

秦汉之时的帝王们，自从登基那天起，就开始修建陵墓，直到死后自然悠闲地来埋葬。而到北宋太祖时，首先打破了这个传统，不再即位就修陵，而是死后再修陵，而且要在半年内完成，其工程进度的紧张与任务的繁重是难以想象的。

由此而说，如果我们现在所说的3号陵就是李元昊泰陵的话，那么李元昊是登基时就修的呢？还是死后半年修成？西夏承袭宋制，应该是死后半年后修成。

四、西夏陵为什么只有9座帝陵

西夏自1038年元昊称帝建国，到1227年被蒙古所灭，历十位皇帝。加上追谥的李继迁和李德明，共十二主。西夏陵区现存帝陵9座，分别是：太祖李继迁的裕陵、太宗李德明的嘉陵、景宗李元昊的泰陵、毅宗李谅祚的安陵、惠宗李秉常的献陵、崇宗李乾顺的显陵、仁宗李仁孝的寿陵、桓宗李纯佑的庄陵、襄宗李安全的康陵。那么，西夏后期三位皇帝神宗李遵顼、献宗李德旺及末帝李晛的陵墓哪儿去了呢？是当时根本就没有修建，还是当时修建了后来被毁掉了呢？

事实上，自李安全篡位自立后，西夏就处于内忧外患之中。首先，国内政局不稳，皇位更迭频繁，统治阶级内部的矛盾

西夏花瓣形金饰（西夏陵6号陵出土）

迅速激化，从蒙夏战争爆发至西夏灭亡的20多年，先后更换了5位皇帝。其次，从襄宗李安全开始，统治者就奉行附蒙攻金的政策，不仅使西夏失去了外援，陷入孤立，而且消耗了财力、军力。再次，兴、灵等州连年干旱，粮食无收，人民处于水深火热之中。在这种政治腐败、外交失策、经济凋敝的情况下，西夏已经没有能力再为皇帝修建陵墓。

西夏琉璃瓦当（西夏陵出土）

夏应天元年（1206年）正月，仁孝的侄子、镇夷郡王李安全勾结纯祐的母亲罗氏，发动宫廷政变，废黜桓宗李纯祐，自立为帝，是为襄宗。当年三月，李纯祐突然暴病死于废所，年仅三十岁。李安全篡位后，改变长期与金结盟的政策，投靠蒙古，立即对金展开了征伐，这使西夏受到严重创伤，国内阶级矛盾迅速激化。这时，蒙古也加紧侵扰，中兴府首次被围，李安全不得不将女儿献出请和。从此，西夏国势逐渐走向衰落。

历史不可能重现，但却惊人的相似。夏皇建二年（1211年）七月的一天，中兴府上空笼罩着紧张而恐怖的气氛，一场蓄谋已久的宫廷政变正在悄然进行。齐王李遵顼率领亲信数百人，冲进皇宫，将李安全囚禁，自立为帝，是为神宗，改元光定。一个月后，四十二岁的李安全突然暴死，他在位只有5年。

西夏琉璃滴水（西夏陵出土）

李遵顼是皇室齐王彦宗的儿子，他“端重明粹”，少年时用功苦读，长大后博览群书，并擅长隶篆书法，桓宗李纯祐时曾以“廷试进士，唱名第一”，被点为状元。后袭齐王爵，并擢升为大都督府主。李遵顼篡位后，继续执行李安全时依附蒙古、合兵攻金的外交政策，企图借蒙古攻金的机会向外扩张。当李遵顼的如意算盘打得正响时，没想到蒙古人却找他算账来了。

自成吉思汗第一次西征开始，就不断向西夏征兵、收贡。西夏“不堪奔命，礼意渐疏”（《西夏书事》卷四〇），消极纳贡，这让成吉思汗很不满意，于是他决定再次教训西夏。夏光定七年（1217年）十二月，蒙古军第四次渡过黄河征伐西夏，很快包围了中兴府。神宗李遵顼见势不妙，把太子德任留在都城领兵防守，自己只带了几个侍从，一路狂奔，逃到了西凉府（《金史》卷一五《宣宗纪中》）。面对蒙古大军的进攻，西夏无力反抗，只得再次请降，蒙古军队这才撤去。

夏光定十三年（1223年）四月，神宗李遵顼让太子德任率兵攻打金朝。德任认为此事不妥，不愿领兵出征，于是向李遵顼劝谏，请求罢兵，却被遵顼劈头盖脸大骂一顿。在遭到了父亲的拒绝后，德任做出了一个很天真的决定：他想舍弃太子之位，出家当和尚（《金史》卷一三四《西夏传》），以此感化父亲。没想到李遵顼根本不买他的账，听了他的想法后，勃然大怒，下令将他囚禁在灵州，另派人领兵出征。

同年五月，西夏境内的兴、灵等州恰逢大旱，饿殍遍野，“三麦不登，饥民相食”（《金史》卷一三四《西夏传》）。这给李遵顼点兵带来了极大困难，也直接造成了国力的匮乏，连妇孺都知道国势危殆了。

由于李遵顼多次派兵助蒙古攻金失利，蒙古对他极为不满，不断派人前来问罪，并责令他退位。在内外交困、无计可施的形势下，李遵顼整日惶恐不安，只好于十二月将皇位传给次子李德旺，是为献宗，自己做了太上皇，他也是西夏历史上唯一的太上皇。

西夏琉璃宝瓶（西夏陵出土）

西夏石狗（西夏陵出土）

李德旺继位后，想改变遵顼联蒙攻金的政策，重新和金朝修好。但此时的金朝在蒙古铁骑的围攻下危在旦夕，自顾不暇，早已无力援助西夏。当蒙古得知“夏国有异图”的消息以后，决定调集大军灭西夏。夏乾定二年（1125年）二月，成吉思汗亲自统兵十万，由北路攻入夏境。蒙古大军以破竹之势，接连攻克了黑水城、肃州、甘州和西凉府，占领了河西地区。

夏乾定三年（1226年）五月，六十四岁的太上皇李遵顼病死。由于蒙古军队的步步深入，西夏城邑纷纷陷落。两个月后，献宗李德旺忧悸成疾，也发病而死，年四十六。德旺死后，他的侄子南平王李睍被拥立继位。此时的西夏已是气息奄奄、朝不保夕了。

即乾定四年（1227年）。李睍继位后，国势濒危，顾不得改元，仍用乾定年号）

西夏摩羯（西夏陵出土）

一月，蒙古军队围攻中兴府。六月，又发生强烈地震，房屋倒塌，瘟疫流行（《金史》卷一七《哀宗纪》，卷二〇《天文志》，卷二三《五行志》）。被蒙古军围困达半年之久的中兴府弹尽粮绝，军民多病，已经失去了抵抗的能力。过了一个多月，李睍在走投无路的情况下，率文武大臣献城投降（《元史》卷一《太祖纪》）。此时，成吉思汗已在清水县西江病逝，蒙古军队带着李睍和其族人行至萨里川，为了防止再生变故，遂遵照成吉思汗的遗嘱，将李睍等人杀害，西夏至此灭亡（《元史》卷一《太祖纪》）。

由此可知，神宗李遵顼死于1226年二月，献宗李德旺死于1226年七月，末帝李睍死于1227年八月。在短短的一年半之内，就死了三位皇帝，所以根本就来不及为他们修陵，也无力同时开工建两三个陵。退一步讲，既是有能力修建，但李德旺死时，贺兰山已被蒙古铁骑控制，西夏人不可能再到贺兰山去为皇帝修陵。

也有人认为，西夏陵区原有11座陵，但陵区现在只有9座陵，是因为“一九六四年某单位在这一地区修建工程，平掉不少墓冢”。平掉的墓冢中很可能包括“遵顼陵”和“德旺陵”[4]。其实，这种说法值得怀疑。除上述不可能为最后三位皇帝修陵外，还有西夏陵土

西夏海狮（西夏陵出土）

堆高大雄伟，就算“某单位平掉不少墓冢”，也不可能把王陵平掉，平掉的可能会是一些不太起眼的陪葬墓罢了。

最后，《宋史·夏国传》在记述李继迁、李德明及以后诸帝事迹的篇末记有其庙号、谥号和陵号。遵顼只有庙号和谥号，而无陵号。德旺只有庙号，无谥号和陵号。而李晛既无庙号也无谥号，更无陵号。史籍中记载的 9 座帝陵陵号与陵区帝陵数量完全相符。

所以，神宗李遵顼和献宗李德旺的陵墓当时根本就没有能力，也没有来得及修建，西夏就亡国了。至于末帝李晛，投降蒙古后，被蒙古军队带到萨里川杀害，葬处不明。

五、是谁毁了西夏陵

现在的西夏陵区凄清荒凉，到处残垣断壁，遍地破砖败瓦。那些至今尚未被风沙自然填平的大盗坑，似乎在永久地向人们诉说着 700 多年前的那场大劫难。只有那巍然高耸的土堆，见证着西夏陵昔日的辉煌。那么，究竟谁是毁掉西夏陵的罪魁祸首？是金人，是宋人，还是蒙古人？

西夏荔枝纹金牌饰（西夏陵出土）

西夏灭亡时，金朝在蒙古大军的重创下，也是日暮西山，自身难保，且没有能力帮助西夏。所以，危在旦夕的金人，不可能趁火打劫，去破坏西夏陵。

偏居江南的南宋也处在风雨飘摇之中，政权岌岌可危，朝不保夕，更不可能跑到贺兰山下来破坏西夏陵。

那么到底是谁毁坏了王陵呢？只有一种可能，那就是蒙古人。理由有以下几点。

第一，西夏陵区是蒙古入侵西夏的必经之地。1226 年五月，蒙古军队在贺兰山大败夏将阿沙敢不，占据贺兰山东麓。直到 1227 年八月西夏灭亡，蒙古都一直控制着包括西夏陵区在内的贺兰山东麓京畿腹地。蒙古贵族因政治上的需要和对金银财宝的贪婪，以及受风水迷信思想的驱使，再加上常年征战中养成的破坏与掠夺的习性，洗劫西夏陵是不可避免的。

第二，蒙古六践夏土，西夏负隅顽抗，蒙古对西夏皇族恨之入骨，所以毁掉王陵来发泄仇恨，也在情理之中。

第三，据《弘治宁夏新志》记载，在明代，西夏陵仅“数家巍然”（《弘治宁夏新志》卷二），已无地面建筑。安塞王朱秩炅的《古冢谣》：“贺兰山下古冢稠，高下有如浮水沤。道逢古老向我告，云是昔年王与侯。”更是明代西夏陵荒凉景象的写照。可见西夏陵大规模的破坏，应在明代以前。

第四，至今在银川一些老年人中，还流传着有关西夏陵被挖掘的谚语：“昊王墓，金银两大窟，要得开，且待元人来。”“元人来”即蒙古军队的到来，这清楚地透露出西夏陵是被蒙古人破坏的。

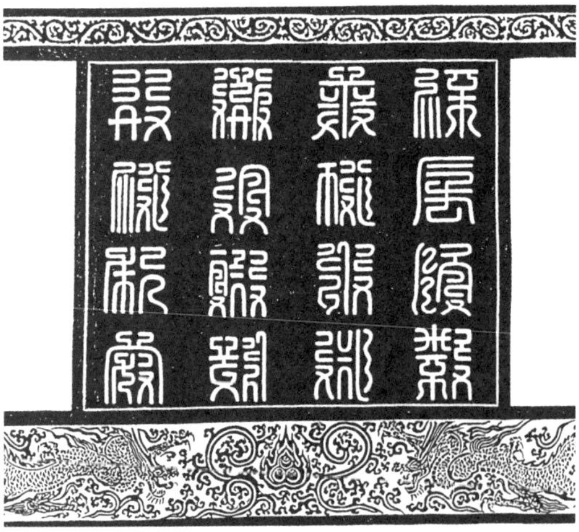

西夏陵寿陵碑额复原图
（大白高国护城圣德至懿皇帝寿陵志文）

第五，西夏陵园发掘的遗物及堆积中，除西夏、宋时期的遗物外，没有明、清遗物。3 号陵东碑亭曾经发掘，碑亭台基边侧残留数座大灶坑。在堆积物中还发现了人们日常生活所必需的陶瓷器皿、铜铁器具及为娱乐而随意制作的棋盘、棋子、砖刻等。种种迹象表明，这是西夏陵破坏者的生活遗迹。他们人数众多，在陵区活动的时间较长，与蒙古军队久据贺兰山区的史实相吻合。

西夏考古专家牛达生通过对西夏陵遗址的详细考察，得出结论：“西夏陵是在1226—1227 年蒙古灭夏的战争中，被蒙元贵族动用军队，进行有计划、有组织的大规模挖掘、破坏后沦为废墟的。”⑤

蒙古军队在贺兰山大败夏将阿沙敢不，控制了包括西夏陵区在内的贺兰山东麓京畿腹地；蒙古军队通过烧、砸、挖、掠等手段毁掉了西夏陵。烧：放火烧掉了陵区砖木结构的建筑。砸：砸碎了陵区的石碑、石雕、泥塑等。挖：采用大揭顶的方法掘开陵墓地宫（墓室）和陪葬墓。掠：掠夺陪葬的金银珠宝。

总之，蒙古人对西夏陵的破坏是毁灭性的。那么，此后西夏陵是否继续遭到了破坏呢？

蒙古人毁了西夏陵，主要是放火烧掉

了陵区砖木结构的建筑，砸碎了陵区的石碑、石雕、泥塑等，掘开陵墓地宫，而地面上夯土基本保存下来。但今天大量夯土墙和砖瓦不复存在，盗墓贼是不要这些东西的，它们去哪里了？答案只有一个，河套平原是沙黄土壤，缺乏建筑用的黏土，很可能是后世建筑从陵区取土。不过，按照民间习俗，皇陵、寺院建筑材料是不能动用的，因此，很可能用于大型寺院或明代的城墙，从这个意义上讲，西夏都城城墙遗址荡然无存，有可能后世挖掉后，重新筑新城。当然，这只是推测，进一步确证，还有待于史料的发现与解读。

西夏文碑额残块（西夏陵 3 号陵出土）

另外，盗墓活动从没停止过，《弘治宁夏新志》就记载，西夏陵“人有掘之者，无一物”。近代以来，也有人在西夏陵进行过挖掘，每座帝陵和陪葬墓的封土前，大小不等的盗坑随处可见。另外，20 世纪 70 年代以来的建设，对西夏陵也造成了一定的破坏。

1999 年 10 月 28 日，时任国务院总理的朱镕基参观西夏陵后动情地说：“看了西夏陵，使我受到一次深刻的爱国主义教育。”并指示要好好保护西夏陵，同时指示相关部门，划拨专款 1000 万元，作为 3 号陵的保修经费，这是国家第一次划拨巨款，支持西夏陵的抢修保护。目前，经过 20 余年的努力保护与开发，西夏陵已由 1988 年的国家重点文物保护单位，发展为 4A 级国家重点风景名胜区，并成为申报世界文化遗产的重点后备者。

（杨满忠　李炜忠）

注：

①孙昌盛. 西夏六号陵陵主考［J］. 西夏研究，2012(3).

②岳键. 西夏三号陵献殿形制的探讨与试复原［M］//西夏学(十).上海:上海古籍出版社,2014.

③宁夏回族自治区文物考古研究所,银川市西夏陵区管理处. 宁夏银川市西夏 3 号陵园遗址发掘简报[J].考古,2002(8).

④吴峰云.西夏陵园及其建筑特点[J].宁夏文物,1986(创刊号).

⑤牛达生,贺吉德.西夏陵三题[J].宁夏社会科学,1995(4).

13世纪，蒙古帝国从草原上崛起，横扫欧亚大陆，西夏、金、大理、南宋等政权和中亚伊斯兰教国家相继消亡。蒙古为何要先灭西夏？西夏灭亡后它的人民哪里去了？是被蒙古人赶尽杀绝了，还是继续生活在元代？西夏文化就此消亡了，还是融到中华民族一体多元文化中了？这是本集要回答的。

浴火重生

——政权的消亡与文化的再生

第十一集

神秘西夏

浴火重生

——政权的消亡与文化的再生

在大一统的元朝，西夏人比较特殊，一是被征服较早，时常按色目人对待；二是文化水平高于蒙古人和来自中亚的色目人，他们谙熟以儒治国，或举族戍边，或为官一方，或游历讲学，为元朝的政治稳定和经济社会发展做出了重要贡献。

一、大一统视野下的蒙夏战争

（一）蒙古统一中国方略与蒙夏战争

13 世纪初，蒙古高原逐渐由分裂走向统一。在杰出的首领铁木真率领下，蒙古部将辽阔的草原全部置于“黄金家族”的统治之下。1206 年春，铁木真在斡难河源召开库里台大会，加尊号成吉思汗。当蒙古高原的人口和牧场已经按照势力强弱和等级尊卑分配完毕时，成吉思汗又会将哪里并入帝国的版图呢？他富有战略性的眼光盯上了分裂的中原，一统中华的雄心壮志萌发于心中。

此时的中国，正并立着南宋、西夏、金朝等多个政权。蒙古如要想完成统一大业，就必须要先击败位于北方的西夏和金朝。1234 年正月，在西夏灭亡近七年之后，蒙古方才消灭金朝。攻取西夏对于蒙古的统一战争到底有什么样的战略意义？为什么说蒙古将西夏作为统一战争的第一步是历史的必然呢？

首先，西夏是蒙元统一战争重要的物资补给基地。西夏占据河套平原和河西走廊，灌溉农业发达，鄂尔多斯丰美草原和河西走廊天然牧场，又是重要的畜牧生产基地，粮食、武器、马匹、骆驼等战略资源丰富，这对资源贫乏、经济基础薄弱的蒙古有较大的吸引力。

其次，从地缘政治来看，西夏南与金国相接，北与蒙古相邻，是蒙、金必争的中间地带。同时，西夏还控扼连接中原与西域的“丝绸之路”和居延道，以及连接漠北和中原的数条道路。这些交通线势必成为联络庞大的蒙古帝国东西南北的大动脉。

再次，西夏还是挺进中原的突破口。蒙古的扩张，最终是为了南下中原，进而统一中国，横亘在蒙古帝国南下之路上的两大阻碍分别是金朝和西夏。但金朝军事实力强大，难在短时间内战胜，相比之下，西夏实力稍弱，为此，蒙古人采用避强就弱的战略方针，先灭夏，后灭金，最终实现对南宋的战略包围。

最后，西夏还是蒙古演习攻城战的训练场。蒙古人最初生活在漠北草原，过着逐水草而居的生活，部落之间的征战以野战为主，缺乏攻城经验。西夏是依附城郭居住，善于守城战。进兵西夏客观上为蒙古人提供了攻城的演习场，能使他们在实践中适应战争环境，创造新的战术，提高军队素质，为日后的攻坚战提供经验。

枯死的黑水城胡杨

一代天骄成吉思汗的军事才能，不仅仅表现在对中原局势的分析，还表现在他对西夏的战略战术上。蒙古骑兵虽勇猛善战，但有战斗就有死伤的风险，以巨大的死伤作为代价换取西夏灭亡，对兵源较少的蒙古帝国来说是不能接受的。因此在攻坚战的同时，成吉思汗不忘对西夏进行政治诱降，让西夏在蒙古的武力胁迫下屈服，跟随自己讨伐金朝，借以消耗其军事实力。待西夏在征伐中被消耗得精疲力竭时，再予以致命一击，就能以最小的代价换取胜利果实。

在此战略思想指导下，蒙夏之间先后发生了六次战争。1205 年，尚未称汗的铁木真以西夏接纳蒙古仇人为由，率军洗劫了西夏边境的力吉里寨。长久以来的和平，

黑水城

让夏桓宗李纯祐有些反应迟钝，始终未组织起有效的防御。到了四月，天气逐渐热了起来，获得了丰厚战利品的蒙古人心满意足地撤回蒙古高原避暑，并顺路劫掠了河套之北落思城，给西夏留下了一片狼藉（《元史》卷一《太祖本纪》）。

蒙古撤兵不久，西夏国内就发生了一场政变，镇夷郡王李安全迫使罗太后废掉了自己的儿子李纯祐，篡位为帝，庙号襄宗。西夏政局的动荡给成吉思汗第二次的入侵带来了契机。1207年秋，他率兵长途奔袭，占领西夏北境重镇斡罗孩城，然后分遣骑兵四处掳掠。李安全迅速调集右厢各路人马，集结优势兵力与蒙古军会战。成吉思汗见夏兵势大，天气也越来越热，敏锐地察觉到不宜深入西夏国境，在掳掠一番后，蒙古人再度撤回漠北（《元史》卷一《太祖纪》）。

西夏遗民王用文题刻
（广东潮州境内）

1209年，金臣李藻、田广明等前来归附蒙古，极力劝说成吉思汗伐金，为了避免日后蒙金相持时西夏出兵攻击蒙古侧翼，成吉思汗遂将拆散夏金联盟作为战略目标，第三次亲征西夏（《大金国志》卷二一）。

大敌当前，李安全以世子李承祯为主帅，大都督府主高逸为副元帅，派兵五万出中兴府北上迎击。双方激战于兀剌海城（即斡罗孩）北，西夏军队全面溃败，高逸被俘后不屈而死。蒙古军再度攻入兀剌海城，驻守城内的西夏太傅西壁讹答虽然是文官，却并不惧怕刀光剑影，他率领着为数不多的将士利用城内的民居做掩护，与蒙古骑士进行白刃巷战。然而却寡不敌众，败下阵来，西壁讹答也成了蒙古人的阶下囚。

战败的消息使李安全感到震惊，他终于意识到，原来蒙古人这次的进攻不再是试探性的，又立即组织了五万人马，由名将嵬名令公统领。嵬名令公久经沙场，尤其熟悉中兴府（今宁夏银川）周边的地形，他深知城北贺兰山中的克夷门关口是北方来敌进攻中兴府的必经之路，于是将大军屯驻在关外较为平缓的山坡上，以逸待劳。不久之后，蒙古军前锋也赶到了克夷门，成吉思汗放眼望去，只见两山对峙，高不可攀，中间只有一条小径可以通过。小心翼翼的蒙古军排成纵队进入了狭道，阵形被地形打乱。这时，只见埋伏已久的西夏军队从山坡上冲驰而下，嵬名令公一马当先，锐不可当。蒙古军准备不足，手忙脚乱，连忙撤退，夏军乘势掩杀，获得了一场大胜。

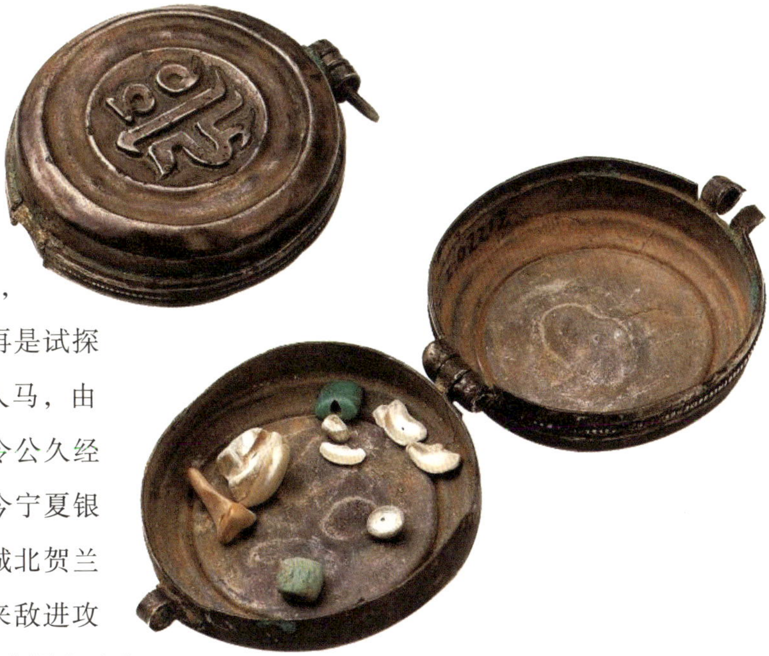

西夏银舍利盒（宁夏灵武出土）

成吉思汗见西夏军队士气旺盛，决定暂避其锋芒，不再组织大规模的攻势，两军在克夷门相持两月有余，西夏的警惕性和斗志慢慢地松弛了。一日，探马回报嵬名令公，说蒙古军有少数人马正往北移动，令公大喜，以为蒙古这次又将撤退，于是急忙点齐人马进行追杀。不料未追数里就掉入了成吉思汗所部署的包围圈，夏军慌忙溃败，嵬名令公被俘。后来襄宗与蒙古请和，嵬名令公即被放还。

克夷门既失，中兴府再无险可守，成吉思汗遂率兵包围西夏都城。李安全亲自披挂，登上城楼指挥防守，双方相持两月有余。时值九月，正当成吉思汗陷于攻坚不利的困境时，一场持续数日的秋雨从天而降，成吉思汗见黄河暴涨，心生一计，连忙调集将士筑堤修坝，拦截黄河，意欲使回流的河水淹灌中兴府。李安全见城墙外水位渐高，城基已快坚持不住，急忙派出使者前往金国求援。哪知昏庸的金国皇帝不顾唇亡齿寒，居然说道："敌人相攻，吾国之福，何患焉？"（《大金国志》卷二一）拒绝派出一兵一卒。

十二月的一天，截水的堤坝禁不住冲击而崩塌，水势四溃，倒灌蒙古大营，成吉思汗心知此次断然灭不掉西夏，于是派遣之前俘虏的西壁讹答入城劝降。这时的西夏也已经内外交困，根本无力再抵抗下去，只得与蒙古签订了城下之盟（《元史》卷一《太祖纪》）。李安全将察合公主献给成吉思汗，并且答应以后为蒙古人"做右手，出气力"，并"地面所产的骆驼、毛段子、鹰鹞常进贡皇帝"。①

居庸关云台

蒙古人退走后，李安全痛恨金朝见死不救，开始发兵攻击金朝的葭州（今陕西佳县），两国就此结束了曾维持了80余年的友好关系，在互相征伐中，双方的国力均日渐衰弱，成吉思汗正在一步步达到自己的战略目的。

然而，西夏追随蒙古征伐金朝，实际上是屈从于军事胁迫，而非本心所愿的。所以当成吉思汗撤军后，西夏对蒙古的命令更多是一种怠慢的态度。1217年，大汗的使者再次来到中兴府，他带着傲慢的神情，当着西夏满朝文武对当时在位的夏神宗李遵顼说："你曾经说要给我们大汗充当右手，如今回回国杀了我蒙古的使臣，大汗要去征讨，你们践行当右手的承诺吧。"夏神宗当然知道这次远征将给西夏带来的损耗，但拒绝蒙古人的要求就等于选择了战争，思索再三，不知如何言语。只见将军阿沙敢不从武臣队列中走了出来，他指着蒙古使者的鼻子讥讽道："既然你没这能力，尽可不做这个皇帝。"②

受到羞辱的蒙古使者愤怒地离开西夏都城，径直将此话回报。成吉思汗大怒，命令将士第四次攻击西夏，蒙古人一路势如破竹，不日再次包围中兴府。李遵顼见蒙古神兵天降，犹如惊弓之鸟，慌忙逃奔陪都西凉府（今甘肃武威），只留下太子在都城镇守，一边逃跑一边遣使请罪。好在这时的成吉思汗正兵分两路分别进攻花剌子模和金国，兵员紧张，不便长期在中兴府的坚墙下消耗，于是就坡下驴，解围而去了（《元史》卷一《太祖本纪》）。

随着蒙金战争的白热化，西夏军队随从蒙古作战的次数也越来越频繁，西夏朝野间怨声载道。某日，神宗李遵顼想要让

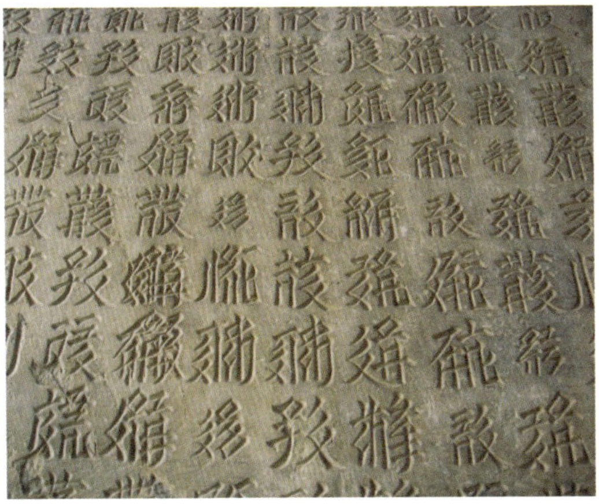

居庸关云台过街塔门洞西夏文石刻

甘肃永昌县圣容寺六体真言石刻

太子德任挂帅伐金，德任向父皇建议不如与金国和好，以为外援。神宗笑道："是非尔所知也。彼失兰州竟不能复，何强之有?"德任见多次劝谏不果，不愿意让夏国将士流血漂橹，于是请求出家为僧，避免挂帅出征。昏庸的神宗居然不顾忠言，将他囚禁于灵州，另派其他将领军出战。御史中丞梁德懿也苦谏神宗不要再跟着蒙古伐金，而要更多地去关注一下国计民生，也被顽固的神宗勒令退休。1223 年初，协助木华黎进攻金朝凤翔府（今陕西宝鸡）的十万西夏军队，未经请示蒙古统帅即班师回国（《元史》卷一一九《木华黎传》）。这些迹象都表明西夏朝野已然不堪忍受蒙古的征伐，迫切地想要从这种依附关系中解放出来。神宗不堪国内外的压力，将皇位传于李德旺，自己图个清静，做起了太上皇。

夏献宗李德旺接过父亲授予的皇冠后，立刻修改了依附蒙古的对外政策，一方面结好漠北诸部，准备在成吉思汗的大后方发难；另一方面派使者去金国试图修复外交关系。当时，成吉思汗尚在西域班师途中，于是诏令当时蒙金战场的统帅孛鲁第五次讨伐西夏，同时又派出了一支先锋部队回师袭击西夏的沙州（今甘肃敦煌），以成东西夹攻之势。1224 年九月，孛鲁攻破银州城（今陕西榆林境内），斩首数万级，俘获西夏府监塔海并掠夺马驼牛羊数万。献宗李德旺眼看不敌，再次投降，并许诺派出人质以换取蒙古撤军。于是孛鲁留下蒙古不华扼险而守，自己返回蒙金战争前线（《元史》卷一一九《孛鲁传》）。

然而，围攻沙州的蒙古军队可就没这么顺利了，他们遭遇了守将籍辣思义的顽强抵抗，连续一个月都没能攻克。一天，籍辣思义在城头巡查时注意到城外新出现了几座小沙丘，于是特意嘱咐斥候昼夜仔细观察。果不其然，原来是蒙古军队在半夜偷挖地道，企图借此攻入城中。籍辣思义不动声色，秘密地准备了柴草、硫黄等引火物，派兵士严加把守。又过了几日，籍辣思义终于找到了地道的出口，恰好这时蒙古人也通过地道发起了进攻，西夏守军将点燃的引火物投入地穴中，整个地道顿时火舌窜动，烟雾缭绕，蒙古兵不是被烧死就是被呛死，损失惨重。

西夏获得喘息机会后，加紧了与金朝的议和进程，两国终于在1225年九月达成和议，约定各用本国年号，国书往来分别称“兄大金皇帝”与“弟大夏皇帝”（《金史》卷一七《哀宗纪上》）。西夏在亡国前两年，终于获得了和中原王朝平起平坐的地位。

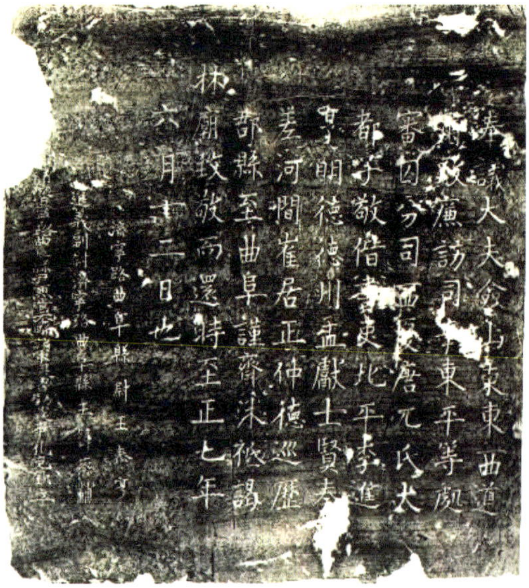

西夏遗民拜谒孔庙碑

成吉思汗听闻西夏背盟，又准备去讨伐。这天，他骑着自己心爱的沙红马与麾下的怯薛们共同围猎，不料在追逐途中遇到一匹横冲直撞的野马，成吉思汗的坐骑受惊，将大汗从马背上摔了下来。群臣担心大汗的伤势，停止了行军。也遂妃子将大臣召集到大汗身边商量对策，脱栾建议道：“西夏人是住在城池里的百姓，反正城池也不能移动，不如等大汗伤愈了我们再来征讨吧。”成吉思汗说道：“西夏人见我们回去，必然以为是我们害怕了，我不能走！先留在这里养病，派个使者去传话，看他如何应答。”

蒙古使者再一次来到中兴府。这一次，他毫不留情面地斥责李德旺道：“你曾经说过，要给我们当右手。可当我们去征讨回回国时，你不但不从征，还出言讥讽。如今我已经扫平中亚，现在马上就要来向你兴师问罪。”献宗李德旺连忙辩解说：“讥讽的话不是我说的……”话音未落，只见阿沙敢不又站了出来，高声吼道：“讥讽的话就是我说的，要与我厮杀时，你到贺兰山来战；要金银段匹时，你往西凉来取。”使者将此话回报，成吉思汗听后怒不可遏，指长生天立下重誓：即便是死，也要灭亡西夏。[③]

1226年春，成吉思汗将纳仇人、背盟、不出兵从征、不遣质子等新仇旧恨一起清算，第六次征伐西夏。

这次，他采取了迂回包抄战术，先拿河西地区开刀。二月，攻克西夏北疆重镇黑水城。从黑水城到甘州或肃州，西夏只设烽火台而无州县。蒙古军一路横行无阻，沿着黑水南下，长驱直入。到了夏季，成吉思汗驻扎在肃州（今甘肃酒泉）以北的浑垂山避暑，分派诸将攻拔甘、肃、凉等州，唯独沙州却险些成为蒙古军队的滑铁卢。沙州守将（此守将姓名史载不详，但距离蒙古上次围沙州不到三年，或许仍然是籍辣思义）对前来诏谕的蒙古将军忽都帖木儿实施诈降，表面上摆设筵席羊酒犒赏蒙古大军，暗地里却设下埋伏，只等忽都帖木儿上钩。果不其然，忽都帖木儿如约而至，夏军万箭齐发，忽都帖木儿坐骑被射倒，眼看要被生擒。关键时刻，归附蒙古的西夏沙陀族将军昔里钤部拍马赶到，将自己的战马借给忽都帖木儿，助其成功脱围。蒙古军回师再战，沙州最终被攻克（参见《元史》卷一二二《昔里钤部传》）。

最初，怒不可遏的成吉思汗准备用屠杀来教训胆敢诈降的沙州，昔里钤部闻讯而至，苦心劝谏，他说道：“违背天命的是一两个决策者，百姓们却大多是无辜的，如果肆意屠戮，恐怕会让剩下的敌人顽抗到底；再者，城内均是我的同胞，还请大汗宽恕他们。”考虑到昔里钤部的功绩，成

西夏遗民昔里钤部墓志（河北大名县出土）

吉思汗最终收回了成命，全城赖以存活（参见《秋涧先生大全集》卷五一《大元故大名路宣差李公神道碑》）。

平定河西后，成吉思汗又越黄河九渡，占领应里（今宁夏中卫）等县。于十一月抵达灵州城下。面对看似坚不可摧的灵州城墙，蒙古人使用了火攻。灵州城顿时焰火冲天。刚即位不久的夏末帝李睍在兴庆府的城楼上目睹黄河东岸的漫天火光，心急如焚。一旁的老将嵬名令公见国家危在旦夕，再度请缨。李睍将十万大军交付嵬名令公，派他前去救援灵州城。西夏将士

西夏遗用王用文题刻（福建永泰县境内）

们马不停蹄地赶往战场，在已经结冰的黄河边遇到了蒙古主力。令公知道这是事关西夏生死存亡的一战，他亲率猛士扑向蒙古军。

然而，成吉思汗却不愿意给西夏人任何的机会，他站在结冰的湖面上，高举着手中的军刀，静待战机。突然间，他的刀锋落下，指向地面，蒙古将士心领神会，纷纷挽起手中的强弓，瞄准西夏步兵的脚面进行射击。膝盖和腿脚中箭的西夏步兵应弦而倒，失去了移动能力，躺在冰面上呻吟，成为了蒙古人演习射术的活靶子，惨叫声此起彼伏。损失惨重的嵬名令公只得率领为数不多的残部狼狈而逃（参见《史集》第一卷第二分册）。

失去了外援的灵州终于被攻破，坚守到最后一刻的废太子李德任为国捐躯。蒙古将士在城中大肆抄掠金银珠宝。唯独契丹人耶律楚材带着少数将士默默来到了即将被焚烧殆尽的府库内，全力抢救了一批珍贵的图书、典籍和药材，将其打包装箱，差人运往和林，总算是为西夏留下了一笔高贵的精神财富（参见《元史》卷一四六《耶律楚材传》）。

1227年的夏天，中兴府孤零零地陷入了蒙古人的包围之中，成吉思汗见大势已定，自己带着一支分队前去攻略积石州（今青海循化）、临洮府（今甘肃临洮）、河州（今甘肃临夏）、西宁州（今青海西宁）等地。当年的闰五月，他来到了六盘山避暑。也许是六盘山赏心悦目的秀美环境让他心情平复，成吉思汗决定结束这场旷日持久的战争，他派遣自己的养子党项人察罕进中兴府劝降（《元史》卷一二〇《察罕传》）。

此时的中兴府内无斗志，外无援军，城内粮食殆尽，瘟疫横行。李睍本欲继续负隅顽抗，无奈一场地震的袭来，彻底摧毁了西夏人最后的抵抗决心。不久之后，李睍率文官李仲谔、武臣嵬名令公等奉户口、图籍和九九之数的金银器皿、马驼和金佛像等物品前往蒙古军营投降。④

蒙古人本欲将李晛带往大汗的行宫交由其处置，但一代天骄成吉思汗最终还是没能看到世仇跪在自己的帐下。带伤作战的成吉思汗年岁已高，为战事所累，终于在六盘山行宫中病倒了。弥留之际，他为继承人规划了假道南宋、包抄伐金的战略，言讫而崩。群臣担心西夏新附，人心不稳，于是秘不发丧，托言大汗有病未愈，将李晛引到行宫门外行礼。三日后，脱栾奉大汗遗诏，杀死李晛，并下令族灭西夏皇室，还让蒙古人每次吃饭前都要祷告说“西夏已经被灭了”，以告慰病逝于此次征伐中的成吉思汗。至此，立国190年的西夏王国就这样在历史长河中消失了。

(二) 成吉思汗的西夏养子与屠城之谜

曾有一种观点认为，蒙古人在征服西夏的过程中，进行了惨无人道的屠城，甚至直接导致西夏人完全从历史中消失，那史实是否是这样呢?

成吉思汗驾崩后，一些蒙古将领悲痛万分，他们将大汗的死归咎于屡屡反抗、常年不服统属的西夏人，于是密谋屠城中兴府以泄愤，并且下令“戈矛所向，耆髫无遗”（《待制集》卷一〇《师氏先茔碑铭并序》），眼看西夏遗民和西夏文化将遭受灭顶之灾。一位党项族英雄力挽狂澜，拯救了万千西夏遗民生命，他就是成吉思汗的西夏养子察罕。

察罕的父亲曲也怯律是西夏贵族，官至平章政事，他的一位宠妾怀上了身孕，这本该是一件喜事。然而，他的正妻却大发雷霆，逼迫曲也怯律休掉宠妾，将她配给了自己的牧羊人及里木。不久，这位小妾生下了一个男孩，名为嵬名益德。

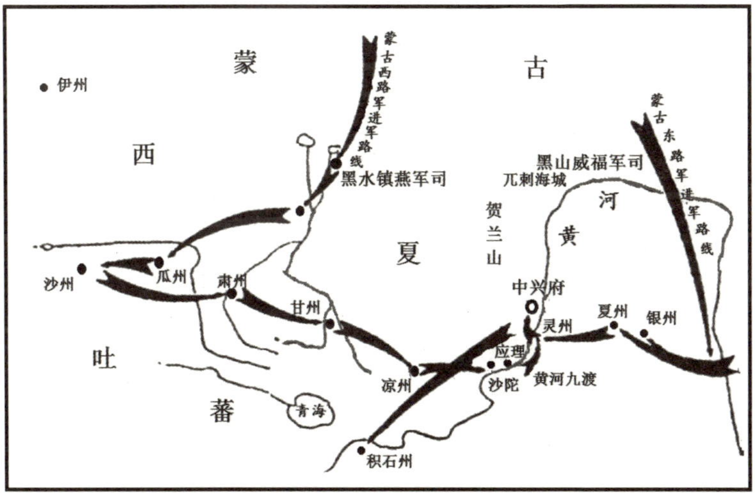

蒙古灭夏示意图

幼年的益德跟随养父以放羊为生，人生转折点出现在他十一岁的那年。当时恰逢铁木真第一次讨伐西夏，蒙古哨骑一个接一个地飞驰着经过他放羊的草场。

益德早就听说过铁木真这个如雷贯耳的名字，眼看远方尘土飞扬，中军将至，聪明的益德将手杖插在地上，把帽子挂在杖首进行叩拜和行礼。策马路过的铁木真果然被这个孩子的奇怪举动吸引，他勒住了骏马，把益德叫来问话。益德回答说："独行则帽在上而尊，二人行则年长者尊，今独行，故致敬于帽。且闻有大官至，先习礼仪耳。"

天资聪颖的益德很快就以言谈征服了慧眼识人的铁木真，铁木真将他带回蒙古，并让妻子孛儿贴好生抚养，视为自己的第五个儿子。长大之后，他被赐予蒙古人的身份，改名为察罕。不久后，成吉思汗从长期与黄金家族通婚的弘吉剌部中挑了一个女子，嫁给了察罕。

蒙古发动对金朝的云中战役时，金军在野狐岭组织抵抗。成吉思汗派察罕去侦查金军虚实。察罕率游骑登高俯瞰，只见金军兵力虽多，但阵形混乱不堪，毫无秩序，他兴奋地回报大汗，说道："金军骑兵自由散漫，毫无纪律可言，不足畏之。"成吉思汗将察罕所言通报全军，蒙古军士气大振，擂鼓而前，果然大破金军。察罕以战功升任御帐前首千户。

在蒙夏战争中，察罕来到父亲曲也怯律把守的甘州城下，将书信射进城内，希望父亲能早日献出城池。曲也怯律不愿再使生灵涂炭，更不愿父子间兵戎相向，计划献城于蒙古。不料副守将阿绰不愿出降，带领36人冲进帅府，杀害了曲也怯律以及察罕的幼弟，前往城内劝降的蒙古使者也一并遇害。消息传来，察罕悲痛不已。城破后，成吉思汗许诺杀掉全城百姓给察罕之父报仇殉葬。然而，出身党项人的察罕却断然拒绝这个建议，他向大汗请求，恕百姓无罪，仅仅只杀掉了参与谋杀父亲的阿绰等36人。

中兴府被围半年后，察罕又接受成吉思汗的命令，进城劝降。他对李睍喻以天时，晓以利害，最终说得李睍出降，避免了中兴府遭遇更惨烈的兵祸。当听说自己的同胞有被杀戮的危险时，察罕再次挺身

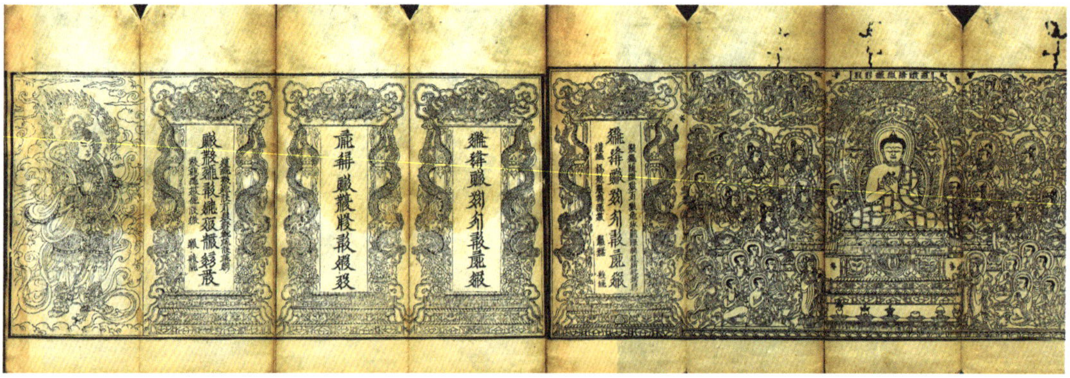

蒙古汗国时期刻印西夏文佛经

而出，制止了屠城。没有人敢挑战大汗养子的权威，失望的蒙古人收起了出鞘的宝刀，悻悻而回。可能是担心蒙古人不守承诺，察罕又单骑驰入中兴府，将百姓召集到自己的身边，亲自安抚和保护他们，中兴府的民心就此安定了下来（参见《元史》卷一二〇《察罕传》）。

察罕身为西夏人，熟悉内情，既能为蒙古的征伐提供情报，又可在必要时动用和守将的亲属关系进行劝降，所以才能被成吉思汗如此青睐。收养西夏人的孩子也彰显了大汗宽广的胸襟——昔日的敌人如肯归附，也能变成今日的爱子。在此感召下，肃州、凉州、兀剌纳等城池的守将都在力尽之际，选择了投降。成吉思汗也赦免了他们的亲属以及全城百姓的抵抗之罪，没有赶尽杀绝。可见，在西夏降将的劝阻下，成吉思汗在自己戎马生涯的末期放弃了近乎一生秉持的理念——对曾经反抗自己的敌人绝不手软。

察罕制止蒙古将士的屠城行为，实际上也遵循了成吉思汗的遗志。原来，在西夏投降前，成吉思汗确实有过屠城泄愤的想法，群臣见大汗气恼不已，莫敢劝阻。只有汉人王德真谏道：“犯顺效逆的罪魁祸首已经被诛杀了，百万平民各为其主，本来无罪，应该让他们存活下来。陛下应将降服的万国百姓都视为自己的子民，而非敌人，一视同仁地对待。”据史料记载，成吉思汗听闻王德真话，醒悟过来，赦免了西夏百姓的抵抗之罪（《紫山大全集》卷一六《德兴燕京太原人匠达鲁花赤王公神道碑》）。而《元史》也记载他在逝世前一个月曾谓群臣曰：“朕自去冬五星聚时，已尝许不杀掠，遽忘下诏耶。今可布告中外，令彼行人亦知朕意。”（《元史》卷一《太祖纪》）看来成吉思汗对王德真的劝谏是心悦诚服地接受和领会了。这说明蒙元统治阶级对西夏人已经有了崭新的看法：此时的西夏人已经不再是国家的敌人，而是与蒙古人和其他民族一样，成为了黄金家族统治下多民族国家的新成员。

反过来看，站在西夏人的角度，面对所向披靡、战无不胜、席卷欧亚大陆的蒙古铁骑，同样以战立国且具备尚武精神的党项民族虽然组织了一些抵抗，但却并没有取得良好的战绩。然而，当他们发现蒙古骑兵无法战胜，而整个中华从分裂走向统一的趋势又不可避免时，西夏人也发扬了他们的另一种智慧，即有条件的归附，顺应历史趋势，来保证自己的民族和文明能够继续发展。

今天的祖国，疆域幅员辽阔，文化丰富多彩，离不开历史上各少数民族的贡献。西夏政权自唐末定难军节度使，经李继迁、李德明、李元昊及其后代筚路蓝缕，苦心经营，将“东尽黄河，西界玉门，南接萧关，北控大漠”的土地置于同一个政权之下，实现了地区的局部统一，并在此立国近200年。西夏还对这片土地进行了有效的开发，使平原变成了富饶的农田，山地草原变成了丰美的牧场，促进了地区的开发和稳定。蒙古灭西夏、金、大理、南宋等国的战争则是在这种边疆局部统一的基础上，为实现全国统一而进行的。西夏的灭亡恰是中原统一多民族国家新生的第一步，进入到新时代的西夏遗民也将继续为中华文明做出更多的贡献。

二、元代西夏文化的延续和新生

（一）唐兀将领在统一战争中秉承的文化理念

入元后，被称作唐兀人或河西人的西夏遗民，大量签发成“河西军”及“河西质子军”，有的还编入唐兀卫亲军都指挥使司，他们东征西讨，或戍守四方，为元代的大一统做出了突出贡献。

老索是党项人，世代居住于宁夏，整个家族都以骁勇善战闻名，因听说成吉思汗为当时英雄而率部归附。成吉思汗对主动归附的唐兀人很信任，让老索担任自己的宿卫。每逢作战，老索总是披坚执锐，身先士卒，不畏负伤，成吉思汗赞叹不已，赐称号“八都儿”，意思是“骁勇无双的猛士”。

蒙金开战后，老索隶属于察罕麾下，先后在野狐岭、云中等地大败金军。在蒙古西征的战役中，老索大放异彩，一鼓作气连克斡罗儿、孛哈里、薛迷思干等城池。花剌子模的末代国王札兰丁是成吉思汗的苦主，他有胆有识，多次打败蒙古军，驻重兵于易守难攻的铁门关。

铁门关位于山谷之间，两边都是悬崖绝壁，不可攀援，坚固的关口横亘在蒙古大军西征的道路上。老索和察罕请命率领河西军作为先锋，直达关下，日夜督战攻城。眼看铁门关即将告破，一支流矢正中老索面颊，身边士卒见主将中箭，出现了动摇。为了稳定军心，老索强忍疼痛，不但没有倒下，反而更加勇猛，他带着箭伤，奋不顾身地冲上城楼。面对有如天神下凡的西夏勇士，铁门关守将惊慌失措，被察罕斩杀。札兰丁军队的斗志最终崩溃，士卒四散而逃。

后来，老索又随第二代大汗窝阔台汗攻略金朝的河中府和南京汴梁等地，亲手为金朝敲响了丧钟。金朝灭亡后，老索出任首任顺天路达鲁花赤，他将全家迁居至此，繁衍生息（参见《河西老索神道碑》）。

明代西夏文经幢（河北保定莲花池公园）

李恒是西夏皇族，祖父在蒙古入侵时战死疆场，父亲李惟忠当时年幼，被蒙古宗王合撒尔收养，后在合撒尔的儿子宗王移相哥的封地淄川（今山东淄博）担任达鲁花赤，李恒自幼被王妃抚养长大。李璮叛乱前夕，曾与南宋联系，欲献出涟海三城。忽必烈任命的地方官员大多态度摇摆不定，不敢向忽必烈揭发。只有李惟忠、李恒父子听到风声后，连夜逃出城池，欲奔向大都（今北京市）报信。不料在半路上被李璮的快马追回逮住，押回狱中看管。在狱中，李恒不为李璮软硬兼施的劝诱所动，直到叛乱平息才被放出。元世祖嘉奖李恒的忠心，不但赔偿了他损失的家产，还任命他当淄莱路奥鲁总管，配以金符。

过了几年，元军攻伐南宋襄阳（今湖北襄阳），战事不顺。元世祖想起李恒的忠诚与勇敢，便任命他为益都、淄莱新军万户，率部南下增援。李恒来到战场后，没有急着上前线攻城，而是自己骑着马带着少数随从仔细视察了周围的地形。他发现襄阳虽然被蒙古军围得水泄不通，但宋军仍然在城西有小路可以获取外援。为了瓦解宋军斗志，李恒在城西建设了堡垒，阻碍襄阳的陆路交通，失去了外援的宋军人心惶惶。

一日，襄阳守将吕文焕带着几员亲信，化装成渔民，坐小船渡过汉江，想要偷窥元军布阵。不料还未靠近岸边，就有数只战舰靠拢渔船。原来，李恒早已得知情报，埋伏好了水军准备瓮中捉鳖，吕文焕落荒而逃。不日间，元军又扼守住了水路。汉水北岸的樊城失去了南岸襄阳的援助，只剩孤城一座。李恒见时机已到，挥师攻城，不日樊城即告破。襄阳也在不久以后投降。忽必烈赏赐李恒宝刀，并配金虎符以嘉奖其

西夏光定元宝

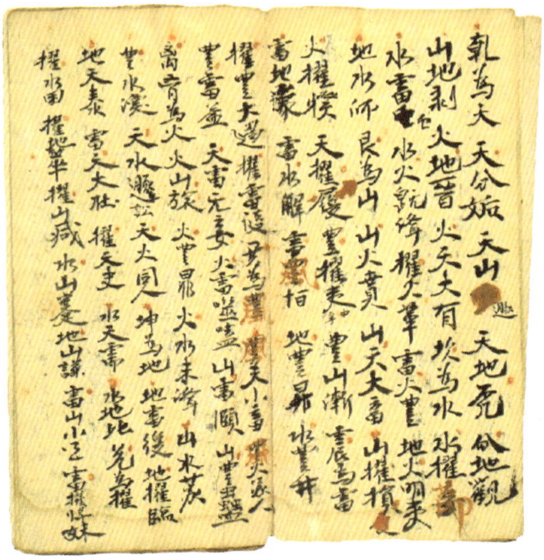

黑水城出土《六十四卦》

功。后来他又随元帅伯颜、逊都台等征伐、招抚南宋州县，官至江西行省平章政事。

1279年春，时任副元帅的李恒会合张弘范部，扑向南宋流亡朝廷的据点——崖山，那里有张世杰、陆秀夫等人拥立的末代宋帝赵昺和最后的抵抗力量。为了防止将士晕船，宋军以铁索将上千艘战舰连环，然后又在船上修起栅栏和塔楼，布置成严整的水寨。元军如要强攻，必然遭到很大损失。足智多谋的李恒心生一计，他见宋军陈兵海上，后勤补给困难，于是先遣将士断绝宋军的淡水供应。渴急了的宋军只得喝海水，喝坏肚子的将士不少，非战斗性减员严重。

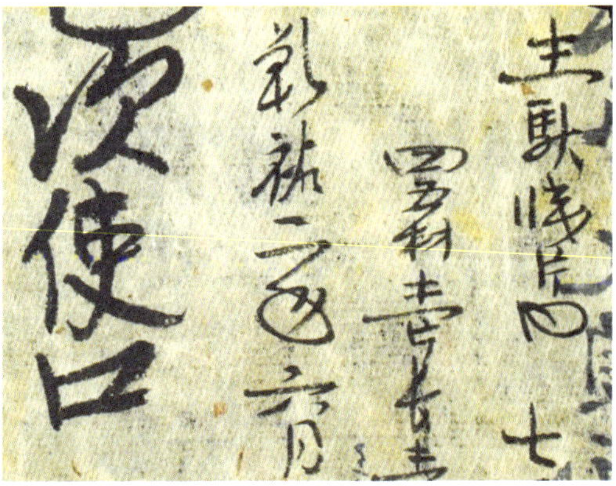

西夏乾祐二年（1171年）六月纳材植帐
（黑水城出土）

决战当天，元军采取包围夹击战略，李恒从北面强攻不克，于是顺潮而退，回营奏起了音乐。宋军将士以为元军休战宴饮，就放松了警惕，懈怠了精神。然而，这恰是李恒和张弘范的计谋，只见两路元军回师夹攻，打了宋军一个措手不及。李恒率麾下将士捣毁栅栏，拆除铁索，身先士卒登上宋军舟舰与其短兵相接。元军大受鼓舞，士气如虹。铁骨铮铮的南宋丞相陆秀夫眼见宋军已然不支，覆灭在即，不愿靖康国耻再一次重演，于是背着年仅八岁的卫王赵昺跳向苍茫无边的大海，壮烈殉国。南宋彻底灭亡，中华再次一统。

经历亡国的痛苦且长期受儒家文化熏陶的唐兀将军，在元朝灭宋战争中从不赶尽杀绝，而是以宽容、仁义享誉各地。李恒任江西宣慰使时，曾接到元军控制下的赣州（今江西赣州）被文天祥领兵包围的消息，眼看州城危在旦夕，李恒属下将领出了个馊主意：“文天祥的祖坟在吉州（今江西吉安），如果派兵去把他的祖坟给掘了，宋军肯定就害怕了，一定能战胜他们。”英雄惜英雄，李恒十分敬佩文天祥这样的对手，不愿意违背道义。他义正词严地说：“我们是王师，出讨不服的国家而已，岂有发掘坟墓，找枯骨报仇的道理？”说罢，亲自率兵前去解围。

又一次，李恒率部到建昌（今江西抚州）休整时，城内又搜出文天祥寄给建昌名门望族的书札，牵连到数百富室。当时，李恒手下的将校或是觊觎其财物，或是有新仇旧恨，纷纷怂恿李恒惩处他们，以便谋求私利。不动声色的李恒把将校和涉事平民召集到一起，当面烧毁了这批书信，并释放了捉到的百姓。本有所图的将校们非常失望，提出质疑，李恒缓缓地说：“这些往返千里外的书信，有能到的，也有不能到的，并不等同收信人有通敌行为；而且也不能排除奸人陷害的可能，如果不验证真假而直接惩处，将建昌数百家的性命葬送在一条奸计之中，我又该如何平复良心的责备？”（参见《元史》卷一二九《李恒传》）

后来，李恒率军进入文天祥的故乡庐陵城（今江西吉安境），又烧毁文天祥檄庐陵抗元的名籍，表示既往不咎，保护了数以万计百姓的性命。元军在此井然有序，军纪严明，城中的老弱平民甚至没意识到庐陵已经完成了政权交接。四十多年后，庐陵百姓修筑了李公庙，用来感激和追思李恒（参见《申斋集》卷七《滕国武愍孝李公碑铭》）。

在蒙元的统一战争中，还有不少唐兀将军有着类似的表现。同为西夏皇族后裔的李祯用劝降的方式避免了寿春（今安徽寿县）城内外双方的人员伤亡（参见《元史》卷一二四《李祯传》）；察汗之孙塔出为了防止洪水淹灌城内百姓，严词拒绝了元世祖忽必烈拆除江西各地城墙的旨意（参见《元史》卷一三五《塔出传》）；昂吉儿接受宋将夏贵投降，按部进驻庐州城，

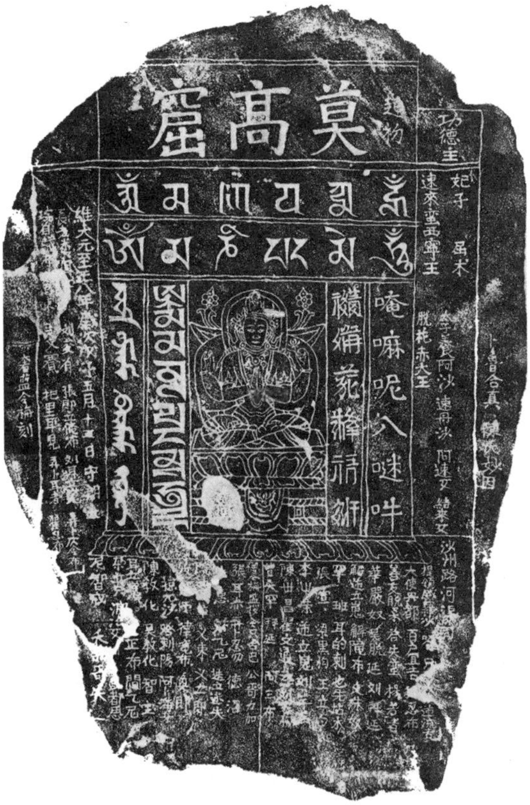

莫高窟元代六体真言碑

西夏文真言铜镜

一路上秋毫无犯（参见《元史》卷一三二《昂吉儿传》）。

在他们身上，我们能够读出唐兀将士身上承载的军事文化，他们不但传承了党项人的尚武精神，在战场上英勇善战，同时还具备忠君爱国、宽容仁爱、重义守信、治军严明等优良品质。河西军不是给所到之处带来血腥和杀戮的战争机器，而是一支出讨不服的仁义王师，这种文化理念直接受西夏中后期崇文尚儒的国策影响。在李恒和其他唐兀人的精心经略下，元初反抗斗争曾有燎原之势的南方各行省逐渐稳定了下来。

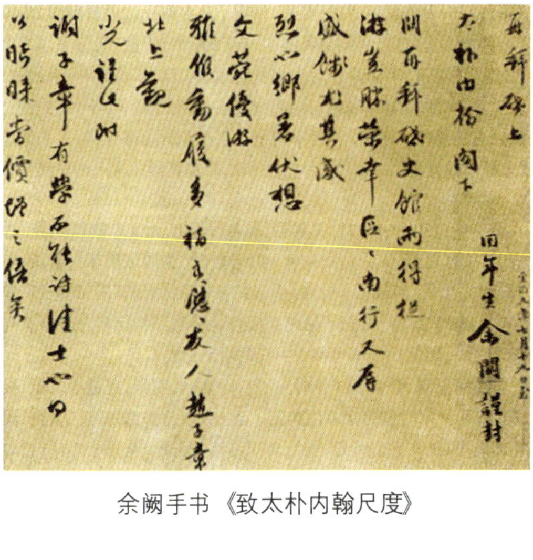

余阙手书《致太朴内翰尺度》

（二）元代政治制度中的唐兀元素

随着元朝统一中国，军事征伐日益减少，对将才的需求也不再迫切。唐兀人英勇善战的本领无从发挥。在相对和平的时代，唐兀人会不会在政治舞台上被边缘化呢？

答案是否定的，由于唐兀将士早在成吉思汗时就已归附蒙古，且在灭金平宋的统一战争中有着忠诚勇敢的表现，他们逐渐成为蒙元政权倚重的一支军事力量，并且取得了蒙古统治者的信任，在元代被视为色目人的一种，享有仅次于蒙古人的待遇。蒙古人虽然是元朝的统治民族，但总人数不多，相比起汉族人口只是沧海一粟；而且游牧民族的汉化程度也较低，往往擅长马背上打天下，却不会下马治天下。同时，他们还对最后归服的汉人和南人缺乏信任，所以只能依靠色目人来辅佐他们治理庞大的帝国。与其他来自中亚、西亚乃至欧洲，更擅长经商或理财的色目人不同，唐兀人自唐代党项内迁之后就一直生活在中华文化圈内，常年受中原文明的熏陶，是元代色目人中为数不多的懂得如何治理中原汉地的族群之一，具有先天的优势，被蒙古统治者委以重任。

从现存文献来看，唐兀人在元代各级官僚机构中均有任职，甚至不乏高品大员，据不完全统计，仕至正从一品的唐兀人在元代就有 20 多名。在各个行省、路、府、州、县任职的唐兀人更是多如满天繁星。无论是遥远的西北边陲，富庶的江南水乡抑或是在当时人眼中只算是“不毛之地”的两广，均有唐兀官员的足迹，他们每到一地，往往都会治理水土，开垦荒地，惩办不法，兴办教育，为政治文化本来较为落后的蒙元政权创设了不少有益的制度。

儒户是元朝专门为读书人设置的一种户籍种类，可减免了儒生的部分赋役义务，并且发给相当于奖学金性质的廪给，这类户籍的形成离不开唐兀人高智耀的功劳。蒙古人是生长在草原上的游牧民族，入主中原之初，他们极不重视儒学和儒生的作用，不少儒生与普通的民户一样，被迫服徭役，甚至有一些沦为贵族的奴隶。

高智耀在西夏末期曾高中进士，西夏灭亡后，他一直隐居在贺兰山。蒙古阔端王子镇守河西，令儒生服徭役，这可急坏了高智耀，他连忙来到阔端的居城凉州，向他介绍西夏时期的儒生免役制度，直言其意义。促使阔端援引西夏旧例，废除了河西儒生的徭役义务。

表 1　元代唐兀人中央机构任职人数表

	官职	品秩	人数
中书省	左、右丞相	正一品	5 人
	平章政事	从一品	9 人
	参知政事	从二品	5 人
枢密院	知枢密院事	从一品	5 人
	同知枢密院事	正二品	5 人
	副枢密使	从二品	1 人
御史台	御史大夫	从一品	9 人
	御史中丞	正二品	5 人
	侍御史	从二品	5 人

表 2　元代唐兀人地方任职人数表

	官职	品秩	人数
行中书省	行省丞相	从一品	3 人
	行省平章政事	从一品	14人
	行省左、右丞	正二品	22人
诸路总管府	达鲁花赤	依上、中、下路品秩不定	20人
	总管		14人
	同知		6人
肃政廉访司	廉访使	正三品	18人
	廉访副使	正四品	7 人
	佥事	正五品	12人

元代西夏遗民倪瓒绘画

元宪宗蒙哥即位后，高智耀又来到和林觐见新任大汗，并向他陈说儒生对治理国家的作用。蒙哥怀疑地问道：“儒家何如巫医？”高智耀坚决地回答道：“儒以纲常治天下，岂方技得比！”一席话说得蒙哥心悦诚服，诏令海内免除儒生徭役。

元世祖即位后，高智耀再次进言善待儒户，世祖特意赐给印绶，让他逐个州县甄别、解放沦为奴隶的儒生，共拯救了数千名饱学之士。一些保守的蒙古贵族指责他滥收儒户，高智耀对答道：“儒士，就好比金子，金色有浅深之别，色浅的也是金子；儒士的才艺也有深浅，说学问稍差的就不是儒士，有失偏颇。”在高智耀和其他儒臣的推动下，至元十三年（1276 年）元代官方最终确定了北方汉地儒户的总数，这为元朝儒学的传播和儒生的培养提供了良好的条件。

高智耀生活的元朝初年，各种制度还处于草创阶段，中央没有监察机构，朝政纲纪不彰，一些大臣和贵族贪污受贿，尸位素餐，作风腐败。高智耀向元世祖提出要效仿前代，设置御史台以纠察、整肃朝官。至元五年（1268 年），世祖采取高智耀建议设立御史台，元代的监察机构体系初现雏形。

后来，高智耀又回到西夏故地担任中兴路提刑按察使，纠察地方官员的不法行为。这时，西北藩王对元世祖舍弃蒙古旧俗，推行汉法的政治举措颇为不满，高智耀不顾年岁已高，自告奋勇去藩王处宣讲推行汉法的好处，却不幸病逝在途中。高智耀为汉法的推广做到了鞠躬尽瘁，死而后已（参见《元史》一二五《高智耀传》）。有元一代，学校除祭祀孔孟外，高智耀也是被祭祀者，学生们往往肖其像而礼之，反映了元代儒生对他的感激。

在地方的治理上，唐兀儒生同样功不可没。朵儿赤是西夏国相斡道冲的后人，年纪轻轻就能通古注《论语》《孟子》《尚书》。元世祖早就听说西夏子弟多才俊，此时又恰值用人之际，有心提拔，于是在香阁召见朵儿赤问策，朵儿赤以“亲贤臣”“远小人”的道理对答。世祖很高兴，问欲为何官。朵儿赤想起自己的故乡百废待兴，于是说道：“国家在西夏故地的屯田，主要是用军队来完成的，倘若有军事调动，将严重影响耕作。而西夏可耕地面积广大，目前开垦的还不及十分之一。自从南军在此屯戍，繁衍生息多年，如能将他们成丁的子弟编入别籍，专门用来屯田，就能充实人力。这样既能开垦更多的田地，收获更多的粮食，还能解放兵力。请让我担任总管，以实现这一举措。”于是元世祖任命其为中兴路新民总管。到任之后，朵儿赤挑选屯田军子弟精壮者，发给种子、农具、耕牛，让他们开垦荒地。

元初，西夏故地黄河水患频仍，至元

元刻本西夏文《金光明经》流传序

杨文书讷参与创建的尼山书院（今景）

元年（1264年）著名科学家郭守敬曾会同行省长官张文谦在西夏故地治河，疏通唐来、汉延等渠。二十多年过去，当年整治过的河道又出现了淤塞、决口等现象，严重地威胁着倚靠黄河灌溉的农业生产。忧心忡忡的朵儿赤不辞辛劳，亲自带着水工实地考察，召集蕃汉百姓整治河道，共同堵塞了黄河九处决口，开辟了三处泄洪区，有疏有堵，科学地降低了黄河水患的威胁。

经过朵儿赤等地方官员的苦心经营，宁夏平原沃野千里，渠道纵横，稻香浓郁，阡陌相连。百姓安居乐业，国家也收获了成倍增长的赋税。元世祖对此非常满意，至元二十五年（1288年），西夏中兴等路社会秩序安定，民各归籍，原有的统治秩序逐渐也得到了恢复，标志着元朝对西夏故地的治理取得了成效。于是元世祖下诏，正式将西夏中兴等路改名为宁夏路，意为西夏故地安宁，这也就是今天宁夏回族自治区名称的由来，“宁夏”的名称至今已被使用700余年。

（三）元代音乐、儒学、宗教文化中的唐兀元素

河西乐是元人对西夏音乐的称呼。元初，在唐兀人高智耀的推荐下，元朝征用西夏旧乐。元世祖自至元七年（1270年）起，每年在大明殿启建白伞盖佛事，并用诸色仪仗迎引伞盖周游皇城内外。巡游时，由仪凤司掌汉人、回回、河西三色细乐，随行演奏（参见《元史》卷七七《祭祀志六》）。至元十七年（1280年），朝廷设立昭和署管领河西乐人，后改名天乐署，配有“琵琶二、箜篌二、火不思二、板二、筝二、胡琴二、笙二、头管二、龙笛二、响铁一”等乐器，乐工有18人，学徒2人（参见《元史》卷八五《百官志一》）。

如果将演奏元代河西乐所需的乐器与《蕃汉合时掌中珠》和西夏汉文《杂字》中出现的乐器对比，可以发现河西乐在传入中原后，新增了火不思、头管、响铁等几种以前没有的乐器。想必河西乐的曲谱和曲风，也将随着乐器种类的增多而比西夏王国时期更加丰富多彩。

西夏遗民唐兀公碑（河南濮阳境内）

大名路曾在蒙金战争中破坏严重，元宪宗新任命的达鲁花赤，唐兀人昔里钤部刚到任不久，就亲自祭祀庙学。看到坍塌的礼殿和破败的断壁残垣，昔里钤部喟然叹道：“庙学的兴废，关系到风化，如果像现在这样子，怎么可能将百姓心中的善念给唤醒呢？”言罢，他拨付钱粮，调集人力，将庙学修复一新，亭传、长府皆渐次新建（参见《秋涧集》卷五一《大元故大名路宣差李公神道碑》）。至正二十四年（1364年），在偏远的广西平乐府，郡监唐兀人拓跋元善重修了“上漏旁穿，震风凌雨，日益倾圮”的平乐府学。重建完成的府学随处可见拱手作揖的儒生，以

以儒治国是西夏长期秉承的理念，自仁宗朝起，西夏开始科举取士，遴选了不少儒臣。到了元代，唐兀人在科举中的表现依然抢眼。在元统元年（1333年）的科举考试中，一共有8名唐兀人进士及第，约占该年色目人进士总数的1/3。其中余阙的表现尤为出色，只是因为不是蒙古人而屈居右榜第二名（参见《元统元年进士录》）。

以余阙为代表的唐兀人深知儒学的教化作用，他们每到一地任官，当务之急就是修建庙学，延请名师，购置学田，对元代儒学的传播做出了贡献。

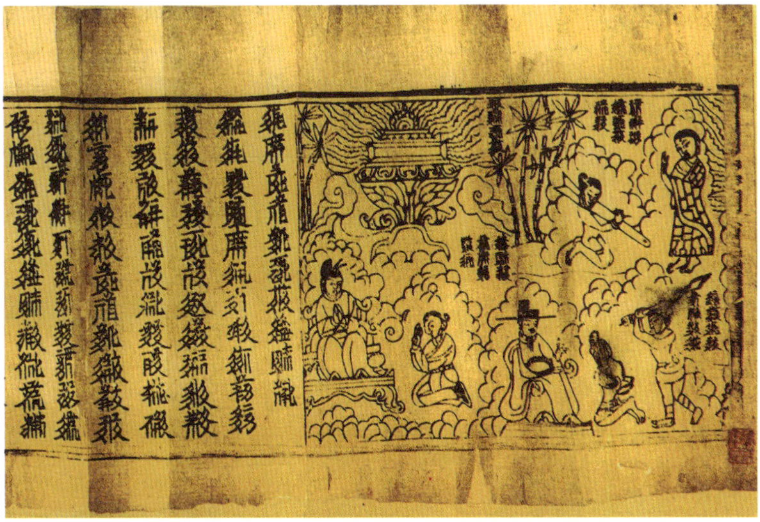

明代西夏文《高王观世音经》（故宫博物院藏）

西夏壁画供养菩萨（莫高窟第328窟）

及神色庄严的教授；每逢祭祀，都会举办盛大的典礼；“春夏诗书之教、朝夕弦颂之声，使民沐浴于膏泽，披浮先王之道”（《粤西文载》卷二六《平乐府学记》），取得了良好的教化效果。

至正三年（1343年）六月，儒家文明的圣地——曲阜孔庙迎来了一位老熟人，时任山东东西道肃政廉访司佥事的西夏人杨文书讷第三次率僚属拜谒孔庙。这一次，孔子后裔孔克钦为他立下了谒庙碑，碑文中写道：“每次到曲阜，杨文书讷都会选择先拜谒孔庙，然后才处理政务；无论是寒冬腊月，还是酷暑难耐，他都会在此瞻恋徘徊，多时不忍离去；他的祖先曾经任职西夏，在仁宗皇帝时曾上书请设崇文阁以为贵胄之学，并称大儒有补名教，可以祀孔庭，他的所为可谓是继承了先人之志！”（曲阜孔庙藏《杨文书讷三谒林庙碣》）或许正因为西夏极力地推崇孔子，封孔子为文宣帝，杨文书讷才会对孔庙有着如此深厚的感情，并先后参与重修尼山书院和洙泗书院的活动，为孔圣人故里的教育事业做出自己的贡献。

佛教曾经是西夏人的精神支柱之一。随着唐兀人的政治地位日渐提高，西夏佛教在元朝的影响力也越来越大。僧官杨琏真迦及其子杨暗普曾经分别担任江南释教总统和宣政院使，他们在任上均大力推广西夏藏传佛教，为其在元代江南的传播做出了巨大贡献。

除了官方提倡的因素外，西夏佛教在元代的空前发展与民间唐兀僧侣和信徒频繁的佛事活动也是分不开的，生活于元朝初年的一行慧觉就是其代表人物。慧觉自幼出家，最初在贺兰山修行密乘。随着年龄的增长和求知欲的增强，他逐渐对纯粹的密教修持感到不满足，于是走出了贺兰山，不辞路途艰险，跋涉千里，来到了佛教圣地洛阳白马寺，向当时有名的龙川行育和尚学习华严宗。六七年间，慧觉孜孜不倦地学习着中原佛教的精华，行育和尚

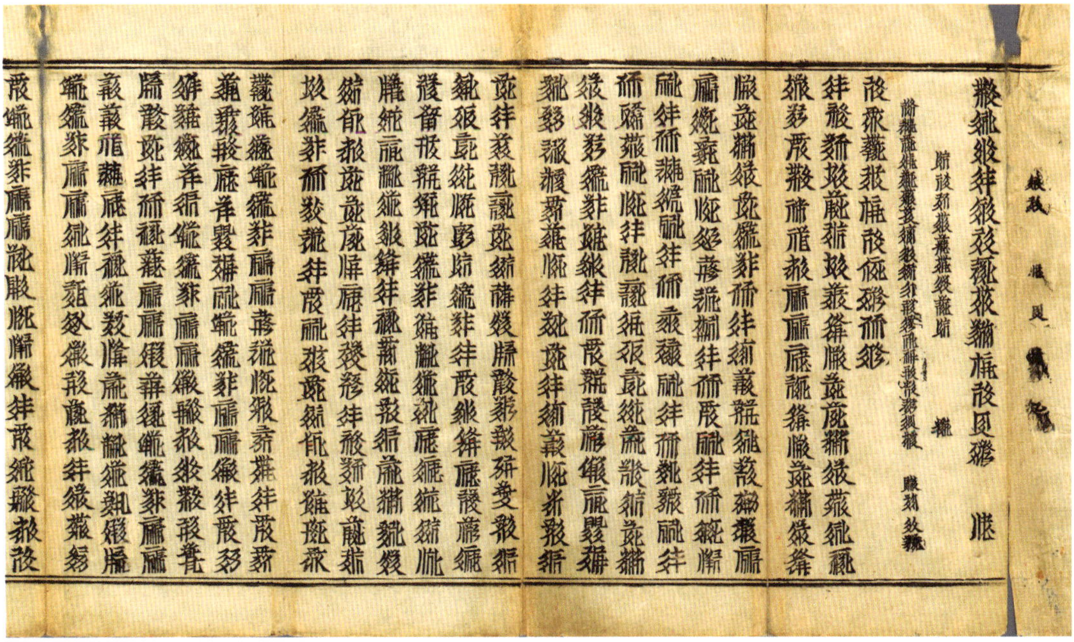

元刻本西夏文《华严经》

对慧觉的进步很满意，认为他能够肩负起传灯的重任，便将元世祖赏赐自己的赤伽梨衣送给了慧觉。这时，世祖诏令海内高僧前往大都校勘佛经，慧觉跟从行育前往，并在这次校经中表现出色，被赐予“密宗圆融大师”称号。不久后，永昌王派使者来请慧觉回到故乡凉州讲经说法。就这样，慧觉将融合了中原华严宗和西夏密宗的教法弘扬到西夏故地，他的《大方广佛华严经海印道场十重行愿常徧礼忏仪》《涤罪礼忏要门》等作品流传至今尚能存世。

慧觉佛教思想的广为流传只是元代西夏佛教文化之一隅。从 13 世纪中叶起，西夏故地的唐兀人就开始了重新刻印西夏文佛经的活动。北京图书馆馆藏西夏文《金光明最胜王经》就是此时刻印的。一行慧觉为经文作序，在其中叙述了历代翻译此经的时间、主译人、卷数、品数，并且追述西夏惠宗时译经、仁宗时校经的经过，以及西夏倡导和传播此经的情况。在序言的最后，慧觉着重提出西夏灭亡后此经湮没的遭遇，并为这一次的重新刻印发出祝愿。显然，慧觉将元代唐兀人重印经文，定义为西夏佛事活动的延续。

与之相应的，还有河西字大藏经的刻印。西夏文在元代被称为河西字，元世祖时就开始雕刊河西字藏经版，准备印刷西夏文大藏经。元成宗在位初年一度罢刻，一波三折之后又重新开刻，大德六年（1302 年）在杭州大万寿寺竣工，共计

3620余卷，比西夏时期刊印的经文还要多40余卷。历成宗、武宗、仁宗三朝，西夏文大藏经先后印造约190余藏，并广泛施放西北地区，这说明当时仍有不少能够诵读西夏文佛经的唐兀人。

封藏族僧人为帝师是西夏首创的宗教制度，西夏帝师作为皇帝的精神导师，统领功德司，总摄西夏全国的宗教事务。1252年，还未当上皇帝的忽必烈绕道藏区，进军云南，在行军途中，忽必烈会见了萨迦派领袖八思巴。尽管当时八思巴十分年轻，但佛学造诣已非同一般西藏僧人可比。忽必烈为八思巴的学识所折服，援引西夏旧制，欣然拜八思巴为师。忽必烈即位后，即尊八思巴为国师，授予玉印，任中原法主，统天下教门。至元七年（1270年），忽必烈又册封八思巴为大宝法王，大元帝师，令帝师之命与皇帝敕诏并行西土。至此元朝帝师成为明确僧俗职权，有管辖的机关，有固定继任办法的重要职位。

三、民族融合的痕迹

辽宋夏金元时期是自魏晋南北朝以来的第二个民族融合高峰，西夏人也没能摆脱历史的宿命，最终融入了其他民族。

元末在杭州西湖边曾传唱一首小曲："河西女儿戴罟罛，当时生长在西湖。手弹琵琶作吴语，记得吴中吴大姑。"（《西湖竹枝词》）移居到江南的西夏后裔不仅遗忘了西夏语而说起了吴语，还戴上了"罟罛"这种蒙古族妇女的头饰。西夏遗民独有的民族特征正随着历史车轮的滚动一代代地逐渐消失。

到了明朝，唐兀作为色目人的一种，又遭到了强制的融合、同化政策，他们被规定不许穿"胡服"说"胡语"，不可自相婚姻，只许与汉族通婚（参见《大明律》卷六《蒙古色目人婚姻》）。到了清代。文献中几乎发现不了任何西夏遗裔的蛛丝马迹了。他们究竟融合到哪里去了？现在还有没有线索可以找到他们？

在今天河南省濮阳县城东45里的柳屯镇杨什八郎村南方金堤与金堤河之间，有一座立石于元朝至正十六年（1356年）的石碑，碑刻《大元赠敦武校尉军民万户府百夫长唐兀公碑铭》。铭文讲述了他的主人是如何从遥远的西夏来到河南濮阳的：唐兀台是世居贺兰山下的西夏人，在成吉思汗征伐西夏时归附蒙古，成为了蒙古人的勇士，随大汗南下灭金、伐宋，病逝于军中。他的儿子唐兀闾马成年后继承了父亲的军职，参加过著名的襄樊之战，立下累累战功。战争结束后，闾马解甲归田，带着家人迁居到开州濮阳县东，买田

杭州飞来峰西夏遗民杨琏真迦供养佛像

置地，又在金堤河旁修建祖坟，栽植松柏。经过闾马几十年的筚路蓝缕，唐兀氏逐渐成为在当地有一定影响力的富户。在定居中原的岁月里，他们保留了西夏中后期崇文尚儒的传统，闾马之孙唐兀崇喜曾修建崇义书院，延请名儒唐兀彦国主持，招收远近弟子50余名入学教育，购置田产500亩，以供庙学支出；又订立《龙祠乡舍义约》以规范乡俗。四方文人墨客路过濮阳，往往赠诗送赋，崇喜将其汇集，编撰了至今仍然传世的《述善集》。《述善集》分为“善俗卷”“育才卷”“行实卷”三卷，收录记、序、碑铭、诗赋、题赞、杂著70余篇，是西夏后裔随元军征战及迁居濮阳后逐渐汉化、儒化的原始记录，弥足珍贵。

从他们的后裔提供的《杨氏族谱》来看，杨氏家族从始祖唐兀台到第三代达海用元朝赐姓唐兀氏，第四代崇喜则改唐兀、杨氏并用，从第五代开始专用杨姓。唐兀杨氏从第三世子孙开始与汉族婚媾，从第6世起已全部娶汉族女子为妻。无论是从血缘还是文化来看，都能得出他们最终融入了汉族之中的结论。从元初至今，唐兀杨氏共在濮阳定居超过700余年，繁衍28代。今日柳屯镇的杨什八郎存及其周边15个村庄的杨氏家族，基本都是西夏人的后代。

余阙画像

在今安徽省的合肥市与桐城县，两支来自武威的党项人后裔分别保留着祖传的家谱，他们的先世均为元末名臣余阙。余阙在元统元年曾进士及第，仕至淮南行省左丞，最终为国殉难，元廷追封他为豳国公，谥号忠宣。余阙的幼子余渊在明洪武年间曾考中举人，子孙繁衍，时至今日在安徽省合肥市、肥东县、长丰县、寿县、肥西县、南陵县、凤台县、六安市乃至河北、河南、陕西、江苏、江西等省份，均有余阙后裔定居。⑤

南长滩位于宁夏回族自治区中卫市沙坡头区，处在黄河黑山峡冲刷淤积形成的狭长河滩，因群山与黄河的包围，南长滩几乎与世隔绝。在这世外桃源中，生活着一群拓姓的村民。相传成吉思汗攻灭西夏时，曾遗诏要族灭屡屡反抗的西夏皇室，一支西夏皇族趁乱逃出都城，南下避乱，为了躲避蒙古追杀，他们将姓氏改回最初的拓跋氏，以表示不忘本，随着时间的推移，简称为拓氏。同河南濮阳的杨什八郎的村民一样，他们今日生活、生产方式与汉族也别无二致了。

除了中原和西夏故地，在神秘的藏区也有一支与党项西夏有关的族群，他们就是生活在四川甘孜道孚县以南，木里藏族

宁夏中卫南长滩村

四川雅安市木雅猛种堡子聚落

自治县以北，康定县以西，雅砻江以东的南北狭长地带的木雅人。木雅人自称是西吴甲尔布（意为“西吴王”）的后代；相传西吴王原是北方汉地之王，居住之地称为木雅，后来南迁至此建立新的国家。一些学者就此推断，“夏”和“吴”中古同音，“西吴王”就是“西夏王”的意思；同时，木雅人的八角碉楼、住房、语言和服饰都与藏族有着一定的区别，却和西夏有一定的相似之处，因此木雅人很有可能是西夏遗民。在激烈的蒙夏战争中，他们出于躲避战乱的目的，渡过洮河，横越松潘草原，沿金川河谷南下，经丹巴、乾宁，跋涉数千里最终到达木雅，建立起西吴国。

然而，这种推测证据是不足的，首先，把“西吴”看作是“西夏”二字对音的依据，来自于《诗经》《穆天子传》等先秦典籍，用他们来证明1000多年以后的北方方言，从汉语史的角度来看是不能成立的。同时，藏语“西吴甲拉布”中的“西吴”是指该村的地名叫“西吴绒”（即“索窝龙”译音之别）。“西吴”在藏语中直译为小孩之义，也不是西夏的意思。“西吴王”称呼的由来是因木雅王居住于“西吴绒”村，故以地名称呼之，这种用汉文的音义来代替古藏语音译的做法也是不妥的。同时，经过现代语言学家的再研究，看似相近的木雅语与西夏语，目前也只能确定在1500年以前是一种语言。也就是说，木雅人的祖先和建立西夏的党项人充其量只能说在南北朝时期曾共同使用着一种语言。

再者，木雅人的文化遗存和西夏建国以后的历史也没有对应关系，诸如藏传佛教这样的宗教信仰，并非西夏人独崇，蒙古、青海、西藏、四川、云南、贵州各地均有广泛的群众基础；再如八角碉楼根本不是西夏建筑。

事实上，这个木雅人是唐代没有迁往西北的党项人，自称“弭药”，吐蕃也称呼为“弭药”，被吐蕃征服后，成为和藏区吐蕃风俗不仅相同的吐蕃，现在木雅人信奉的藏传佛教和藏区本土不尽相同，就说明了这一点。他们和建立西夏国的党项人同源，但不是西夏人，就如没有进入中原的生女真后来在白山黑水间崛起，改称满洲，满洲或满族和建立金国的女真人同源，但他们绝对不是大金国的遗民。

上述可见，1227年的亡国，仅仅只能被视作西夏政权的覆亡，西夏人没有因为战争被赶尽杀绝，西夏文化也不会因为武力打击而一蹶不振。相反，迁徙到新王朝各地的西夏遗民像播撒出的种子一般扎根各地，将辉煌灿烂的西夏文明传播到中华大地的每一个角落。他们是勇猛善战的仁义之师，为中华统一多民族国家的形成立下汗马功劳；他们是崇儒重教的治世能臣，为元朝国策的转变和汉法在中原的推行做出了不可磨灭的贡献；他们是通晓佛法的得道高僧，用传承自西夏的宗教文化抚慰着上至皇帝、下至平民百姓的心灵。在与中原文化的交流中获得新生的西夏文化是中华文明的重要组成部分，融入汉、蒙古、藏、回等民族之中的西夏遗民也是今天中华民族大家庭的重要成员。西夏民族和西夏文化没有在战火中死去，而是浴火重生、凤凰涅槃！

（杜建录　邓文韬）

注释：

①②③④蒙古秘史[M].阿斯钢，特·官布扎布，译.北京：新华出版社，2014.

⑤史金波，吴峰云.西夏后裔在安徽[J].安徽大学学报，1983(1).

附

大型史诗纪录片《神秘的西夏》创拍大事记

2013年

1.宁夏回族自治区党委宣传部与中央电视台科教频道协商筹拍电视纪录片事宜。6月13日，宁夏回族自治区党委常委、宣传部部长蔡国英在北京会见了中央电视台科教频道副总监王晓斌、著名导演金铁木及总监助理李德刚等，就联合拍摄反映宁夏民族和地域特色文化的电视纪录片《神秘的西夏》进行洽谈，双方就纪录片的基本框架、创意设计、运作机制和创作团队初步达成合作意向。宁夏回族自治区党委宣传部副部长杜秀岚等参加了会谈。

2.宁夏回族自治区党委宣传部召开电视纪录片《神秘的西夏》专题会议。6月30日，宁夏回族自治区党委常委、宣传部部长蔡国英主持专题会议，听取了《关于筹拍电视纪录片〈神秘的西夏〉的工作方案》的汇报，对纪录片的拍摄目的、内容策划、合作方式、创作团队、专家团队、筹备工作、运作方式等进行了研究。会议决定，委托宁夏大学西夏学研究院负责纪录片史学稿本研究和创作，与中央电视台科教频道合作拍摄。自治区党委宣传部副部长李克强、杜秀岚，文艺处处长胡斌参加了会议。

3.宁夏回族自治区党委书记李建华听取自治区党委宣传部关于宣传文化工作汇报。7月初，宁夏回族自治区党委书记李建华在听取了自治区党委常委、宣传部部长蔡国英关于宣传文化工作的汇报时，就创作文艺精品提出要求，要发扬宁夏独具特色的历史文化资源优势，突出宁夏特色，打造文化品牌。如，制作西夏文化、回族文化的电视剧、纪录片等精品力作，提升宁夏文化的影响力和传播力。

4.宁夏回族自治区党委宣传部听取《神秘的西夏》史学稿本创作设想汇报。7月2日，宁夏回族自治区党委常委、宣传部部长蔡国英约请宁夏大学西夏学研究院院长杜建录，商谈了拍摄纪录片《神秘的西夏》事宜，听取了杜建录关于史学稿本创作的初步设想和基本框架。蔡国英指出，史学稿本创作要尊重历史但不拘泥于具体历史事件，要在国家乃至国际大背景的视野下看西夏，给西夏一个客观的定位，充分展现西夏在中华文化一体多元形成和演进过程中所做出的积极贡献，以及对于今天的启示。自治区党委宣传部副部长杜秀岚约见时在座。

5.宁夏回族自治区党委宣传部召开大型史诗纪录片《神秘的西夏》筹拍工作座谈会。7月4日上午，宁夏回族自治区党委常委、宣传部部长蔡国英在党委宣传部会议室召开大型史诗纪录片《神秘的西夏》筹拍工作座谈会，中央电视台科教频道总监金越及创作团队成员王晓斌、彭山、金铁木、李德刚等参加会议。会议通报了本片筹拍工作方案有关情况，听取了筹拍设想，双方就合作事宜进行了磋商。会议商定，由宁夏回族自治区党委宣传部和中央电视台作为联合摄制单位、共同出品方；中央电视台科教频道为牵头承制单位，并负责安排科教频道在黄金时段及时播出；宁夏文化产业投融资公司负责市场化运作拍摄资金，中央电视台与宁夏回族自治区党委宣传部共同组建专业创作团队，负责完成创意策划、文学脚本、分镜头说明和导演大纲；《神秘的西夏》版权归宁夏回族自治区党委宣传部；与《神秘的西夏》相关的书籍、微电影等衍生产品，由双方共同协调解决。宁夏回族自治区党委宣传部副部长李克强、杜秀岚，宁夏广电总台副总台长马跃，自治区文化厅副厅长秦发生，宁夏报业传媒集团总经理王强，宁夏大学西夏学研究院院长杜建录，自治区党委宣传部丁晓龙、胡斌、张虎、曲惠民、张跃庆、李军参加了会议。

6.宁夏回族自治区党委常委、宣传部部长蔡国英一行拜会中央电视台台长胡占凡并进行座谈。7月31日上午，宁夏回族自治区党委常委、宣传部部长蔡国英一行到中央电视台拜会了中央电视台台长胡占凡，并与中央电视台副台长李挺、科教频道总监金越、副总监王晓斌等座谈，就宁夏回族自治区党委宣传部与中央电视台联合拍摄纪录片《神秘的西夏》等事项进行了协商，并达成了双方在新闻宣传、影视剧创作生产等方面战略合作的意向。自治区党委宣传部副部长李克强、自治区文化厅厅长阮教育随同会见。

7.宁夏回族自治区党委宣传部召开大型史诗纪录片《神秘的西夏》开机仪式协调会。8月17日，宁夏回族自治区党委常委、宣传部部长蔡国英主持召开大型史诗纪录片《神秘的西夏》开机仪式协调会，听取了宁夏大学西夏学研究院院长杜建录关于纪录片史学稿本大纲筹划创作情况的汇报，研究了开机仪式活动方案。与会专家李范文、林涛、李祥石、周兴华等对史学稿本创作提出了意见和建议。会议决定，8月22日上午在西夏陵1、2号陵区举行大型史诗纪录片《神秘的西夏》开机启动仪式。自治区党委宣传部副部长李克强、杜秀岚，自治区文化厅厅长阮教育，宁夏文化产业投融资公司总经理焦连新，银川市委宣传部部长王玮，专家学者李范文、林涛、李祥石、周兴华、杜建录、杨满忠、杨浣，自治区党委宣传部丁晓龙、胡斌、张虎、曲惠民、冯光耀、张晓波，西夏陵区管理处沈自龙参加了会议。

8.宁夏回族自治区党委书记李建华会见中央电视台副总编辑李挺一行。8月21日，宁夏回族自治区党委书记李建华在自治区党委常委、宣传部部长蔡国英的陪同下，会见了中央电视台副总编辑李挺一行。李建华对李挺一行来宁表示欢迎，对中央电视台多年来对宁夏经济社会各项事业发展给予的关注和支持表示感谢，希望与宁夏更好地开展全方位的合作，将《神秘的西夏》打造成一部精品，为宣传好宁夏做出努力。自治区党委宣传部副部长李克强、杜秀岚，自治区文化厅厅长阮教育参加了会见。

9.宁夏回族自治区党委常委、宣传部部长蔡国英拜会中央电视台副总编辑李挺一行。8月21日上午，宁夏回族自治区党委常委、宣传部部长蔡国英会见了中央电视台副总编辑李挺一行。蔡国英指出，此次中央电视台与宁夏合作拍摄史诗纪录片《神秘的西夏》，对展示宁夏的文化资源，进一步提升宁夏的知名度和影响力具有重要意义。希望以此次合作为新的起点，进一步推动双方在人员培训、技术、创意、策划等方面的合作。摄制组成员金越、王晓斌、金铁木、彭山、李德刚、洪丽娟、邓斐、孙凯一行在座。自治区党委宣传部副部长李克强、杜秀岚，自治区文化厅厅长阮教育参加了会见。

10.大型史诗纪录片《神秘的西夏》开机启动仪式在西夏陵举行。8月22日上午，由宁夏回族自治区党委宣传部、中央电视台联合拍摄的大型史诗纪录片《神秘的西夏》在西夏陵1、2号陵区举行开机启动仪式。中央电视台副台长李挺、自治区党委宣传部副部长李克强、中央电视台科教频道总监金越、宁夏大学西夏学研究院院长杜建录、宁夏文化产业投融资公司总经理焦连新在开机仪式上分别致辞、发言，自治区领导蔡国英、王儒贵、田成江，中央电视台副台长李挺出席开机仪式并揭镜。自治区西夏学、民族学、史志学、文学、民俗学、岩画学等领域专家学者参加开机仪式，陈育宁、张贤亮、李范文现场为纪录片题写片名。

11.召开大型史诗纪录片《神秘的西夏》文本创作工作座谈会。8月22日下午和24日上午，中央电视台科教频道导演李德刚、邓斐与宁夏大学西夏学研究院院长杜建录及胡玉冰、杨满忠、杨浣等专家学者两次召开座谈会，就大型史诗纪录片《神秘的西夏》的创作构思、文献史料、分集大纲等进行了交流。

12.中央电视台科教频道摄制组在宁夏进行前期外景拍摄。9月16—23日，中央电视台科教频道摄制组李慧兴、金铁木、彭山、邓斐等一行12人赴青铜峡、贺兰山、黄沙古渡、西夏陵等外景地进行前期拍摄。9月18日晚，宁夏回族自治区党委常委、宣传部部长蔡国英赴驻地看望了摄制组成员。9月19日（中秋节）晚，自治区党委宣传部副部长杜秀岚赴拍摄地——贺兰山拜寺口慰问摄制组成员。

13.宁夏回族自治区重点文艺创作生产项目推进会召开。10月23日，宁夏回族自治区党委宣传部召开自治区重点文艺创作生产项目推进会。宁夏文化产业投融资公司总经理焦连新汇报了大型史诗纪录片《神秘的西夏》创拍进展情况，并与自治区党委宣传部副部长杜秀岚签订了《自治区2013年度重点文艺创作生产项目责任书》。

14.宁夏回族自治区党委宣传部赴中央电视台对接沟通大型史诗纪录片《神秘的西夏》拍摄推进工作。11月8日，宁夏回族自治区党委宣传部副部长杜秀岚赴中央电视台科教频道会见了副总监王晓斌，就大型史诗纪录片《神秘的西夏》拍摄推进工作进行了对接沟通。

15.宁夏回族自治区党委宣传部召开大型史诗纪录片《神秘的西夏》史学稿本研讨会。12月18日，宁夏回族自治区党委常委、宣传部部长蔡国英在宣传部三楼会议室主持召开大型史诗纪录片《神秘的西夏》史学稿本研讨会，听取了宁夏大学西夏学研究院关于大型史诗纪录片《神秘的西夏》史学稿本创作情况汇报，陈育宁、李范文、吴忠礼、牛达生、林涛、许成、李祥石、周兴华、杜建录、胡玉冰、杨满忠、杨浣等与会专家学者进行研讨论证，一致通过了该史学稿本。自治区党委宣传部副部长张锋、杜秀岚，宁夏社科院刘日巨，宁夏广电总台张泉慧，宁夏文化产业投融资公司焦连新，自治区党委宣传部丁晓龙、胡斌、李军、曲惠民、冯光耀、张晓波，宁夏文化交流中心计东邦，西夏陵区管理处马升林参加了讨论会。

16.宁夏回族自治区党委宣传部召开大型史诗纪录片《神秘的西夏》文本讨论会。12月20日上午，宁夏回族自治区党委常委、宣传部部长蔡国英在宣传部三楼会议室主持召开大型史诗纪录片《神秘的西夏》文本讨论会，听取了中央电视台科教频道创作团队王晓斌、金铁木、彭山、李德刚、邓斐、司志敏等关于本片文本创作情况汇报，向中央电视台科教频道创作团队通报了12月18日史学稿本研讨会情况。宁夏大学西夏学研究院史学稿本创作团队与中央电视台科教频道创作团队进行了对接，就本片文本创作进行研讨，并交换了意见。宁夏回族自治区党委宣传部、宁夏文化产业投融资公司与中央电视台科教频道的负责同志就本片的拍摄经费、运作方式、工作进度等事宜进行了沟通协调，达成了协议。中央电视台科教频道王晓斌、金铁木、彭山、李德刚、邓斐、司志敏，专家学者李范文、林涛、杜建录、胡玉冰、杨满忠、杨浣等应邀参加会议。自治区党委宣传部副部长张锋、杜秀岚，自治区文化厅厅长阮教育，宁夏文化产业投融资公司总经理焦连新，自治区党委宣传部丁晓龙、李军、曲惠民、冯光耀、张晓波，宁夏文化交流中心计东邦，西夏陵区管理处马升林参加了讨论会。

17.宁夏回族自治区党委书记李建华接见中央电视台科教频道创作团队全体成员。12月20日，宁夏回族自治区党委书记李建华接见了中央电视台科教频道创作团队全体成员，对本片文本创作工作和前期拍摄工作给予充分肯定。李建华书记指出，宁夏拥有深厚而独特的文化资源，应该做一项最能代表宁夏文化特色的文化项目，拍摄一部以宣传西夏文化这一世界唯一文化资源为发端的西夏纪录片。并希望创作团队从融入丝绸之路经济带建设、打造宁夏文化品牌的高度，充分认识西夏文化在中华传统文化中的重要地位，遵循纪录片真实性、纪实性、思想性的特点，努力实现纪录片艺术性上的新突破。

2014年

18.宁夏回族自治区党委宣传部与中央电视台科教频道协商工作。1月5日上午，宁夏回族自治区党委常委、宣传部部长蔡国英在北京会见了中央电视台科教频道总监金越、副总监王晓斌，就大型史诗纪录片《神秘的西夏》的创意筹划、基本框架、表现形式、拍摄进程、完成时限等最终达成一致意见，并就相关工作进行了协商，胡斌、周懿等陪同。

19.宁夏文化产业投融资有限公司与西安上造影视传媒有限公司签订“纪录片联合制作合同”。3月24日，在宁夏回族自治区党委常委、宣传部部长蔡国英的见证下，宁夏回族自治区党委宣传部、宁夏回族自治区文化厅与中央电视台科教频道、宁夏文化产业投融资有限公司与西安上造影视传媒有限公司（北京上造影视文化有限公司子公司）在北京分别签订了“纪录片联合制作合同”。

20.宁夏回族自治区党委常委、宣传部部长蔡国英看望纪录片《神秘的西夏》创作团队。

7月24日，宁夏回族自治区党委常委、宣传部部长蔡国英一行到北京怀柔影视基地纪录片拍摄现场指导并慰问了在炎热中奋战的《神秘的西夏》创作团队。一同看望摄制组的有中央电视台科教频道总监金越、自治区文化厅厅长阮教育、自治区财政厅副厅长吴汉宝、宁夏文化产业投融资公司总经理焦连新。自治区党委宣传部副部长贾捷频、外宣处处长张虎随同看望。

21.大型史诗纪录片《神秘的西夏》摄制组赴四川等地采访拍摄外景。9月1日，大型史诗纪录片《神秘的西夏》摄制组赴四川、云南、宁夏、内蒙古、陕西、安徽、河南等地采访、拍摄外景。

22.宁夏回族自治区党委书记李建华在调研全区文化工作中专门听取大型史诗纪录片《神秘的西夏》专题汇报。11月24日，宁夏回族自治区党委书记李建华在自治区党委常委、宣传部部长蔡国英等的陪同下，调研全区文化工作。在调研自治区文化馆工作情况时，专门听取了大型史诗纪录片《神秘的西夏》专题汇报，对纪录片的拍摄制作工作给予了充分肯定。自治区党委秘书长纪峥，自治区党委办公厅主任何健，自治区党委宣传部副部长李克强、马宇桢，自治区文化厅厅长阮教育等陪同调研。

23.大型史诗纪录片《神秘的西夏》摄制组在宁夏等地进行拍摄。9月14—27日，大型史诗纪录片《神秘的西夏》摄制组在宁夏、陕西、内蒙古等省区进行拍摄。9月28日—10月4日，摄制组在甘肃、青海等省进行拍摄。此次拍摄共涉及三省八市（州）15个拍摄地点。

24.大型史诗纪录片《神秘的西夏》进入后期制作。3—8月，大型史诗纪录片《神秘的西夏》制作团队完成剧情、场景再现的拍摄工作。2014年11月30日进入后期制作工作，开始剪辑。

25.大型史诗纪录片《神秘的西夏》摄制组到俄罗斯进行拍摄。12月7日—12月12日，大型史诗纪录片《神秘的西夏》摄制组远赴俄罗斯圣彼得堡科学院东方文献研究所、冬宫博物馆、科兹洛夫博物馆进行史料和文献拍摄工作。

26.大型史诗纪录片《神秘的西夏》拍摄杀青。12月15日，大型史诗纪录片《神秘的西夏》拍摄杀青。

2015年

27.大型史诗纪录片《神秘的西夏》发布首款30秒预告片。1月30日，大型史诗纪录片《神秘的西夏》在中央电视台科教频道发布首款30秒预告片。

28.大型史诗纪录片《神秘的西夏》主题歌《西夏之歌》问世。2月2日，由唐荣尧、戴修扬作词，罗天泽、张镒麟作曲的大型史诗纪录片《神秘的西夏》原创主题歌《西夏之歌》问世。

29.大型史诗纪录片《神秘的西夏》工作协调会在北京召开。2月6日下午，中央电视台科教频道副总监王晓斌代表李挺副台长和金越总监，在中央电视台科教频道会议室主持召开了大型史诗纪录片《神秘的西夏》工作协调会。会议围绕本片的制片、播出、审片及播前宣传策划等进行了讨论。会议认为，3月底播出本片效果最理想，每晚21:00（黄金时段），每天一集。关于审片问题，春节前先审查前5集，春节后再审查后5集。由宁夏回族自治区党委宣传部与中央电视台科教频道、宁夏文化产业投融资公司与制片方建立协调机制，抓好本片的宣传推广。中央电视台科教频道张广义、洪丽娟、李德刚，自治区党委宣传部副部长马宇桢、文艺处处长雷忠，自治区文化厅副厅长柳萍、艺术处处长吴建平，宁夏文化产业投融资公司总经理焦连新、副总经理雷振海等参加了协调会。

30.宁夏回族自治区党委宣传部在北京审查大型史诗纪录片《神秘的西夏》样片。2月28日—3月3日，宁夏回族自治区党委常委、宣传部部长蔡国英在北京审查了大型史诗纪录片《神秘的西夏》样片。中央电视台科教频道李德刚、金铁木和宁夏文化产业投融资公司总经理焦连新、中国社会科学院西夏文化研究中心主任史金波、宁夏西夏学研究院院长杜建录等专家一同审看了样片。

31.宁夏回族自治区党委书记李建华听取自治区党委宣传部关于大型史诗纪录片《神秘的西夏》样片审查情况汇报。3月6日，全国“两会”期间，宁夏回族自治区党委书记李建华听取了自治区党委常委、宣传部部长蔡国英关于大型史诗纪录片《神秘的西夏》的审片工作汇报，并审看了样片，对《神秘的西夏》的拍摄给予了充分肯定。中央电视台科教频道李德刚、金铁木和宁夏文化产业投融资公司总经理焦连新、中国社会科学院西夏文化研究中心主任史金波、宁夏大学西夏学研究院院长杜建录等专家陪同审看了样片。

32.大型史诗纪录片《神秘的西夏》首款海报推出。3月11日，大型史诗纪录片《神秘的西夏》首款海报向社会推出，引发强烈关注。

33.宁夏回族自治区党委宣传部召开大型史诗纪录片《神秘的西夏》专家评审会。3月11—12日，宁夏回族自治区党委宣传部在宣传部三楼会议室召开了大型史诗纪录片《神秘的西夏》评审会。自治区党委常委、宣传部部长蔡国英出席评审会并讲话。他指出，要尽快与拍摄团队沟通协调修改完善本片；抓住本片在中央电视台科教频道首轮播出的难得机遇，做好宣传工作。与会专家学者对本片给予高度评价，并提出补充完善的意见建议。李范文、吴忠礼、牛达生、许成、林涛、杜建录、李祥石、周兴华、李进增、杨蕤、杨满忠、杨浣等10余名专家学者应邀参加评审会。自治区党委秘书长纪峥，自治区文化厅副厅长杜秀岚、王正儒参加了评审会。

34.大型史诗纪录片《神秘的西夏》系列预告片推出。3月15日，大型史诗纪录片《神秘的西夏》系列预告片推出，引发网络点击狂潮。

35.大型史诗纪录片《神秘的西夏》拍摄制作完成。3月18日，由宁夏回族自治区党委宣传部和中央电视台科教频道共同出品、宁夏文化产业投融资有限公司和北京上造影视文化有限公司联合承制的大型史诗纪录片《神秘的西夏》，历时两年零三个月（2013年1月—2015年3月），邀请了上百位专家学者参与，经过300多名演职人员和工作人员的共同努力，跨越8个省、16个自治州、26个县（旗）和俄罗斯圣彼得堡，终于拍摄制作完成。

36.大型史诗纪录片《神秘的西夏》新闻发布会在北京召开。3月20日，大型史诗纪录片《神秘的西夏》新闻发布会在北京梅地亚中心召开。新闻发布会上，播放了大型史诗纪录片《神秘的西夏》宣传片，本片项目负责人李德刚介绍了节目概况，总导演金铁木进行了节目推介，中央电视台科教频道总监金越，宁夏回族自治区党委常委、宣传部部长蔡国英分别致辞。发布会上还展示了《西夏艺术史》《西夏社会文书研究》《说西夏》《西夏风云集邮纪念册》等一批西夏学图书成果。中央电视台副台长李挺，中央电视台科教频道王新建、张广义、彭山，自治区党委宣传部副部长马宇桢，自治区文化厅厅长阮教育，宁夏文化产业投融资公司总经理焦连新及部分专家出席新闻发布会，北京与宁夏的50多家新闻媒体到会采访。

37.宁夏回族自治区党委宣传部召开大型史诗纪录片《神秘的西夏》等文艺作品宣传推广协调会。3月22日下午，宁夏回族自治区党委常委、宣传部部长蔡国英在宣传部三楼会议室主持召开了大型史诗纪录片《神秘的西夏》等文艺作品宣传推广协调会，听取了有关单位关于做好大型史诗纪录片《神秘的西夏》等文艺作品宣传推广工作的意见建议，明确了宣传推广的目标、任务和要求。宁夏日报报业集团社长刘卫，宁夏广播电视台台长尤艳茹，宁夏文化产业投融资公司总经理焦连新，银川市委常委、宣传部部长王玮，以及自治区主要媒体和中央驻宁媒体主要负责人到会发言。自治区党委宣传部副部长马宇桢、徐贺、周庆华，以及相关处室负责同志参加了协调会。

38.大型史诗纪录片《神秘的西夏》在中央电视台科教频道黄金时段首播。3月23日—4月1日，大型史诗纪录片《神秘的西夏》在中央电视台科教频道（CCTV10）《探索·发现》栏目进行首播，播出时间为每晚21:00，每天一集。

39.大型史诗纪录片《神秘的西夏》在台湾引起关注。3月24日，宁夏回族自治区党委书记李建华率领宁夏参访团到台湾参加“海峡两岸（宁夏）经贸文化合作交流”活动，在活动现场播放了大型史诗纪录片《神秘的西夏》宣传片，引起了台湾各界广泛关注。

40.大型史诗纪录片《神秘的西夏》在宁夏电视台公共频道播出。3月24日—4月2日，大型史诗纪录片《神秘的西夏》在宁夏电视台公共频道播出，播出时间为每晚20:25，每天一集。

41.大型史诗纪录片《神秘的西夏》播出收到较好的收视率。大型史诗纪录片《神秘的西夏》在中央电视台科教频道和宁夏电视台公共频道播出，引发社会各界广泛关注和热议，收到了较好的收视率：中央电视台科教频道平均收视率为0.15%，宁夏电视台公共频道平均收视率为1.15%。本片自3月23日首播后，“神秘的西夏”和“西夏”的百度搜索指数上升分别超过3200点和5100点。截至4月1日，新浪微博话题“神秘的西夏”阅读量超过130万，大型史诗纪录片《神秘的西夏》视频播放量超过200万，微信平台公众号中关于大型史诗纪录片《神秘的西夏》的相关报道近千条。

42.大型史诗纪录片《神秘的西夏》在中央电视台4套中文国际频道播出。4月7—17日，大型史诗纪录片《神秘的西夏》在中央电视台4套中文国际频道播出，播出时间为每晚19:10（周日空一次），每天一集。

43.大型史诗纪录片《神秘的西夏》在宁夏电视台卫视频道播出。4月20日—5月1日，大型史诗纪录片《神秘的西夏》在宁夏电视台卫视频道播出，播出时间为每晚22:20（周六、周日空两次），每天一集。

44.宁夏回族自治区党委宣传部确定出版《神秘西夏》一书。宁夏回族自治区党委宣传部编辑出版大型史诗纪录片《神秘的西夏》姊妹篇《神秘西夏》一书，并要求宁夏人民出版社、宁夏大学西夏学研究院推出系列读本，进一步扩大“神秘西夏”的影响。

45.大型史诗纪录片《神秘的西夏》高清DVD光盘正式发行。4月15日，大型史诗纪录片《神秘的西夏》高清 DVD 光盘（中央电视台播出版）制作完成，正式发行。

46.中央电视台《百家讲坛》栏目组来宁对接“说西夏”讲座有关事宜。5 月 9—13 日，中央电视台《百家讲坛》栏目组导演张长虹来宁对接宁夏大学西夏学研究院院长杜建录在央视《百家讲坛》进行“说西夏”讲座有关事宜。拟利用宁夏广播电视台虚拟演播室进行录讲，开创央视节目利用地方电视台录制的新模式。

47.大型史诗纪录片《神秘的西夏》在优酷网站在线播放。7 月 24 日，宁夏回族自治区党委常委、宣传部部长蔡国英在北京参观了优酷网，并就大型史诗纪录片《神秘的西夏》在优酷网播放事宜与优酷网有关负责人进行协商，达成了合作意向。自治区党委宣传部办公室白冰、周懿陪同。9 月 1 日，优酷网注册并开通了“宁夏文化产业”独立账号，上传了大型史诗纪录片《神秘的西夏》。经优酷纪录片频道评估，本片品质优良，提交资源申请进行了新片推荐。

48.大型史诗纪录片《神秘的西夏》获得第四届中国嘉峪关国际短片电影展暨第二十一届中国电视纪录片十优系列片纪录片奖。10 月 15—18 日，由国家新闻出版广电总局和甘肃省人民政府共同主办的第四届中国嘉峪关国际短片电影展暨第二十一届中国电视纪录片十佳十优颁奖盛典在甘肃嘉峪关举行。大型史诗纪录片《神秘的西夏》获得十优系列片纪录片奖，在盛典上受到热议和关注，这是宁夏拍摄的电视纪录片第一次获得此项殊荣。本届颁奖盛典共设立了十佳十优短片纪录片、长片纪录片、系列片纪录片、纪实栏目和单项奖等五大类 28 个奖项。国内外主要电视台、优秀纪录片制作机构、知名纪录片制作人和导演、国际知名制作机构和制作人及知名历史学者、外交官员、网信办负责人等 300 多名嘉宾参加了盛典。

49.中央电视台《百家讲坛》栏目组来宁进行“说西夏”讲座第一讲录讲。10 月 21—23 日，中央电视台《百家讲坛》栏目组导演张长虹来宁，利用宁夏广播电视台虚拟演播室，对宁夏大学西夏学研究院院长杜建录在《百家讲坛》的“说西夏”讲座第一讲进行了录讲。

50.12 月底，“正说西夏”系列读本出版。《话说西夏》《解密西夏》《还原西夏》《西夏文明》等“正说西夏”系列读本由宁夏人民出版社出版，宁夏回族自治区党委常委、宣传部部长蔡国英任编委会主任，宁夏回族自治区党委宣传部副部长马宇桢，宁夏大学党委书记金能明、校长何建国，大型史诗纪录片《神秘的西夏》史学顾问史金波、李范文、陈育宁、杜建录等任委员。

后 记

“春种一粒粟，秋收万颗子。”2015 年是宁夏文艺创作喜获丰收之年：大型史诗话剧《丝路天歌》在北京成功上演，“宁夏新十景”征集评选活动取得圆满成功，十首原创歌曲广为流传，大型史诗纪录片《神秘的西夏》在中央电视台科教频道和国际频道热播。值此硕果累累的初秋，又迎来了其姊妹篇《神秘西夏》一书的付梓。

宁夏回族自治区党委主要领导和中央电视台领导对本片及其系列作品高度重视：宁夏回族自治区党委书记李建华明确要求发挥宁夏西夏文化的独特优势，创作文艺精品，并先后三次听取摄制进展情况汇报；中央电视台原台长胡占凡十分重视西夏历史体裁纪录片的创作，要求央视各部门给予大力支持；中央电视台副总编辑李挺直接参与本片的策划论证，并指导拍摄工作。

2013 年初夏，宁夏回族自治区党委常委、宣传部部长蔡国英一行在北京与中央电视台科教频道副总监王晓斌，《探索与发现》栏目制片人王新建，著名导演金铁木、彭山及科教频道李德刚，就联合拍摄反映宁夏民族和地域特色的电视纪录片进行了交流，初步商定拍摄大型纪录片《神秘的西夏》。经过多次研讨论证，最终决定本片由宁夏回族自治区党委宣传部和中央电视台科教频道共同出品，宁夏文化产业投融资有限公司和北京上造影视文化有限公司联合承制。本片被列入自治区重点文化项目和中央电视台科教频道“一带一路”宣传规划重大选题。

宁夏回族自治区党委宣传部和中央电视台从项目选题到拍摄制作，到出版系列作品，反复研究、反复论证。中央电视台科教频道金越、王晓斌、李德刚等和宁夏回族自治区有关部门及李克强、马宇桢、阮教育、杜秀岚、焦连新、胡斌、雷忠等同志为此倾注了大量心血；西夏学、民族史学、史志和考古学、语言文字学、岩画学等领域的专家学者史金波、李范文、陈育宁、杜建录、吴忠礼、牛达生、林涛、李祥石、周兴华等，认真研究和反复推敲西夏史料史迹，为本片的历史真实性、客观性和严谨性奠定了基础。宁夏大学西夏学研究院承担了史学稿本的研究创作任务，杜建录、杨满忠、杨浣、段玉泉等专家学者和张笑峰、邓文韬、高仁、李炜忠等硕士生、博士生放弃暑假休息，集中研究攻关，汇集了区内外历史、考古、建筑以及测绘、服饰等不同领域的最新研究成果，全方位真实还原了西夏王朝近200年的神秘历史。宁夏人民出版社为本书的编辑出版付出了辛劳。还有那些一直为打造本片和本书默默付出的幕后同志，在此谨致最诚挚的感谢！

文化永远是一个大课题。本片和本书是对西夏文化在中华文明乃至世界文明整个格局中的一次全景式扫描和在文化意义上的深入思考。尤其是在比较研究、观念碰撞和反思质疑的基础上，不断聚焦出文化实践背后的文化规律，为推动文化大发展大繁荣探寻出了尊重历史本原抓文化的路径。“高山仰止，景行行止。”宁夏文化的繁荣发展还需要我们依托地域优秀传统文化资源，在继承和弘扬、挖掘和整理、提升和推出中，焕发文化勃兴的生命力。

由于时间仓促，囿于水平，书中难免有疏漏和不足之处，敬请广大读者批评指正。

编　者

2015年9月15日